Abgabe und Übernahme einer Arztpraxis

Eckhard Klapp

Abgabe und Übernahme einer Arztpraxis

Unter Berücksichtigung
des Nachbesetzungsverfahrens
in gesperrten Gebieten
sowie der neusten zivilrechtlichen, steuerlichen
und vertragsärztlichen Vorschriften

Dritte, aktualisierte und überarbeitete Auflage

 Springer

Dr. Eckhard Klapp
Rechtsanwalt
Kanzlei Klapp & Röschmann
Seitzstraße 8
80538 München
Deutschland
kanzlei@klapp-roeschmann.de
www.klapp-roeschmann.de

ISBN-10   3-540-25689-X Springer Berlin Heidelberg New York
ISBN-13   978-3-540-25689-2 Springer Berlin Heidelberg New York
ISBN 3-540-41271-9 Springer Berlin Heidelberg New York

Bibliografische Information Der Deutschen Bibliothek
Die Deutsche Bibliothek verzeichnet diese Publikation in der Deutschen Nationalbibliografie; detaillierte bibliografische Daten sind im Internet über <http://dnb.ddb.de> abrufbar.

Springer ist ein Unternehmen von Springer Science+Business Media

springer.de

© Springer-Verlag Berlin Heidelberg 1997, 2001, 2006
Printed in Germany

Einbandgestaltung: deblik, Berlin

SPIN 11419358   64/3153-5 4 3 2 1 0 – Gedruckt auf säurefreiem Papier

Vorwort

Noch vor ca. 15 Jahren musste zur Übertragung einer medizinischen Praxis auf einen Nachfolger ein relativ simpler Kaufvertrag abgeschlossen werden, bei dem nur wenige Vorgaben zu beachten waren. Die zunehmende juristische Durchdringung und Bürokratisierung speziell der deutschen Wirklichkeit hat auch vor der Übertragung von medizinischen Praxen nicht Halt gemacht. Vor allem die Rechtsprechung hat über den zunächst einfachen Vorgang der Übertragung ein immer engeres Netz geworfen. Besonders einschneidend war die Entscheidung des Bundesgerichtshofes aus dem Jahre 1991 zur Übertragung der Patientenkartei. Das Gesundheitsstrukturgesetz 1993 sowie die nachfolgenden Gesetze haben weitere, einengende Regelungen gebracht, die allerdings in ihrer Unvollkommenheit viele Fragen aufwerfen. Eine Flut gerichtlicher Entscheidungen existiert bereits und ist auch für die Zukunft zu erwarten. Heute ist eine Arztpraxis ein hochkomplexes Transaktionsobjekt.

In dieser Situation will das vorliegende Buch einen Leitfaden bieten, der den Veräußerer und den Erwerber einer medizinischen Praxis von den ersten Überlegungen bis zu den letzten Maßnahmen nach Durchführung der Übergabe bzw. Übernahme begleitet. Sein Inhalt wurde gegenüber der ersten Auflage 1997 wesentlich erweitert und nun für die dritte Auflage aktualisiert.

Das Buch richtet sich zum einen an den Arzt, Zahnarzt und Tierarzt, der seine Praxis veräußern bzw. der eine Praxis erwerben möchte. Entsprechend wurde großer Wert gelegt auf gute Lesbarkeit und Verständlichkeit. Juristische Probleme wurden dort vertieft, wo dies für das Verständnis unerlässlich oder zumindest hilfreich erschien. Allerdings kann das Buch die individuelle Beratung nicht ersetzen. In Hinblick auf die vielfältigen zivilrechtlichen, zulassungsrechtlichen, steuerlichen, betriebswirtschaftlichen und finanziellen Probleme ist dem Veräußerer und dem Erwerber einer medizinischen Praxis daher dringend zu empfehlen, sich durch Fachleute beraten zu lassen. Das Buch richtet sich deshalb auch an diese; sie können in ihm Hinweise und Tipps finden, die der jahrzehntelangen Beschäftigung des Verfassers mit der Materie entstammen.

Von der Aufnahme eines Mustervertrages wurde aus den unter 8.3 genannten Gründen abgesehen.

Die folgenden Ausführungen beziehen sich auf die Veräußerung und den Erwerb einer humanmedizinischen Praxis, gelten aber sinngemäß auch für zahnmedizinische und tiermedizinische Praxen. Auf spezifische Abweichungen wurde im Einzelfall hingewiesen.

München, August 2005   Eckhard Klapp

Inhaltsverzeichnis

Abkürzungsverzeichnis

a. A.	anderer Ansicht
a. a. O.	am angegebenen Ort
AO	Abgabeordnung
Az	Aktenzeichen
BAG	Bundesarbeitsgericht
BB	Betriebsberater (Zeitschrift)
BayObLG	Bayerisches Oberstes Landesgericht
BDSG	Bundesdatenschutzgesetz
BewG	Bewertungsgesetz
BFH	Bundesfinanzhof
BFHE	Entscheidung des Bundesfinanzhofs
BGB	Bürgerliches Gesetzbuch
BGH	Bundesgerichtshof
BGHZ	Entscheidung des Bundesgerichtshofes in Zivilsachen
BRAK	Bundesrechtsanwaltskammer
BSG	Bundessozialgericht
DStR	Deutsches Steuerrecht (Zeitschrift)
EStG	Einkommenssteuergesetz
FamRZ	Zeitschrift für das gesamte Familienrecht
GbR	Gesellschaft bürgerlichen Rechts
GesR	Gesundheitsrecht Recht (Zeitschrift)
GG	Grundgesetz
GKV	gesetzliche Krankenversicherung
GmbH	Gesellschaft mit beschränkter Haftung
GSG	Gesundheitsstrukturgesetz
GOÄ	Gebührenordnung für Ärzte
GOZ	Gebührenordnung für Zahnärzte
HGB	Handelsgesetzbuch
HVM	Honorarverteilungsmaßstab
Kap	Kapitel
KschG	Kündigungsschutzgesetz
KV	Kassenärztliche Vereinigung
KZV	Kassenzahnärztliche Vereinigung
KZBV	Kassenzahnärztliche Bundesvereinigung
LSG	Landessozialgericht
MBO	Musterberufsordnung

MedR	Medizinrecht (Zeitschrift)
MietRB	Der Mietrechtsberater (Zeitschrift)
MVZ	Medizinisches Versorgungszentrum
NachwG	Nachweisgesetz
NJW	Neue Juristische Wochenschrift
NJW-RR	Neue Juristische Wochenschrift Rechtsprechungsreport
NZG	Neue Zeitschrift für Gesellschaftsrecht
NZM	Neue Zeitschrift für Mietrecht
OLG	Oberlandesgericht
PartGG	Partnerschaftsgesellschaftsgesetz
RGZ	Entscheidungen des Reichsgerichts in Zivilsachen
RÖV	Röntgenverordnung
RVG	Rechtsanwaltsvergütungsgesetz
Rz	Randziffer
S.	Seite
SG	Sozialgericht
SGB	Sozialgesetzbuch
SGG	Sozialgerichtsgesetz
StGB	Strafgesetzbuch
UStG	Umsatzsteuergesetz
VerbrKrG	Verbraucherkreditgesetz
VV	Vergütungsverzeichnis
VVG	Versicherungsvertragsgesetz
ZPO	Zivilprozessordnung
ZMGR	Zeitschrift für das gesamte Medizin- und Gesundheitsrecht
ZulassungsVO	Zulassungsverordnung

Literaturverzeichnis

Broglie M.: Der Arzt als Arbeitgeber, 1999, PMI Verlags AG

Dahm, Möller, Ratzel: Rechtshandbuch Medizinische Versorgungszentren, 1. Auflage 2005, Springer-Verlag

Deutsch, Spickhoff: Medizinrecht, 5. Auflage 2003, Springer-Verlag

Deutsch R., Bicanski V., Wander H.: Finanzierungsmöglichkeiten einer Praxis, 13. Auflage 2005, Deutscher Ärzte Verlag

Ehlers A. (Herausgeber), Gassner S., Hesral H., Küntzel W., Möller K.-H., Preißler R.: Fortführung von Arztpraxen, 2. Auflage 2001, Verlag C. H. Beck

Erman: Bürgerliches Gesetzbuch, 11. Auflage 2004, Verlag Dr. Otto Schmidt

Fritz J.: Gewerberaummietrecht, 4. Auflage 2005, Verlag C. H. Beck

Gerber, Eckert: Gewerbliches Miet- und Pachtrecht, 5. Auflage 2005, RWS Verlag Kommunikationsforum GmbH

Hauck K.: Sozialgesetzbuch V, Stand 2005, Erich-Schmidt-Verlag

Kasseler Kommentar: Sozialversicherungsrecht, Stand 2005, Verlag C. H. Beck

Laufs A., Ulenbruck W.: Handbuch des Arztrechtes, 3. Auflage 2002, Verlag C. H. Beck

Narr H., Hess R., Schirmer H. D.: Ärztliches Berufsrecht, 2. Auflage 2001, Stand 01.01.2002, Deutscher Ärzte-Verlag

Palandt: Bürgerliches Gesetzbuch, 64. Auflage 2005, Verlag C. H. Beck

Preißler, Rehborn: Ärztliche Gemeinschaftspraxis versus Scheingesellschaft, 2002, Verlag Dr. Otto Schmidt

Quaas, Zuck: Medizinrecht 2004, NJW-Schriftenreihe, Verlag C. H. Beck

Ratzel R., Lippert H.-D.: Kommentar zur Musterberufsordnung der deutschen Ärzte, 3. Auflage 2002, Springer-Verlag

Rieger H.-J. (Herausgeber): Lexikon des Arztrechtes 2. Auflage 2001, Stand 05/05, C. F. Müller Verlag

Rieger H.-J.: Rechtsfragen beim Verkauf und Erwerb einer ärztlichen Praxis, 5. Auflage 2004, Deutscher Ärzte-Verlag GmbH

Schallen R.: Zulassungsverordnung für Vertragsärzte, Vertragszahnärzte, Medizinisches Versorgungszentrum, Psychotherapeuten, 4. Auflage 2004, Arsgard-Verlag Dr. Werner Hippe GmbH

Schnapp, Wigge: Handbuch des Vertragsarztrechts, Auflage 2002, Verlag C. H. Beck

Wollny R.: Unternehmens- und Praxisübertragungen, 6. Auflage 2005, Verlag Neue Wirtschaftsbriefe

Zwingel, Preißler: Das Medizinische Versorgungszentrum, 1. Auflage 2005, DeutscherAnwaltVerein

1 Einleitung

Abgabe und Übernahme einer Arztpraxis bedürfen sowohl auf Seiten des Veräußerers als auch des Erwerbers sorgfältiger Planung. Auf Seiten des Veräußerers steht sein **Lebenswerk** auf dem Spiel, womit auch emotionale Erwägungen eine große Rolle spielen. Beim Erwerber geht es um seine **Lebensplanung**, was bedeutet, dass mannigfaltige Rücksichten zu nehmen sind und mehrere Alternativen bestehen.

Zunächst gilt es daher für beide Seiten, rationale und emotionale Erwägungen, die mit der Abgabe und der Übernahme einer Arztpraxis verbunden sind, sorgfältig zu analysieren. Dabei ist es wichtig, für die Verhaltensweise der jeweils anderen Seite Verständnis aufzubringen.

1.1 Bedeutung des Praxiserwerbs für den Erwerber

1.1.1 Alternativen

Das **Berufsbild des Mediziners** wird nach wie vor wesentlich von dem in eigener Praxis **selbständig tätigen Arzt geprägt.** Dieses Berufsbild deckt sich trotz Zulassungssperre und Budgetierung immer noch weitgehend mit den Wünschen der meisten jungen Medizinerinnen und Mediziner. Darüber hinaus ist die Tätigkeit in eigener Praxis die einzige realistische Alternative zu einer universitären Laufbahn oder einer Karriere im Krankenhaus (abgesehen von den weniger attraktiven Möglichkeiten bei der Bundeswehr, bei Behörden, in der Pharmaindustrie oder als angestellter Arzt in einem MVZ bzw. bei einem anderen Arzt).

In Anbetracht des gestiegenen Kosten- und Konkurrenzdrucks ist die **Neugründung einer Praxis** heutzutage mit einem größeren Risiko verbunden als früher. Der junge Arzt muss damit rechnen, dass er eine lange „Durststrecke" überwinden muss. Dabei können die hohen Anlaufkosten existenzgefährdend sein.

Immer mehr junge Mediziner entscheiden sich daher für die **Übernahme einer bereits bestehenden Praxis.** Der Erwerber kauft eine mehr oder weniger gut eingerichtete Praxis und einen Patientenstamm, der ihm in der Regel schon in der Anfangsphase ein hinlängliches Auskommen bietet, was den anfänglichen Betriebsmittelbedarf (7.) gegenüber einer Neugründung erheblich senkt. Auch der sonstige Finanzierungsbedarf ist für die Übernahme einer Praxis häufig geringer als für die Neugründung, siehe die Tabellen unter 1.1.2.

Die übernommene Praxis hat bereits einen Patientenstamm und einen Goodwill, es besteht eventuell ein Netz von Beziehungen zu (überweisenden) Kollegen, Krankenhäusern und zu anderen Einrichtungen privaten und öffentlichen Rechts. Das Praxisteam ist eingespielt und bei den Patienten bekannt, in der Regel auch in der Verwaltung der Praxis versiert. Hinzu kommt, dass in zulassungsbeschränkten Gebieten die Übernahme einer Kassenpraxis für den jungen Arzt die einzige naheliegende Möglichkeit ist, eine Zulassung als Vertragsarzt zu erhalten. Die daneben bestehenden Alternativen sind nur unter bestimmten, engen Voraussetzungen zu realisieren (Zulassung als Belegarzt, § 103 Abs. 7 SGB V oder Sonderbedarfszulassung, § 101 Abs. 1 Nr. 3 SGB V) oder nach Zurücklegung langer Wartezeiten (Zulassungsteilung, siehe 2.5.1.2 oder Anstellung in einem MVZ, § 103 Abs. 4 a SGB V).

Freilich dürfen die Nachteile, die mit einer Praxisübernahme verbunden sein können, nicht übersehen werden. Häufig entsprechen die Räumlichkeiten der zu übernehmenden Praxis nicht den Vorstellungen des Erwerbers, weil sie z. B. keinen Spielraum für Erweiterungen lassen. Gleiches gilt für Einrichtung und Technik, die oft auf die Behandlungsschwerpunkte des übergebenden Arztes abgestimmt und dazu noch veraltet sind. Die vorgefundene Personalstruktur ist eventuell verkrustet. Schließlich ist der Patientenstamm der zu übernehmenden Praxis durch die Persönlichkeit des Praxisveräußerers geprägt und entspricht in vielen Fällen nicht den Vorstellungen des Erwerbers.

1.1.2 Allgemeine wirtschaftliche Perspektiven

Der Erwerber wird sich auch die **allgemeinen wirtschaftlichen Perspektiven** der Ärzte und Zahnärzte vor Augen führen. Danach schwanken sowohl die Honorarumsätze als auch die Gewinne zwischen den einzelnen Fachrichtungen erheblich, wobei es zusätzlich noch Unterschiede zwischen den alten und den neuen Bundesländern gibt. Die auf S. 3 ff. abgedruckten Tabellen geben einen Überblick über die Finanzlage der Allgemeinärzte sowie die Einnahmen und Betriebsausgaben der humanmedizinischen Fachrichtungen und der Zahnärzte (Quelle: Kostenstrukturanalyse 2001 des Zentralinstituts für die kassenärztliche Versorgung, Berlin und Jahrbuch der Kassenzahnärztlichen Bundesvereinigung Köln, 2004).

Nähere **Einzelheiten** kann man beim Zentralinstitut für die kassenärztliche Versorgung, Herbert-Lewin-Platz 2, 10623 Berlin sowie bei der Kassenzahnärztlichen Bundesvereinigung, Fachbereich KZV-Statistik, Universitätsstr. 73, 50931 Köln, sowie bei der Apotheker- und Ärztebank in Düsseldorf erfahren. Aufschlussreich sind auch die jeweiligen Branchenberichte der Sparkassen-Finanzgruppe.

Eine entscheidende Kennziffer ist die sogenannte **Kapitalumschlagsquote**. Sie setzt das investierte Kapital ins Verhältnis zum Umsatz. Je höher diese Quote, desto schneller wird das eingesetzte Kapital „umgeschlagen" bzw. umgekehrt: Je höher das eingesetzte Kapital, desto schwieriger ist es, es wieder „zurückzuverdienen". Geräteintensive Fachrichtungen schneiden hier meistens schlechter ab als gesprächsintensive Fachrichtungen. In diesem Zusammenhang ist anzumerken, dass z. B. radiologische Praxen im Hinblick auf den sehr hohen Kapitalbedarf kaum noch als Einzelpraxen zu führen sein dürften.

Welche Beträge im Durchschnitt von Ärzten bei Praxisneugründungen oder Praxisübernahmen tatsächlich finanziert wurden, zeigen die unter 7. aufgeführten Tabellen. Daraus geht hervor, dass der erforderliche Finanzierungsbedarf für die Übernahme einer Praxis in vielen Fällen unter dem einer Praxisneugründung liegt.

Finanzlage der Algemeinärzte – Alte Bundesländer –

Eckdaten	Honorarklassen (in Euro)*		
	bis 133.000	133.000 – 194.000	über 194.000
Einnahmen aus selbständiger ärztlicher Tätigkeit insgesamt	112.229	198.607	295.163
davon vertragsärztliche Tätigkeit	91.319	162.618	253.488
davon privatärztliche und sonstige Tätigkeit	20.910	35.990	41.675
Summe der Betriebsausgaben	62.666	108.250	157.352
davon Personalkosten	28.888	51.642	80.649
davon Sachkosten	33.778	56.608	76.703
Betriebsausgaben in % der Einnahmen	55,8 %	54,5 %	53,3 %
Überschuss	49.563	90.358	137.811
davon vertragsärztliche Tätigkeit	40.328	73.984	118.353
davon privatärztliche und sonstige Tätigkeit	9.234	16.374	19.458
Zahlungen für Vorsorge und Einkommensteuer	20.743	41.650	69.936
davon Zahlungen für private Vorsorge	14.436	21.253	27.736
davon Zahlungen für Einkommensteuer des Arztes**	6.307	20.396	42.200
verfügbares Nettoeinkommen im Jahr	28.819	48.708	67.875
monatlich verfügbares Zusatzeinkommen (privatärztliche Tätigkeit)	413	679	737
monatlich verfügbares Einkommen* (vertragsärztliche Tätigkeit)	1.804	3.068	4.484

  *   Jede Honorarklasse entspricht etwa einem Drittel der Ärzte der Fachgruppe
 ** Steuerberechnung nach Splittingtabelle (ohne Kinder) und Berücksichtigung der Versorgungsfreibeträge
     (zulässiger Höchstbetrag 10.-139 Euro)
*** Monatseinkommen = Jahreseinkommen/13

Anteil der Einnahmen aus vertragsärztlicher Tätigkeit an den Einnahmen insgesamt
– am Beispiel der mittleren Umsatzklasse –

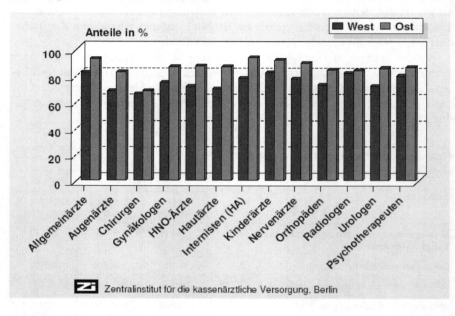

Anteil der Betriebsausgaben an den Gesamtausgaben
– am Beispiel der mittleren Umsatzklasse –

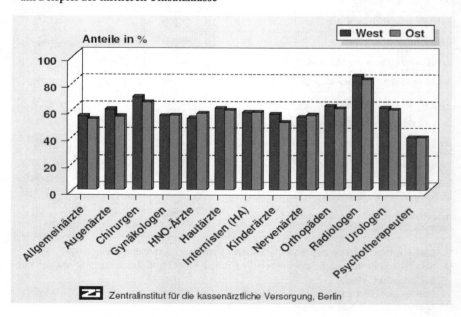

Einnahmen aus selbstständiger ärztlicher Tätigkeit
– am Beispiel der mittleren Umsatzklasse –

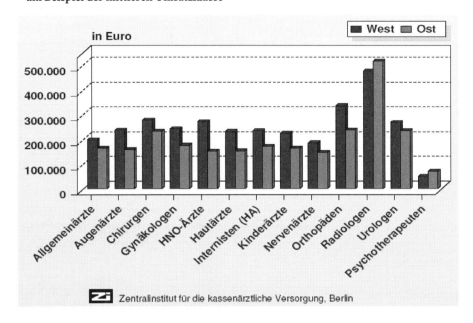

Betriebsausgaben – am Beispiel der mittleren Umsatzklasse –

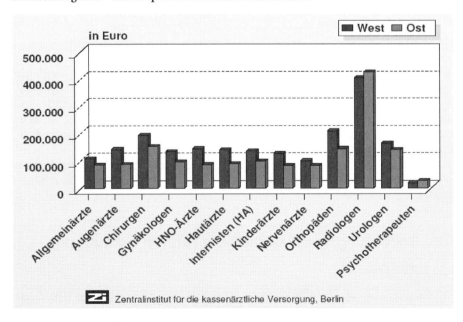

Steuerliche Einnahmen-Überschussrechnung je Praxisinhaber (Zahnärzte)
2002 und 2003 – Alte Bundesländer

	2002		2003		Veränderung
	€	Anteil	€	Anteil	
Einnahmen aus selbständiger zahnärztlicher Tätigkeit					
über KZV vereinnahmt	210.482	57,5 %	210.470	56,6 %	0,0 %
nicht über KZV vereinnahmt	155.264	42,5 %	161.815	43,5 %	+ 4,2 %
Gesamteinnahmen	365.746	100,0 %	372.285	100,0 %	+ 1,8 %
Betriebsausgaben insgesamt	256.853	70,2 %	261.596	70,3 %	+ 1,8 %
Einnahmen-Überschuss	108.853	29,8 %	110.689	29,7 %	+ 1,6 %

Steuerliche Einnahmen-Überschussrechnung je Praxisinhaber (Zahnärzte)
2002 und 2003 – Neue Bundesländer

	2002		2003		Veränderung
	€	Anteil	€	Anteil	
Einnahmen aus selbständiger zahnärztlicher Tätigkeit					
über KZV vereinnahmt	193.806	74,5 %	195.905	72,7 %	+ 1,1 %
nicht über KZV vereinnahmt	66.187	25,5 %	73.453	27,3 %	+ 11,0 %
Gesamteinnahmen	259.993	100,0 %	269.358	100,0 %	+ 3,6 %
Betriebsausgaben insgesamt	171.531	66,0 %	178.065	66,1 %	+ 3,8 %
Einnahmen-Überschuss	88.462	34,0 %	91.293	33,9 %	+ 3,2 %

1.1.3 Persönliche Situation

Der Erwerber muss diese Gesichtspunkte bei seiner Entscheidung **sorgfältig abwägen,** tunlichst indem er sie schriftlich einander gegenüberstellt und gewichtet. Dabei werden auch die Ansichten seines Ehepartners und der Familie eine entscheidende Rolle spielen. Sie bergen häufig ein Konfliktpotential, welches nicht hinreichend aufgearbeitet wird. Hier ist insbesondere an die Schulbedürfnisse der Kinder und den Beruf des Ehepartners zu denken.

Erst die ausreichende Berücksichtigung all dieser Gesichtspunkte wird zu einer befriedigenden Entscheidung für oder gegen die Übernahme einer bestehenden Praxis führen.

1.2   Bedeutung der Praxisabgabe für den Veräußerer

1.2.1 Allgemeines

Die **Veräußerung** einer ärztlichen Praxis kann **mannigfaltige Gründe** haben wie Krankheit, Berufsunfähigkeit, Alter bzw. Erreichen der Altersgrenze (1.2.2.) oder

Tod des Veräußerers. Auch familiäre Gründe, wie z. B. berufliche Veränderungen des Ehepartners, können ursächlich sein. Schließlich gibt es auch die Fälle, in denen ein Veräußerer einfach „Kasse" machen will, um dann woanders erneut sein Glück zu versuchen, oder in denen ein Arzt aus Verärgerung über die Gesundheitspolitik seinen Beruf aufgibt.

Für den älteren Arzt kann die Abgabe seiner Praxis eine **totale Veränderung** seiner **Lebensverhältnisse** bedeuten, die ihn zwanzig, dreißig oder gar vierzig Jahre geprägt haben. Es ändert sich schlagartig der Lebensrhythmus, berufliche Kontakte und der Dialog mit den Patienten entfallen weitgehend.

Aus diesem Grunde vermitteln ältere Ärzte, die eine Praxis abgeben wollen, häufig einen zögerlichen und „unzuverlässigen" Eindruck, können sich scheinbar nicht entscheiden und wirken „wankelmütig". Viele **Veräußerer drängen** darauf, in der übergebenen Praxis weiterbehandeln zu dürfen, ja sogar mit dem Erwerber **zusammenzuarbeiten**. Die Möglichkeiten hierfür sind in gesperrten Gebieten allerdings eingeschränkt (2.5.1.3).

Eine **Alternative** zur Veräußerung der Praxis ist in gesperrten Gebieten die **Stilllegung**. Hin und wieder kommt es vor, dass sich bereits niedergelassene Kollegen des gleichen Fachgebietes zusammenschließen und dem veräußerungswilligen Arzt oder dessen Erben eine „Prämie" dafür zahlen, dass er kein Nachbesetzungsverfahren (4.1) durchführt und die Praxis stilllegt. Die Prämie entspricht in der Regel dem Wert der Praxis (gegebenenfalls einschließlich Privatpraxis). Durch den Verzicht auf das Nachbesetzungsverfahren verfällt der Vertragsarztsitz, die interessierten Kollegen haben einen potenziellen Konkurrenten, der häufig auch noch jung und dynamisch ist, weniger. Gegen die Zulässigkeit dieser Verfahrensweise bestehen keine Bedenken. Sinn macht dieses „Auskaufen" einer Praxis allerdings nur, wenn die Sperrung des Gebietes auf längere Zeit absehbar ist und nicht gerade durch die Stilllegung eine „Entsperrung" des Gebietes eintritt.

Der veräußernde Arzt muss sich all diese Dinge klar machen und danach seine Entscheidung treffen, die ihm oder seinen Erben allerdings auch plötzlich aufgezwungen werden kann, z. B. durch Krankheit oder Tod. Gerade im Hinblick auf dieses Risiko, das mit fortschreitendem Alter größer wird, ist es besonders wichtig, sich mit den Voraussetzungen der Praxisabgabe frühzeitig auseinander zu setzen.

1.2.2 Erreichen der Altersgrenze

Vorstehend (1.2.1) wurde als einer der Gründe für die Praxisabgabe das Erreichen der Altersgrenze genannt. Dieser Grund gilt lediglich für Vertragsärzte. Nach § 95 Abs. 7 SGB V, in Kraft getreten am 01.01.1999, **erlischt** die **Zulassung** eines Vertragsarztes am Ende des Kalendervierteljahres, in dem er das 68. Lebensjahr vollendet, es sei denn, dass er zu diesem Zeitpunkt weniger als 20 Jahre als Vertragsarzt tätig war und vor dem 01.01.1993 bereits als Vertragsarzt zugelassen war. Das Bundesverfassungsgericht hat diese Regelung durch Beschluss vom 31. März 1998 für verfassungsrechtlich unbedenklich gehalten (MedR 1998, 323).

Mit Erreichung der Altersgrenze endet die Zulassung **kraft Gesetzes**. Die Regelung gilt **ausnahmslos**, d h., dass eine Verlängerung über die Vollendung des 68. Lebensjahres hinaus auch bei Vorliegen von Härtegründen nicht möglich ist.

Das Erlöschen der Zulassung in überversorgten Gebieten ist zwar im Sinne des Gesetzgebers (3.), nicht jedoch im Sinne des Vertragsarztes, weil die Zulassung konstitutiver Bestandteil seiner Kassenarztpraxis ist. Er tut also gut daran, **rechtzeitig** vor Vollendung seines 68. Lebensjahres seine **Praxis zu veräußern** bzw. das Nachbesetzungsverfahren einzuleiten (4.1), wenn er sich die Früchte seiner möglicherweise jahrzehntelangen vertragsärztlichen Tätigkeit sichern will.

2 Vorbereitung der Praxisübergabe

2.1 Durch den Veräußerer

2.1.1 Allgemeines

Die Vorbereitung der Praxisübergabe durch den Veräußerer muss darauf gerichtet sein, die Praxis für den potenziellen Erwerber transparent zu machen und die wirtschaftlichen und rechtlichen Voraussetzungen für die Übertragung der Praxis zu schaffen.

Der Veräußerer sollte sich darüber im klaren sein, dass eine sorgfältig vorbereitete Praxisübergabe eine **Vorlaufzeit** von etwa einem Jahr benötigt. In gesperrten Gebieten ergibt sich dies schon aus dem relativ zeitaufwendigen Nachbesetzungsverfahren (4.1). Unabhängig davon muss ausreichend Zeit eingerechnet werden für folgende Vorbereitungsmaßnahmen:

- Besuch von **Informationsveranstaltungen,** die von mehreren Institutionen angeboten werden
- Herrichtung der Praxis. Hier sollte es selbstverständlich sein, dass das äußere **Erscheinungsbild der Praxis,** falls nötig, verbessert wird, z. B. durch die Ausführung von Malerarbeiten. Dabei sollte der Veräußerer angemessene Investitionen nicht scheuen.
- gegebenenfalls Verbesserung der **Praxisorganisation**
- Überprüfung und gegebenenfalls Erneuerung von betriebs- und apparatebezogenen **Genehmigungen** (z. B. TÜV)
- Zustimmung des Krankenhauses sowie der KV und der Landesverbände bei **belegärztlicher Tätigkeit** für Erwerber sicherstellen (9.9.1)
- Zusammenstellung sämtlicher **Praxisverträge** (insbesondere Mietvertrag und Personalverträge) und **Vertragscontrolling (2.1.2)**
- **Bewertung der Praxis** (5.); in Zusammenhang damit
  - Erstellung eines Inventarverzeichnisses
  - Aktuelle betriebswirtschaftliche Auswertung
  - Einnahmen-Überschuss-Rechnungen bzw. Steuerbilanzen möglichst der letzten fünf Jahre
  - KV/KZV-Abrechnungen der letzten drei Jahre (nach Möglichkeit aufgeschlüsselt nach Teildisziplinen inklusive Summen- und Leistungsziffernstatistik der letzten drei Jahre)

- Angaben zu Privatumsätzen
- Angaben zu (Fremd-)Labor-Umsätzen
- Zusammenstellung von Praxisforderungen und -schulden
- Entwurf eines Praxisübergabevertrages
- Suche eines Erwerbers.

2.1.2 Vertragscontrolling

Die bestehenden Praxisverträge sind einem sogenannten **Vertragscontrolling** zu unterziehen. Dies gilt insbesondere für den Mietvertrag, für Arbeitsverträge, Wartungsverträge, Leasingverträge, Softwareverträge, Belegarztverträge, Versicherungsverträge, Kooperationsverträge (z. B. Laborgemeinschaft), aber auch einen eventuellen Gesellschaftsvertrag (Gemeinschaftspraxis, Praxisgemeinschaft). Das Vertragscontrolling sollte einem auf die Materie spezialisierten Juristen übertragen werden. Dieser stellt dann z. B. fest, dass der Mietvertrag demnächst ausläuft oder keine Nachfolgeklausel enthält oder dass eine etwaige Zweckentfremdungsgenehmigung an die Person des Veräußerers gebunden ist und die Praxis aus diesem Grund nicht veräußert werden kann (6.11). Er stellt eventuell weiter fest, dass der Sozietätsvertrag unzureichende Regelungen für den Fall des Ausscheidens eines Vertragspartners enthält oder dass das Nachbesetzungsverfahren überhaupt nicht geregelt ist. Werden solche Mängel rechtzeitig bemerkt, kann man noch versuchen, sie zu beheben, was in der Regel jedoch Zeit kostet. Eventuell müssen Verträge auch unter Einhaltung von Fristen gekündigt werden.

2.1.3 Vollmacht

Von besonderer Wichtigkeit ist es, eine Person zu bestimmen, die im Krankheits- oder Todesfall handlungsbefugt ist. Dass insbesondere im letzterem Fall rasch gehandelt werden muss, liegt in Anbetracht des durch Zeitablauf drohenden Wertverfalls einer verwaisten Praxis auf der Hand.

Erfahrungsgemäß geht schon geraume Zeit dadurch verloren, dass sich Erben nicht schnell genug durch einen Erbschein als Rechtsnachfolger legitimieren können oder gar untereinander streiten. In gesperrten Gebieten kommt hinzu, dass Unsicherheit bezüglich der Frist besteht, in der eine Ausschreibung nach den Tod des Praxisinhabers beantragt werden kann (4.1.3.4) und ein Ausschreibungsverfahren zusätzlich mehrere Wochen, wenn nicht Monate in Anspruch nimmt. Es empfiehlt sich also dringend, einer Vertrauensperson eine privatschriftliche oder auch notarielle Vollmacht zu erteilen, die auch über den Tod hinaus Gültigkeit hat (sogenannte **postmortale Vollmacht**). Diese Person kann dann die erforderlichen Maßnahmen treffen. Die Einsetzung eines Testamentsvollstreckers zu diesem Zweck ist dagegen nicht sinnvoll, da auch er sich zunächst legitimieren muss, was Zeit kostet, während eine schriftliche Vollmacht sofort präsentiert werden kann.

Die Vollmacht sollte der bevollmächtigten Person ausgehändigt werden.

Eine Kopie der Vollmacht sowie die oben unter 2.1.2 genannten Dokumente und Verträge oder jedenfalls Kopien davon sind in einer gesonderten Mappe so aufzubewahren, dass sie für Erben und/oder Angehörige jederzeit zugänglich sind. Diese **Dokumentenmappe** kann auch bereits einen Entwurf eines Praxisabgabevertrages enthalten.

Wertvolle Hinweise auch für eine Betreuungsverfügung und Patientenverfügung gibt eine Broschüre des Bayerischen Staatsministeriums der Justiz „Vorsorge für Unfall, Krankheit und Alter", zu beziehen über den Verlag C. H. Beck.

In diesem Zusammenhang sollte der ältere Arzt sich auch über seine sonstigen **letztwilligen Verfügungen** Gedanken machen. Allerdings müssen diese letztwilligen Verfügungen dann den strengen Formerfordernissen des Erbrechts genügen.

2.2 Durch den Erwerber

Auch der Erwerber muss eine ausreichende Vorlaufzeit veranschlagen, die mehrere Monate dauern kann. Im einzelnen sollte seine Vorbereitung wie folgt aussehen:

- Besuch von **Informationsveranstaltungen**, die von mehreren Institutionen angeboten werden
- Klärung der **Standortfrage**
- Liegt der bevorzugte Standort in einem **gesperrten Gebiet?**
- Klärung der **persönlichen Verhältnisse**, insbesondere von Wohnung, Schule für die Kinder, Arbeitsmöglichkeit des Ehepartners usw.
- Klärung der **finanziellen Möglichkeiten** (7.1)
- In gesperrten Gebieten Eintragung in die **Warteliste** (4.1.5.1.1)
- **Suche einer Praxis**

2.3 Prüfung der Praxisunterlagen und Genehmigungen

Der Veräußerer hat die unter 2.1.1 erwähnten **Unterlagen** und Informationen dem Erwerber zur **Einsicht** und Überprüfung zur Verfügung zu stellen. Es versteht sich von selbst, dass die Angaben des Veräußerers **wahrheitsgemäß** sein müssen. Sind sie dies nicht, kann der Erwerber später den Praxisübergabevertrag unter Umständen anfechten oder Schadensersatz verlangen, auch wenn im Praxisübergabevertrag eine Haftung für die Richtigkeit der Praxisunterlagen ausdrücklich ausgeschlossen ist (9.4.2).

Mit der Gewährung von Einsicht in die Praxisunterlagen offenbart der Veräußerer Geschäftsgeheimnisse, deren unbefugte Offenbarung seiner Praxis erheblichen Schaden zufügen kann. Es ist daher zu empfehlen, dass der Veräußerer sich vom Erwerber eine sogenannte **Verschwiegenheitserklärung** unterschreiben lässt, die vorsieht, dass der Erwerber eine Vertragsstrafe zu zahlen hat, wenn er (in der Erklärung genauer zu definierende) Kenntnisse, die er durch Einsicht in die Unterlagen gewonnen hat, unbefugt offenbart.

Der Veräußerer muss strikt die **ärztliche Schweigepflicht** und die **Bestimmungen des Datenschutzrechtes** beachten. **Keinesfalls** darf er dem Erwerber **Einsicht** in die **Krankenunterlagen** gewähren, es sei denn, dass dieser schon in der Praxis mitgearbeitet hat (9.5.3). Die ärztliche Schweigepflicht bezieht sich auch auf die Namen der vom Veräußerer behandelten Patienten.

Der **Erwerber** muss sich mit den ihm zur Verfügung gestellten **Unterlagen** auch tatsächlich befassen und sie **analysieren**. Dabei ist er verpflichtet, von seinen Prüfungsmöglichkeiten Gebrauch zu machen. Ist er nicht imstande, bestimmte Praxisunterlagen selbst zu analysieren, muss er beim Veräußerer entsprechend rückfragen oder sich sachverständig beraten lassen. Auf Besonderheiten muss der Veräußerer von sich aus nur in Ausnahmefällen hinweisen (siehe 9.4.2).

Die Analyse sollte sich auf die unter 2.1.1 genannten Punkte und die in 2.1.2 genannten Verträge konzentrieren.

Bei der Analyse der **Einnahmen-Überschuss-Rechnungen** (der letzten fünf Jahre) kann eine Leistungsstatistik über die privatärztliche Tätigkeit aufschlussreich sein, bei der Analyse der **KV/KZV-Abrechnungen** (der letzten drei Jahre) eine sogenannte Häufigkeitsstatistik sowie eine Aufschlüsselung nach Teildisziplinen. Wichtig ist auch eine Überprüfung des Abrechnungsverhaltens des Veräußerers.

Im übrigen wird der Erwerber geprüfte Unterlagen der zu übernehmenden Praxis häufig auch für seine Finanzierungsverhandlungen mit der Bank benötigen.

Bei den **Genehmigungen** ist zu unterscheiden zwischen **betriebs- bzw. apparatebezogenen** Genehmigungen einerseits und **personengebundenen** Genehmigungen andererseits. Zu letzteren gehören insbesondere die fachlichen Genehmigungen. Betriebs- bzw. apparatebezogene Genehmigungen gehen mit der Praxis auf den Erwerber über. Personengebundene Genehmigungen kann der Veräußerer nicht übertragen. Vielmehr muss sie der Erwerber neu beantragen. Die Entscheidung über die Genehmigung richtet sich danach, ob bei ihm die Genehmigungsvoraussetzungen gegeben sind. Für den Betrieb einer Röntgenanlage sind sie z. B. geregelt in der Röntgenverordnung.

2.4   Wie finden Veräußerer und Erwerber zusammen?

Sind Veräußerer und Erwerber nach den vorstehend aufgeführten Überlegungen zu dem Ergebnis gekommen, dass sie die Praxis veräußern bzw. eine Praxis erwerben möchten, stellt sich die Frage, wie sie zusammenkommen.

Viele Institutionen bieten hier ihre **Vermittlungsdienste** an. Da sind zunächst die Standesorganisationen zu nennen. Ihnen kann man sich rückhaltlos anvertrauen. Leider scheuen viele Veräußerer aus den verschiedensten – meist unberechtigten – Gründen den Gang zur Ärzte- oder Zahnärztekammer. Bei der Einschaltung von Maklern, Wirtschaftsdiensten, Banken, Dentaldepots und sonstigen gewerblichen Unternehmen sollte man stets im Auge haben, dass diese auch eigene Interessen verfolgen. Soll hier lediglich ein schnelles Geschäft gemacht werden, eine neue Praxiseinrichtung verkauft oder eine Finanzierung abgeschlossen werden? Andererseits ist darauf hinzuweisen, dass diese Institutionen gerade wegen des eigenen Geschäftsinteresses häufig schnell und effektiv arbeiten. Dies gilt auch für Makler, wobei anzumerken ist, dass der Begriff des Maklers gesetzlich zwar nicht geschützt ist, andererseits Makler durch Gesetz und insbesondere Rechtsprechung strengen Regeln unterliegen. Ist ein Veräußerer oder Erwerber einem unseriösen Makler in die Hände gefallen, sollte er daher den Weg zum Anwalt nicht scheuen.

Alle vorgenannten Institutionen unterhalten häufig sogenannte **Praxisbörsen**, die – unter Wahrung der gewünschten Diskretion – Adressen von potenziellen Veräußerern oder Erwerbern nennen. Zu den Kosten siehe 8.7.

Selbstverständlich finden sich viele Veräußerer und Erwerber nach wie vor über **Anzeigen** in einschlägigen Publikationen. Hier sind vor allem die ärztlichen und zahnärztlichen Mitteilungsblätter zu nennen.

Veräußerer und Erwerber können in gesperrten Gebieten auch über die bei den Kassenärztlichen bzw. Kassenzahnärztlichen Vereinigungen geführten **Wartelisten** zusammenfinden. Ein Erwerber, der sich in einen bestimmten Planungsbereich niederlassen möchte, wird sich tunlichst frühzeitig in die Warteliste gemäß § 103 Abs. 5 SGB V aufnehmen lassen (4.1.5.1.1). Dabei wird er gefragt, ob er mit der Mitteilung seiner Daten an potenzielle Praxisabgeber einverstanden ist, bejahendenfalls kann ein veräußerungswilliger Arzt oder Zahnarzt mit ihm auf diese Weise in Verbindung treten, was zusätzlich den Vorteil hat, dass ein vorderer Platz auf der Warteliste auch die Zulassungschancen des Erwerbers erhöht.

Kliniken bieten ebenfalls ein großes Reservoir an potenziellen Erwerbern.

Schließlich finden Veräußerer und Erwerber in gesperrten Gebieten häufig im Rahmen des **Nachbesetzungsverfahrens** (4.1.3.5) zusammen.

2.5 Wer passt zusammen?

Es muss selbstverständlich sein, dass der abgabewillige Veräußerer und der potenzielle Erwerber ihre **fachlichen** und **persönlichen Verhältnisse** wahrheitsgemäß **offen legen**.

Zunächst werden sie prüfen, ob sie in **fachlicher Hinsicht** zusammenpassen.

Zur erforderlichen Fachgebietsidentität im Nachbesetzungsverfahren in gesperrten Gebieten siehe 4.1.5.1. Darüber hinaus sollten Tätigkeitsschwerpunkte und Zusatzbezeichnungen nach der Weiterbildungsverordnung und sonstige

Spezialisierungen beim Veräußerer und Erwerber möglichst übereinstimmen, da der Erwerber sich sonst den damit verbundenen Goodwill der Praxis des Veräußerers nicht zunutze machen kann (zur Berücksichtigung der genannten Kriterien im Nachbesetzungsverfahren siehe 4.1.5.1.1).

Obwohl der **persönliche Hintergrund** bei der Praxisübergabe nicht die gleiche Rolle spielt wie bei Gründung einer Gemeinschaftspraxis oder Praxisgemeinschaft, sollte doch die „Chemie" stimmen. Der Veräußerer wird schon im Hinblick auf seine Patienten die Praxis in guten Händen wissen wollen, zumal er in ihr häufig und zu Recht sein Lebenswerk sieht. In diesem Zusammenhang ist darauf hinzuweisen, dass sich zunehmend schwarze Schafe auf dem Markt tummeln, die Arzt- und Zahnarztpraxen lediglich als Handelsobjekt sehen, unseriöse Kaufangebote machen oder Kaufverträge abschließen, die einzuhalten sie von vornherein nicht beabsichtigen. Auf der Verkäuferseite kommt hin und wieder der Typ des „ewigen Anbieters" vor. Es ist daher sowohl dem potenziellen Veräußerer als auch dem potenziellen Erwerber anzuraten, sich möglichst frühzeitig bei der zuständigen Standesorganisation über den künftigen Partner zu erkundigen. Dort liegen häufig die erstaunlichsten Informationen vor.

2.5.1 Übergangsgemeinschaft

Ideal ist es, wenn Veräußerer und Erwerber schon einige Zeit vor Übergabe der Praxis zusammen arbeiten. Beide haben genügend Zeit, sich fachlich und persönlich kennen und schätzen zu lernen. Der schon länger in der Praxis tätige Erwerber hat keine Probleme bei der Übergabe der Patientenkartei, 9.5.3. Außerdem erhöhen sich in gesperrten Gebieten seine Zulassungschancen. Zustand und Besonderheiten der Praxis sind ihm bekannt.

Besonders wichtig ist es, dass der langfristig in einer Praxis tätige Erwerber die Möglichkeit hat, die Patienten an sich zu binden. Schätzungen gehen dahin, dass bei Übergabe einer Praxis an einen Erwerber, den die Patienten nicht kennen, je nach Fachrichtung der Praxis und Zusammensetzung des Patientenstammes 20 % bis 40 % der Patienten abwandern. Diese Zahl wird bei Übergabe an einen in der Praxis schon länger tätigen Mitarbeiter wesentlich geringer sein.

Die vorübergehende Zusammenarbeit zwischen Veräußerer und Erwerber wird als sogenannte **Übergangsgemeinschaft** bezeichnet. Dabei handelt es sich nicht unbedingt um eine Gemeinschaft im engeren rechtlichen Sinne, vielmehr ist jede Form der Zusammenarbeit gemeint.

2.5.1.1   Mitarbeit des Erwerbers

Folgende Möglichkeiten bieten sich an:

Der Erwerber ist in der Praxis des Veräußerers als **Assistent** oder als **Vertreter** tätig; der Erwerber ist **angestellter Arzt** des Veräußerers; Veräußerer und Erwerber gründen eine **Gemeinschaftspraxis.**

Die vorgenannten Möglichkeiten sind für **Nicht-Vertragsärzte** relativ **unproblematisch** zu realisieren, weil hier lediglich die Vorgaben der Berufsordnung zu beachten sind, §§ 19, 20 MBO. **Schwieriger** gestaltet sich die Rechtslage für **Vertragsärzte**, zumal in gesperrten Gebieten.

Die Beschäftigung eines **Ausbildungs-, Weiterbildungs- oder Entlastungsassistenten (in Zahnarztpraxen auch Vorbereitungsassistenten)** bedarf der **Genehmigung** der Kassenärztlichen Vereinigung, § 32 Abs. 2 ZulassungsVO, da sie das Prinzip der persönlichen Leistungserbringung durchbricht.

Auch die Beschäftigung eines **Vertreters** ist an enge – insbesondere zeitliche – Voraussetzungen gekoppelt. Ein Vertragsarzt kann sich bei Krankheit, Urlaub oder Teilnahme an ärztlicher Fortbildung oder an einer Wehrübung innerhalb von zwölf Monaten bis zur Dauer von drei Monaten vertreten lassen. Eine Vertragsärztin kann sich in unmittelbarem zeitlichen Zusammenhang mit einer Entbindung bis zur Dauer von sechs Monaten vertreten lassen. Dauert die Vertretung länger als eine Woche, ist sie der Kassenärztlichen Vereinigung anzuzeigen, dauert sie länger als drei Monate, ist sie von der Kassenärztlichen Vereinigung zu genehmigen. Der Vertreter benötigt keine eigene Zulassung, er muss jedoch die Voraussetzungen von § 3 Abs. 2 der ZulassungsVO erfüllen.

Die **Anstellung** eines nicht zugelassenen Arztes war bis zum Inkrafttreten des zweiten GKV-Neuordnungsgesetzes am 01.07.1997 in überversorgten Gebieten praktisch ausgeschlossen, weil die erforderliche Genehmigung nicht erteilt wurde. Seit Inkrafttreten des genannten Gesetzes besteht für einen Vertragsarzt die Möglichkeit, **einen ganztags beschäftigten**, nicht zugelassenen Arzt oder **zwei halbtags beschäftigte**, nicht zugelassene **Ärzte** gleicher Fachrichtung **anzustellen**, § 101 Abs. 1 Nr. 5 SGB V, § 32 b ZulassungsVO (Job-Sharing). Dies gilt sowohl für **gesperrte** als auch **nicht gesperrte Gebiete**. (Zur Klarstellung: Auch der Ausbildungs- oder Entlastungsassistent wird im arbeitsrechtlichen Sinne angestellt; mit § 32 b ZulassungsVO hat der Gesetzgeber jedoch die Möglichkeit geschaffen, dass der Vertragsarzt ein oder zwei Ärzte dauerhaft anstellen kann, die weder Ausbildungs- noch Entlastungsassistenten sind). Voraussetzung ist allerdings, dass sich der Vertragsarzt der Verpflichtung unterwirft, den **Leistungsumfang** seiner **Kassen-Praxis** durch die Anstellung des Arztes oder der Ärzte **nicht** mehr als 3 % **auszuweiten**. Hierzu sind Richtlinien über die Beschäftigung von angestellten Praxisärzten in der Vertragspraxis ergangen (Anhang 1 und Anhang 3). Da die Tätigkeit als angestellter Arzt auch im Rahmen des Auswahlverfahrens zu berücksichtigen ist (4.1.5.1.1), ist diese Möglichkeit der Übergangsgemeinschaft **in gesperrten Gebieten** durchaus attraktiv, zumal sich die **Begrenzung** des **Leistungsumfangs** nur auf die Kassenpraxis, **nicht** aber auf die **Privatpraxis** bezieht, was es dem Veräußerer ermöglicht, sich intensiver um seine Privatpatienten zu kümmern. Der angestellte Arzt erwirbt aber weder eine – auch nur beschränkte – Zulassung noch eine Anwartschaft auf Zulassung.

Siehe zum Ganzen auch Kamps, „Die Beschäftigung von Assistenten in der Arztpraxis", MedR 2003, 63 ff.

2.5.1.2   Gemeinschaftspraxis

Da die vorgenannte Leistungsbegrenzung bei der Anstellung eines Arztes auch **in nicht gesperrten Gebieten** gilt, ist die Anstellung hier nicht attraktiv. Vielmehr bietet sich in nicht gesperrten Gebieten die Gründung einer **Gemeinschaftspraxis** mit dem Erwerber an, da dieser ja ohne weiteres eine Zulassung erhält (sofern er die allgemeinen Zulassungsvoraussetzungen erfüllt). Diesem kann der Veräußerer beispielsweise zunächst 10 % an seiner Praxis übertragen, um ihn dann nach einer gewissen Zeit die restlichen Anteile zu veräußern.

In gesperrten Gebieten wird der Erwerber normalerweise keine Zulassung haben und ein zugelassener und ein nicht zugelassener Arzt können keine vertragsärztliche Gemeinschaftspraxis gründen, § 33 Abs. 2 ZulassungsVO. Durch das zweite GKV-Neuordnungsgesetz wurde jedoch für gesperrte Gebiete die Möglichkeit der sogenannten **Zulassungsteilung** geschaffen, § 101 Abs. 1 Ziff. 4 SGB V (häufig, aber fälschlich, ebenfalls als „Job-Sharing" bezeichnet.). Danach kann einem nicht zugelassenen Arzt auf die Dauer der gemeinsamen vertragsärztlichen Tätigkeit mit einem zugelassenen Arzt eine **beschränkte Zulassung** erteilt werden. Sie erwächst nach zehn Jahren oder mit Aufhebung der Zulassungsbeschränkungen in eine Vollzulassung. Voraussetzung ist auch hier die Fachgebietsidentität im Sinne der Weiterbildungsordnung, die auch für den „Nervenarzt" und den „Arzt für Psychiatrie" oder „Neurologie", desgleichen für den „Arzt für Allgemeinmedizin" und „Praktischen Arzt" zu bejahen ist. Voraussetzung ist weiter die im Zusammenhang mit dem angestellten Arzt bereits genannte Leistungsbegrenzung (Bedarfsplanungs-Richtlinien-Ärzte, Abschnitt 4 a (Anhang 2) und Bedarfsplanungs-Richtlinien-Zahnärzte, Abschnitt G (Anhang 3); diese Richtlinien regeln auch die Beschäftigung von angestellten Zahnärzten).

Die beschränkte Zulassung, die der Erwerber auf diese Weise erhält, ermöglicht ihm zwar den **Einstieg in die Gemeinschaftspraxis**, mit dieser Zulassung kann er die Praxis jedoch nicht alleine (nach Übertragung des letzten Anteils durch den Veräußerer) fortführen, da dies eine Vollzulassung voraussetzt. Zehn Jahre, bis nämlich die beschränkte Zulassung zu einer Vollzulassung wird, werden Vertragsarzt und Erwerber in der Regel nicht warten wollen, da Ziel der Übergangsgemeinschaft normalerweise ja die Übertragung der Praxis in einem überschaubaren Zeitraum ist. Der Erwerber muss darüber hinaus bedenken, dass er sich mit seiner beschränkten Zulassung in eine ungute **Abhängigkeit vom Vertragsarzt** begibt. Er verliert mit der Auflösung der Gemeinschaftspraxis die auf die Dauer der gemeinsamen vertragsärztlichen Tätigkeit beschränkte Zulassung, Beschluss des Sozialgerichts Nürnberg, ZMGR 2005, 34. Endet beispielsweise die Gemeinschaftspraxis nach acht Jahren (z. B. durch Tod des Veräußerers) ist auch die Aussicht, dass die beschränkte Zulassung (nach zehn Jahren) zur Vollzulassung wird, zunichte. Dies würde nur dann nicht gelten, wenn die Erben den Anteil des verstorbenen Vertragsarztes an einen anderen Vertragsarzt veräußern und der beschränkt zugelassene Arzt die Gemeinschaftspraxis bei Wahrung der Praxisidentität mit diesem fortsetzt. Auch bei Ruhen der

Zulassung des anderen Partners bleibt die vertragsärztliche Tätigkeit des beschränkt zugelassenen Arztes möglich (Kamps in MedR 1998, S. 108).

Vertragsarzt und Erwerber werden daher anstreben, dass der Erwerber mit
dem Ausscheiden des Vertragsarztes aus der Gemeinschaftspraxis die **Zulassung**
des Vertragsarztes im Nachbesetzungsverfahren (4.1) erhält. Sie müssen dabei
aber wissen, dass bei der Auswahl im Nachbesetzungsverfahren die gemein-
schaftliche Praxisausübung im Wege der Zulassungsteilung erst nach mindestens fünfjähriger vertragsärztlicher Tätigkeit zu berücksichtigen ist, § 101 Abs. 3
Satz 4 SGB V. Insoweit ist der beschränkt zugelassene Arzt nach dem gesetzlichen Wortlaut gegenüber dem im Rahmen eines Job-Sharing angestellten Arzt
eindeutig benachteiligt. Allerdings bestehen an der Rechtmäßigkeit dieser Regelung erhebliche Zweifel, da die hier vom Gesetzgeber vorgenommene Schlecht-
erstellung nicht nachzuvollziehen ist (4.1.5.1.1).

Wählen Vertragsarzt und Erwerber in gesperrten Gebieten die Gemeinschaftspraxis als Übergangsgemeinschaft, müssen sie den vorstehenden Bedenken jedenfalls Rechnung tragen.

Bei Eingehung einer Gemeinschaftspraxis zwischen nicht gleichberechtigten
Partnern (Senior-Junior) ist darauf zu achten, dass das Verhältnis zwischen den
Gesellschaftern **nicht** als **Scheingesellschaft** bzw. **Arbeitsverhältnis** gewertet
wird, obwohl die Beteiligten formal einen „Gesellschaftsvertrag" abgeschlossen
haben. Diese Gefahr besteht insbesondere bei sogenannten „Nullbeteiligungs-
gesellschaften" und wird verstärkt, wenn der am Vermögen nicht beteiligte
Partner nur beschränkt zugelassen ist. Hier sollte man auf jeden Fall die Kriterien der Bundesärztekammer zur Abgrenzung von ärztlicher Gemeinschaftspraxis und der Beschäftigung von Ärzten als Arbeitnehmern aus dem Jahre 1990 zu
Rate ziehen (veröffentlicht im Deutschen Ärzteblatt 1990, Heft 17), sowie das
Arbeitspapier der Kassenärztlichen Bundesvereinigung vom 15.01.2003 „Gemeinsame und arbeitsteilige Berufsausübung in der vertragsärztlichen Versorgung.". Vergleiche zur Problematik auch: Preißler/Rehborn „Ärztliche Gemeinschaftspraxis versus Scheingesellschaft" und Rieger, Lexikon des Arztrechts
„Gemeinschaftspraxis" Rz. 35 f.

2.5.1.3 Mitarbeit des Veräußerers

Viele Veräußerer ihrer Arztpraxis haben den Wunsch, anschließend in der **übergebenen Praxis** noch **mitzuarbeiten**. Für die Erhaltung des Patientenstammes
kann dies durchaus sinnvoll sein. Es ist jedoch nicht einfach, hier eine saubere
Lösung zu finden, da der Gesetzgeber eine Reihe von zulassungsrechtlichen,
berufsrechtlichen und steuerrechtlichen Schranken errichtet hat.

Die Mitarbeit als Ausbildungs-, Weiterbildungs- oder Vorbereitungsassistent
scheidet von vornherein aus.

Die Mitarbeit des Veräußerers als **Vertreter** unterliegt den in 2.5.1.1 genannten Beschränkungen. Eine altersmäßige Begrenzung besteht für ihn allerdings
nicht, insbesondere für den kurzzeitigen Vertreter auch nicht mehr auf das 68.
Lebensjahr (Bundessozialgericht in MedR 2005, 57).

Ähnliches gilt für die Tätigkeit des Veräußerers als **Entlastungs- bzw. Sicherstellungsassistent.** Zulassungsrechtlich sind die Vorgaben von § 32 Abs. 2 und 3 zu beachten. Eine altersmäßige Begrenzung auf die Vollendung des 55. Lebensjahres gilt nicht. Ob die Grenze der Vollendung des 68. Lebensjahres gilt, ist nach der vorgenannten Entscheidung des Bundessozialgerichts immerhin fraglich.

Ist der Veräußerer in seiner ehemaligen Praxis als **angestellter Arzt** (§ 32 b ZulassungsVO) tätig, gelten die engen Vorgaben für die Beschäftigung eines Entlastungsassistenten (Sicherstellung der vertragsärztlichen Versorgung) nicht. Andererseits muss sich der Vertragsarzt (hier also der Erwerber) verpflichten, den Leistungsumfang seiner Kassenpraxis um nicht mehr als 3 % auszuweiten (siehe hierzu die Ausführungen unter 2.5.1.1). Dazu wird er kurz nach Übergabe der Praxis nur ausnahmsweise bereit sein. Die Altersgrenze der Vollendung des 55. Lebensjahres gilt für den angestellten Arzt mit Inkrafttreten des Gesundheitsmodernisierungsgesetzes am 01.01.2004 nicht mehr, wohl aber die Grenze der Vollendung des 68. Lebensjahres, § 95 Abs. 9 S. 2 i. V. m. Abs. 7 S. 3 SGB V.

Anders ist es, wenn der Veräußerer in seiner ehemaligen Praxis lediglich für die **Behandlung von Privatpatienten** angestellt wird. In diesem Fall gilt für den Inhaber der Praxis die Verpflichtung, den Leistungsumfang der Kassenpraxis um nicht mehr als 3 % auszuweiten, nicht. Ebenso besteht für den angestellten Veräußerer der Praxis keine Altersbegrenzung. Zu beachten sind lediglich § 19 MBO bzw. die landesrechtlichen Umsetzungen. Der so angestellte Veräußerer darf aber – von Vertretungsfällen abgesehen – keinesfalls „unter der Hand" in der Kassenpraxis des Erwerbers mitarbeiten und dort Kassenpatienten behandeln.

Eine **freie Mitarbeit** des Veräußerers in seiner ehemaligen Praxis ist hingegen nicht möglich, da sie das Prinzip der persönlichen Leistungserbringung durchbricht. Für die vertragsärztliche Tätigkeit ergibt es sich aus § 32 Abs. 1 der ZulassungsVO, für die privatärztliche Tätigkeit aus § 19 MBO, § 4 Abs. 2 GOÄ.

Zu denken ist noch daran, dass Erwerber und Veräußerer eine **Gemeinschaftspraxis** eingehen. Für die **gemeinsame vertragsärztliche Tätigkeit** benötigt der Veräußerer in Hinblick auf § 33 Abs. 2 ZulassungsVO jedoch eine beschränkte Zulassung, die er unter den gleichen Voraussetzungen wie oben unter 2.5.1.2 geschildert erhalten kann. Allerdings gilt hier die Grenze der Vollendung des 55. Lebensjahres, § 25 ZulassungsVO, die nur ausnahmsweise bei Vorliegen eines Härtefalls überschritten werden kann. Ist der Veräußerer schon älter, verbleibt für ihn und den Erwerber noch die Möglichkeit der **gemeinsamen privatärztlichen Tätigkeit.** Dem steht die Vorschrift des § 33 Abs. 2 ZulassungsVO nicht entgegen. Diese Vorschrift nennt nämlich lediglich die Voraussetzungen für die gemeinsame *vertragsärztliche* Tätigkeit, verbietet aber nicht, dass ein Vertragsarzt (Erwerber) eine gemeinsame *privatärztliche* Tätigkeit mit einem Nichtvertragsarzt (Veräußerer) ausübt (Schallen, Kommentar zur Zulassungsverordnung Rz 830). Diese Auffassung ist allerdings umstritten. Auch hier gilt für den Veräußerer das strikte Verbot, Kassenpatienten zu behandeln (wie hier auch Möller in MedR 2003, 195).

Wird schon eine Gemeinschaftspraxis zwischen Vertragsarzt und Nichtvertragsarzt für zulässig gehalten, so gilt dies erst recht für eine **Praxisgemeinschaft**.

Mit dem GMG hat der Gesetzgeber eine Regelung geschaffen, die es dem Veräußerer ermöglicht, als **Angestellter** in einem **Medizinischen Versorgungszentrum** ärztlich tätig zu sein, siehe hierzu 4.1. Für das Medizinische Versorgungszentrum besteht in diesem Fall keine Verpflichtung zur Leistungsbegrenzung nach § 101 Abs. 1 SGB V. Allerdings gilt für den Veräußerer auch hier die Altersgrenze der Vollendung des 68. Lebensjahres.

Die weitere **Mitarbeit** des **Veräußerers** in seiner ehemaligen Kassenpraxis will also sorgfältig bedacht sein. Vor allen Dingen muss der Veräußerer auch beachten, dass er die **steuerlichen Vorteile gefährdet**, die ihm das Gesetz für die Versteuerung seines Veräußerungsgewinnes gewährt, wenn er nach der Veräußerung seiner Praxis noch weiter ärztlich tätig ist, siehe hierzu 14.1.2.1. Hinzukommen die **psychologischen Probleme**, die entstehen, wenn der Veräußerer sich nach Übergabe seiner Praxis plötzlich in einem abhängigen Verhältnis zum Erwerber wiederfindet. Zudem werden zumindest bei großem Altersunterschied die Vorstellungen des Veräußerers und des Erwerbers über Behandlungsmethoden und Praxisführung soweit differieren, dass es hier häufig zu Konflikten kommt.

3 Bedarfszulassung

Es ist allgemeine Meinung, dass in vielen Gebieten eine **Überversorgung** mit Vertragsärzten besteht. Durch die sogenannte angebotsinduzierte Nachfrage führt diese Überversorgung zu einer Aufblähung der Kosten des Gesundheitssystems. Dies ist im wesentlichen unbestritten.

Der Gesetzgeber sucht seit Jahren nach Mitteln und Wegen, die Überversorgung abzubauen. Die Einführung von Zulassungsbeschränkungen führte nicht zum Abbau der Überversorgung. Im Gegenteil: Trotz der Eingriffe des Gesetzgebers stieg die Zahl der an der vertragsärztlichen Versorgung teilnehmenden Ärzte zwischen 1990 und 1998 von 88 811 auf 112 683 (Quelle: Kassenärztliche Bundesvereinigung, Grunddaten zur vertragsärztlichen Versorgung in der BRD 1999, A 8 und 9). Bereits das Gesundheitsstrukturgesetz 1993 sah daher eine sogenannte **Bedarfszulassung** vor. Ab 1. Januar 1999 sollte die Zulassung aufgrund von gesetzlich festgelegten Verhältniszahlen erfolgen. Fernziel war eine absolute Zulassungssperre. Die alte, CDU-geführte Bundesregierung hatte daher ursprünglich geplant, dass freiwerdende Vertragsarztsitze solange nicht mehr besetzt werden dürften, bis die Überversorgung abgebaut wäre. Dies hätte für die betroffenen Vertragsärzte jedoch einen Eingriff in ihren grundgesetzlich garantierten Besitzstand bedeutet. Die entsprechenden Pläne wurden daher vom seinerzeitigen Gesundheitsminister Seehofer fallengelassen. Der Gesetzgeber hat damit die Fortsetzung des – an sich unerwünschten – Zustandes der Überversorgung nach Beendigung der Zulassung eines Vertragsarztes hingenommen, weil andernfalls ein ausscheidender Vertragsarzt bzw. seine Erben keine Möglichkeit gehabt hätten, die oft einen erheblichen Wert repräsentierende Praxis zu verwerten (BSG Arztrecht 2000, 165).

Die GKV-Gesundheitsreform 2000 hat an dem Ziel der Bedarfszulassung noch festgehalten. Der Gesetzgeber hat dieses Ziel im Hinblick auf die verfassungsrechtlichen Bedenken inzwischen jedoch vorerst aufgegeben.

Ein Kompromiss zwischen strikter Bedarfszulassung und Zulassungsfreiheit ist das mit dem GSG 1993 eingeführte Nachbesetzungsverfahren, das nun im folgenden geschildert werden soll.

4 Chancen und Risiken in gesperrten Gebieten

Viele Ärzte glauben, dass sie nach Inkrafttreten des Gesundheitsstrukturgesetzes 1993 auf den Verkauf ihrer Praxis in gesperrten Gebieten keinen Einfluss mehr nehmen können. Sie sind der Meinung, mit Durchführung des vorgeschriebenen Nachbesetzungsverfahrens würden sie auch die Verfügungsbefugnis über ihre Praxis verlieren, diese werde sozusagen zu einem „von Amts wegen" festgesetzten Preis vergeben. Diese Auffassung ist falsch.

Die geltende gesetzliche Regelung des SGB V lässt trotz aller Einschränkungen einen erheblichen **Spielraum** für die **Auswahl** des **Praxiserwerbers** und die Gestaltung des **Praxiskaufvertrages**, insbesondere des -preises (4.2.2). Für manche bisher unverkäufliche Arztpraxis dürften wegen der mit der Praxis verbundenen Zulassung die Chancen, einen Käufer zu finden, sogar gestiegen sein.

Wie sehen nun die derzeit geltenden gesetzlichen Regelungen aus?

4.1 Nachbesetzungsverfahren

In **zulassungsgesperrten Gebieten** können der bisherige Praxisinhaber oder seine Erben den Nachfolger einer Vertragsarztpraxis nicht mehr frei auswählen und mit ihm auch den Kaufpreis nicht mehr ohne weiteres frei aushandeln. Dies gilt jedenfalls dann, wenn kein Nachfolger bereitsteht, der eine Zulassung in dem gesperrten Gebiet hat, in dem sich die zu übergebende Arztpraxis befindet. Dann nämlich muss im Rahmen eines **Nachbesetzungsverfahrens** der Vertragsarztsitz durch die Kassenärztliche Vereinigung ausgeschrieben und vom Zulassungsausschuss mit einem Bewerber, der „nach pflichtgemäßem Ermessen" auszuwählen ist, besetzt werden, § 103 Abs. 4, 5 und 6 SGB V (Anhang 4). Das Nachbesetzungsverfahren ist vom Gesetzgeber höchst unvollkommen ausgestaltet. Bei der dadurch notwendigen Auslegung der gesetzlichen Vorschriften ist zu berücksichtigen, dass das Nachbesetzungsverfahren auch eingeführt wurde, um dem Inhaber einer Kassenpraxis deren wirtschaftliche Verwertung zu ermöglichen und so den grundgesetzlich geschützten Besitzstand des Vertragsarztes in gesperrten Gebieten zu wahren.

Das Nachbesetzungsverfahren im gesperrten Gebiet bezieht sich auf den Vertragsarztsitz (4.1.1). Es setzt voraus, dass eine **Kassenpraxis fortgeführt** wird (BSG Arztrecht 2000, 164; MedR 2004, 697 ff). Es muss also zum einen noch eine **fortführungsfähige Kassenpraxis** vorhanden sein; das bedeutet, dass der abgabewillige Vertragsarzt – vom Fall des Ruhens der Zulassung abgesehen – noch

Besitz bzw. Mitbesitz an den Praxisräumen hat, Sprechzeiten ankündigt, eine ärztliche Tätigkeit unter den üblichen Bedingungen tatsächlich entfaltet und die für die Ausübung der ärztlichen Tätigkeit im jeweiligen Fachgebiet erforderliche Praxisinfrastruktur in apparativ-technischer Hinsicht besteht (BSG Arztrecht 2000, 165). Zum anderen muss es einen **fortführungswilligen Bewerber** geben (siehe hierzu 4.1.3.6 und 4.1.5.1).

Setzt das Nachbesetzungsverfahren einerseits voraus, dass der Erwerber die Kassenpraxis des Veräußerers fortführt, so schließt es andererseits nicht aus, dass der Veräußerer zusammen mit seiner Kassenpraxis auch seine Privatpraxis veräußert, diese also im Nachbesetzungsverfahren sozusagen „mitläuft".

Gegenstand des **Nachbesetzungsverfahrens** im gesperrten Gebiet ist also der Vertragsarztsitz (4.1.1), wobei ein Minimum an Kassenpraxis, also an Patienten und funktionstüchtiger Praxiseinrichtung, vorhanden sein muss. Mit der Kassenpraxis kann die Privatpraxis verbunden sein. Der **Vertragsarztsitz allein** bzw. die **Zulassung** des Erwerbers für den Vertragsarztsitz des Veräußerers ohne Kassenpraxis kann **nicht Gegenstand** des **Nachbesetzungsverfahrens** sein.

Allerdings gibt es seit Inkrafttreten des GMG am 01.01.2004 für den Vertragsarzt die Möglichkeit, seinen Vertragsarztsitz in einem gesperrten Gebiet auch **ohne Nachbesetzungsverfahren** auf ein **Medizinisches Versorgungszentrum** zu übertragen. Er verzichtet zugunsten des MVZ auf seine Zulassung. Dadurch wird im MVZ eine sogenannte „Arztstelle" geschaffen. Diese Arztstelle wird mit dem auf seinen Vertragsarztsitz verzichtenden Veräußerer besetzt, dieser also im MVZ angestellt. Diese Anstellung hat der Zulassungsausschuss zu genehmigen, § 103 Abs. 4 a SGB V. Die Übertragung der Praxis des Vertragsarztes auf das Medizinische Versorgungszentrum ist möglich, aber nicht erforderlich. Erfolgt sie nicht, liegt ein Fall des sonst unzulässigen „Konzessionshandels" vor, d. h. der Übertragung eines Vertragsarztsitzes ohne entsprechende Praxis und ohne Durchführung eines Nachbesetzungsverfahrens. Nach hier vertretener Auffassung gilt diese „Umgehung" des Nachbesetzungsverfahrens allerdings nur, wenn die „Arztstelle" mit dem auf seinen Vertragsarztsitz verzichtenden Vertragsarzt besetzt wird. Soll sie mit einem anderen Arzt besetzt werden, ist ein Nachbesetzungsverfahren durchzuführen, wobei das Medizinische Versorgungszentrum dann mit allen anderen Bewerbern um den Vertragsarztsitz konkurrieren muss (a.A. Schallen, Kommentar zur ZulassungsVO Rz. 394). Zur Auswahl siehe 4.1.5.1.

4.1.1 Arztpraxis, Vertragsarztsitz, Verlegung

Die **Praxis** *eines Arztes ist die Gesamtheit dessen, was die gegenständliche und personelle Grundlage der Tätigkeit des in freier Praxis tätigen Arztes bei der Erfüllung der ihm obliegenden Aufgaben bildet* (Rieger, Lexikon des Arztrechtes, 4330 Rz 2). Dazu gehört insbesondere auch der Patientenstamm. Ist der Arzt zur vertragsärztlichen Versorgung zugelassen, setzt sich die Praxis zusammen aus der Kassenpraxis des Arztes und – soweit vorhanden – der Privatpraxis (zur getrennten Veräußerung siehe 9.2).

Hiervon zu trennen ist der Vertragsarztsitz, § 24 ZulassungsVO. *Der Vertragsarztsitz ist die öffentlich-rechtliche Erlaubnis, am Ort der Niederlassung als Arzt auf einem bestimmten Fachgebiet an der vertragsärztlichen Versorgung teilzunehmen.* Er hat im Gegensatz zur Praxis keinen eigenen Vermögenswert, kann also z. B. nicht gepfändet werden (BSG MedR 2001, 159). Streitig ist, wie der **Ort der Niederlassung** zu definieren ist. Nach einer Meinung handelt es sich dabei um die politische Gemeinde, richtiger Ansicht nach jedoch um die konkrete Praxisanschrift, BSG a. a. O. Eine Rolle spielt diese Frage bei der Verlegung des Vertragsarztsitzes, die gemäß § 24 Abs. 4 ZulassungsVO genehmigungspflichtig ist. Nach hier vertretener Auffassung ist also nur der Umzug der Praxis im gleichen Haus genehmigungsfrei.

Häufig geht es Erwerbern ausschließlich darum, die Zulassung für den Vertragsarztsitz des Veräußerers zu bekommen; die Praxis interessiert sie in den vorgefundenen Räumen wenig oder gar nicht. Sie stellen deshalb unmittelbar nach ihrer Zulassung einen Antrag auf **Verlegung der Praxis** bzw. des Vertragsarztsitzes. Vor einem solchen Vorgehen kann nur gewarnt werden. Die Zulassungsausschüsse werten solche übereilten Verlegungsanträge nämlich gerne als Indiz dafür, dass der Erwerber die Kassenpraxis in Wahrheit gar nicht fortführen will oder kann und hinterfragen dann die Rechtmäßigkeit des Nachbesetzungsverfahrens. Vor Stellung eines Verlegungsantrages sollte der Erwerber daher unbedingt für mindestens eine Abrechnungsperiode Kassenpatienten in der Praxis behandeln und diese Behandlungen abrechnen (siehe zur Problematik: Dahm, „Konzessionshandel beim Praxiskauf", MedR 2000, 551 ff).

4.1.2 Zulassungsende

Die Durchführung des Nachbesetzungsverfahrens setzt nach § 103 Abs. 4 Satz 1 SGB V voraus, dass die **Zulassung** des Praxisinhabers durch Erreichen der Altersgrenze, Tod, Verzicht oder Entziehung **endet**.

Das **Erreichen der Altergrenze** wurde bereits oben (1.2.2) behandelt.

Der **Tod** eines Vertragsarztes lässt die Zulassung kraft Gesetzes am Todestag erlöschen, § 95 Abs. 7 SGB V.

Der **Verzicht** auf die Zulassung erfolgt durch einseitige, empfangsbedürftige Willenserklärung des Vertragsarztes gegenüber dem Zulassungsausschuss. Das Recht zum Verzicht kann, ebenso wie die Zulassung selbst, nicht auf andere Personen übertragen werden, da die Zulassung höchstpersönlicher Natur ist, LSG Nordrhein-Westfalen MedR 1998, 377. Hingegen ist die Erteilung einer Vollmacht zur Abgabe der Verzichtserklärung zulässig (siehe auch 9.17.2).

Wird der Verzicht unbedingt erklärt, wird er nach § 28 Abs. 1 ZulassungsVO mit dem Ende des auf den Erklärungszugang folgenden Quartals wirksam. Ein einmal erklärter Verzicht – auch wenn er bedingt erklärt wird – kann **nicht widerrufen** werden. Wird der Verzicht daher im Rahmen eines Nachbesetzungsverfahrens erklärt, besteht die Gefahr, dass er auch wirksam wird, wenn das Nachbesetzungsverfahren fehlschlägt, also ein Bewerber für den Vertragsarztsitz nicht gefunden wird. Der Veräußerer könnte dann zwar seine Privatpraxis, nicht jedoch seine Kassenpraxis weiterführen. Andererseits ist der vom Vertragsarzt erklärte Verzicht Voraussetzung für die Einleitung des Nachbesetzungsverfahrens.

Die mit dem Nachbesetzungsverfahren befassten Gremien suchen, gestützt auf die in der Literatur vertretenen Auffassungen, nach einem Ausweg aus diesem Dilemma. Mehrere Alternativen werden derzeit im Schrifttum vertreten und von den Kassenärztlichen Vereinigungen praktiziert: Nach der einen Auffassung genügt es, wenn der das Nachbesetzungsverfahren beantragende Vertragsarzt mit dem Antrag auf Ausschreibung die **Absicht** erklärt, im Falle der Zulassung eines Nachfolgers auf seine **Zulassung** zu **verzichten** (OLG Düsseldorf MedR 2004, 616 f; Schallen, Kommentar zur ZulassungsVO Rz 249). Nach der anderen Auffassung ist es erforderlich, aber auch ausreichend, wenn der Vertragsarzt mit dem Antrag auf Ausschreibung einen **bedingten Zulassungsverzicht** erklärt, wobei die Bedingung dahin gehen kann, dass ein Nachfolger bestandskräftig zugelassen wird. Die Bedingung, dass ein bestimmter Nachfolger zugelassen wird, dürfte unzulässig sein, da sie das Auswahlrecht des Zulassungsausschusses unterlaufen würde (a.A. Schallen, Kommentar zur ZulassungsVO Rz 250). Einige Kassenärztliche Vereinigungen bestehen auf der Abgabe einer **unbedingten Verzichtserklärung**.

Eine höchstrichterliche Klärung des Problems ist bisher noch nicht erfolgt. Der seinen Vertragsarztsitz ausschreibende Vertragsarzt sollte daher unbedingt vor Stellung des Ausschreibungsantrages mit der zuständigen Kassenärztlichen Vereinigung klären, welche der zuvor genannten Alternativen akzeptiert wird. Einer Umfrage zufolge reicht es den meisten Kassenärztlichen und Kassenzahnärztlichen Vereinigungen, wenn mit der Stellung des Antrages auf Ausschreibung die Absicht erklärt wird, auf die Zulassung verzichten zu wollen. Verlangt die Kassenärztliche Vereinigung die Abgabe einer unbedingten Verzichtserklärung, weil sie mit einem Teil des Schrifttums die Verzichtserklärung für bedingungsfeindlich hält, so sollte die Verzichtserklärung nur abgegeben werden, wenn der Vertragsarzt sicher sein kann, dass ein Nachfolger zur Verfügung steht und er diesen durch einen zuvor abgeschlossenen Praxisübergabevertrag an sich gebunden hat (4.2.1).

Ein **Entzug der Zulassung** kommt unter den in § 95 Abs. 6 SGB V genannten Voraussetzungen in Frage. Ungeklärt ist bisher, ob ein Antrag auf Ausschreibung bereits mit Bekanntgabe eines Entziehungsbescheides zulässig ist oder erst mit dessen Bestandskraft. Auch hier empfiehlt sich eine vorherige Kontaktaufnahme mit der zuständigen Kassenärztlichen Vereinigung.

Nach § 95 Abs. 7 SGB V endet die Zulassung auch mit dem **Wegzug** des Vertragsarztes aus dem Bezirk seines Vertragsarztsitzes, ebenso wie sie durch **Verle-**

gung der Praxis in einen anderen Zulassungsbezirk und die **Aufgabe der ärztlichen Tätigkeit** am Vertragsarztsitz endet. Diese Tatbestände sind in § 103 Abs. 4 Satz 1 SGB V nicht erwähnt. Gleichwohl können auch sie ein Nachbesetzungsverfahren auslösen (Schallen, Kommentar zur ZulassungsVO Rz 245).

Die Anordnung des **Ruhens der Zulassung** nach § 26 ZulassungsVO kann hingegen **kein Nachbesetzungsverfahren** auslösen.

4.1.3 Ausschreibungsverfahren

4.1.3.1 Ausschreibungsantrag

Das Ausschreibungsverfahren wird eingeleitet durch einen **Ausschreibungsantrag** an die zuständige Kassenärztliche bzw. Kassenzahnärztliche Vereinigung. Wird ein Antrag auf Ausschreibung des Vertragsarztsitzes nicht gestellt, so findet eine Ausschreibung nicht statt. Ausschreibungen „von Amts wegen" sind nicht vorgesehen; der Vertragsarztsitz verfällt in diesem Fall, BSG MedR 1999, 382.

Der Antrag ist **formlos**, schriftliche Antragstellung ist jedoch unbedingt zu empfehlen.

Das Gesetz sagt nichts über den **Inhalt des Ausschreibungsantrages** aus, also über die Angaben, die im Ausschreibungsantrag bezüglich der Praxis und des Veräußerers zu machen sind. Damit eine Ausschreibung überhaupt Sinn macht, muss zum einen das Fachgebiet, zum anderen der Planungsbereich angegeben werden. Bei Angaben, die darüber hinausgehen, ist zu differenzieren: Ist sich der Vertragsarzt bereits mit einem Erwerber einig geworden, erübrigen sich aus seiner Sicht weitergehende Angaben. Der Vertragsarzt sollte in seinem Antrag auf Ausschreibung aber darauf hinweisen, dass bereits ein Erwerber zur Verfügung steht, da dies erfahrungsgemäß andere Bewerber von einer Bewerbung abhält. Sucht der Vertragsarzt jedoch über die Ausschreibung einen Erwerber, sollten seine Angaben über die Praxis mindestens die Informationen enthalten, die üblicherweise auch in Makleranzeigen enthalten sind:

- Angabe der Praxisanschrift, zumindest aber des Planungsbereiches
- Angabe des Fachgebiets
- Angaben über Besonderheiten der Praxis, Zusatzbezeichnungen, Tätigkeitsschwerpunkte, apparative Ausstattung
- Angaben über die Kaufpreisvorstellung
- Angaben über den Grund der Abgabe
- Angaben darüber, ob die Privatpraxis mitverkauft wird.

Den meisten Kassenärztlichen Vereinigungen reicht für die Einleitung der Ausschreibung die Angabe des Praxisinhabers, der Praxisanschrift und des Fachgebiets.

4.1.3.2 Antragsberechtigung

Berechtigt, einen **Ausschreibungsantrag zu stellen,** ist zunächst der **Vertragsarzt** selbst. Ist er nicht mehr geschäftsfähig, muss ein Betreuer bestellt werden, der dann berechtigt ist.

Im Falle des Todes des Vertragsarztes steht das Antragsrecht den **Erben** zu. Dabei müssen die Zulassungsgremien im Rahmen ihrer Amtsermittlungspflicht die Erbenstellung nachprüfen. Sie können infolge dessen die Vorlage eines Erbscheins verlangen oder auch Anfragen an das Nachlassgericht stellen.

Grundsätzlich können nur alle Erben gemeinsam einen Ausschreibungsantrag stellen, da der Ausschreibungsantrag auf eine wesentliche Veränderung der Praxis, nämlich deren Veräußerung, zielt. Da jedoch mit dem Tod des Praxisinhabers eine Verflüchtigung des Patientenstammes und damit ein Verfall des Goodwill der Praxis einsetzt, wird man einzelnen Erben im Rahmen einer Notgeschäftsführung (§ 2038 Abs. 1 Satz 1 BGB) ein Ausschreibungsrecht zugestehen müssen. Es ist jedoch unsicher, ob dies von allen Kassenärztlichen Vereinigungen ohne weiteres akzeptiert wird, insbesondere wenn unter den Erben divergierende Auffassungen bzw. Streit besteht.

Im Hinblick auf die Zeitverzögerung, die durch die vorstehend beschriebenen Umstände entstehen kann, sollte jeder Vertragsarzt bereits zu Lebzeiten eine sogenannte **postmortale Vollmacht** erteilen (2.1.3). Zulässig dürfte es auch sein, das Recht zur Ausschreibung (im Gegensatz zur Erklärung des Zulassungsverzichts) abzutreten oder eine andere Person zu ermächtigen, den Ausschreibungsantrag in eigenem Namen zu stellen (Rieger, Rechtsfragen beim Verkauf und Erwerb einer Arztpraxis Rz 39).

Nicht zielführend ist hingegen die Bestellung eines **Testamentsvollstreckers,** da er sich auch legitimieren muss und die Erteilung eines Testamentsvollstreckerzeugnisses Wochen, wenn nicht Monate dauern kann. Ein **Nachlasspfleger,** der noch unbekannte Erben ermittelt, kann keinen Ausschreibungsantrag stellen, SG Potsdam, Urteil vom 11.08.1999 – S 1 KA 69/99.

Zur Ausschreibungsberechtigung bei Übertragung eines **Anteils an einer Gemeinschaftspraxis,** siehe 10.2.2.1.

Unter bestimmten Voraussetzungen kann auch ein **Medizinisches Versorgungszentrum** einen Ausschreibungsantrag stellen.

4.1.3.3 Rücknahme und Wiederholung des Ausschreibungsantrags

Eine Rücknahme des Ausschreibungsantrags ist bis zur Entscheidung des Zulassungsausschusses im Nachbesetzungsverfahren möglich, nach anderer Meinung bis zur Bestandskraft bzw. Rechtskraft der Entscheidung (Schallen, Kommentar zur ZulassungsVO Rz 266). Mit der Rücknahme des Ausschreibungsantrages endet das Nachbesetzungsverfahren. Ein etwa erklärter Zulassungsverzicht des Antragstellers wird allerdings nur dann hinfällig, wenn der Zulassungsverzicht unter der Bedingung erklärt wurde, dass ein Nachfolger zugelassen wird (4.1.2). Wurde ein unbedingter Verzicht erklärt, bleibt dieser auch bei Rücknahme des Ausschreibungsantrages oder Scheitern des Nachbesetzungsverfahrens wirksam.

Der Ausschreibungsantrag kann mehrmals **wiederholt** werden, nach Ende der Zulassung jedoch nur bis zum Ende der Ausschreibungsberechtigung (4.1.3.4). Die Wiederholung kommt zum einen in Betracht, wenn das Ausschreibungsverfahren nicht zum Erfolg geführt hat, zum anderen aber auch nach Rücknahme des Ausschreibungsantrags. Erfolgt die Rücknahme des Ausschreibungsantrages und die erneute Stellung des Ausschreibungsantrages aus taktischen Gründen, z. B. um einen sogenannten Wunschbewerber „durchzubringen", ist eine rechtliche Begleitung unerlässlich.

4.1.3.4   Ende der Ausschreibungsberechtigung

Im Gesetz nicht geregelt ist die Frage, wie lange **nach Ende der Zulassung** ein **Antrag auf Ausschreibung** noch gestellt werden kann. Die Frage stellt sich insbesondere nach dem Tod des Vertragsarztes, aber auch nach einem Verzicht oder Erlöschen der Zulassung wegen Erreichens der Altersgrenze. Einen Anhaltspunkt bietet § 19 Abs. 3 der Zulassungsverordnung. Danach endet die Zulassung, wenn der zugelassene Vertragsarzt seine Tätigkeit nicht innerhalb von drei Monaten aufnimmt. Der Gesetzgeber ist also offensichtlich bereit, das Brachliegen eines Vertragsarztsitzes nur für den genannten Zeitraum hinzunehmen. Das Antragsrecht sollte daher mindestens für diesen Zeitraum bestehen. Andere Autoren halten einen Zeitraum von sechs Monaten für richtig (Rieger, Rechtsfragen beim Verkauf und Erwerb einer Arztpraxis Rz 44). Vorsichtshalber sollte man es auf diese Frist jedoch nicht ankommen lassen, zumal das Brachliegen des Vertragsarztsitzes mit der Stellung des Ausschreibungsantrages ja nicht endet, weil der Antrag lediglich das Ausschreibungsverfahren einleitet, welches dann wiederum noch mehrere Wochen oder Monate dauert.

4.1.3.5   Ausschreibung durch die Kassenärztliche Vereinigung

Die **Kassenärztliche Vereinigung ist verpflichtet,** den Vertragsarztsitz nach Eingang des Ausschreibungsantrags unverzüglich, d. h. ohne schuldhaftes Zögern, in ihrem amtlichen Bekanntmachungsblatt **auszuschreiben.**

Diese Verpflichtung besteht allerdings nicht, wenn der Kassenärztlichen Vereinigung bekannt ist, dass eine fortführungsfähige Praxis nicht mehr existiert, 4.1.

Nicht geregelt ist, welche **Angaben** die Kassenärztliche Vereinigung in der Ausschreibung machen muss. Entsprechend wird dieser Punkt von den Kassenärztlichen Vereinigungen sehr unterschiedlich gehandhabt, wobei, soweit ersichtlich, jedoch Einigkeit darüber besteht, dass die Ausschreibung anonym zu erfolgen hat.

Während einige Kassenärztliche Vereinigungen lediglich das Fachgebiet und den Planungsbereich angeben, halten andere auch Angaben über Besonderheiten der Praxis sowie Zusatzbezeichnung, Tätigkeitsschwerpunkt und apparative Ausstattung für erforderlich.

Der seine Praxis ausschreibende Vertragsarzt wird in der Regel Interesse daran haben, dass so wenige Angaben wie möglich über seine Praxis veröffentlicht werden, zumindest wenn es eine noch laufende Praxis ist und wenn er bereits einen Wunschbewerber im Auge hat. Andererseits verlangt es die Chancengleichheit der Bewerber, dass wenigstens ein **Minimum an Praxisdaten** ausgeschrieben wird. Dieses Minimum besteht in der Nennung des Planungsbereiches, in dem sich der Vertragsarztsitz befindet, in der Angabe des Fachgebiets und Angaben über Besonderheiten der Praxis. Ist der die Ausschreibung beantragende Vertragsarzt nicht bereit, diese minimalen Angaben zu machen, kann die Kassenärztliche Vereinigung die Durchführung des Ausschreibungsverfahrens ablehnen. Sie ist jedoch nicht berechtigt, die ihrer Ansicht nach fehlenden Angaben von Amts wegen zu ermitteln und gegen den Willen des Vertragsarztes in die Ausschreibung aufzunehmen. Das Nachbesetzungsverfahren wurde im Interesse des Vertragsarztes eingeführt (4.1). Dies bedeutet, dass im Ausschreibungsverfahren auch nicht gegen sein Interesse vorgegangen werden kann. Allerdings trägt der Vertragsarzt dann das Risiko des Scheiterns des Nachbesetzungsverfahrens.

In der Ausschreibung sollte die Kassenärztliche Vereinigung gegebenenfalls darauf hinweisen, dass bereits ein Bewerber für die Übernahme zur Verfügung steht. Sie setzt außerdem eine **Frist**, innerhalb derer Bewerbungen bei ihr eingehen müssen. Zwar ist eine solche Frist im Gesetz nicht vorgesehen. Gleichwohl ist sie sinnvoll, um einen ordnungsgemäßen Ablauf des Bewerbungsverfahrens zu gewährleisten. Auf Antrag des Vertragsarztes kann die **Frist verlängert** werden, § 26 Abs. 7 SGB X. Die Verlängerung der Frist ist insbesondere dann geboten, wenn innerhalb der zunächst gesetzten Frist noch keine Bewerbungen eingegangen sind.

Nach Ablauf der gesetzten Frist erstellt die Kassenärztliche Vereinigung eine **Liste** der eingegangenen **Bewerbungen**, die sowohl an den ausschreibenden **Vertragsarzt**, als auch den zuständigen **Zulassungsausschuss** zu übergeben ist, nicht jedoch an die Bewerber.

Mit Abgabe der Liste ist das **Ausschreibungsverfahren beendet**. Gleiches gilt, wenn innerhalb der (evtl. verlängerten) Bewerbungsfrist keine Bewerbungen eingegangen sind oder der Ausschreibungsantrag vom ausschreibenden Vertragsarzt zurückgenommen wird.

Die Frage, ob **Bewerbungen**, die **nach Ablauf** der von der Kassenärztlichen Vereinigung gesetzten **Bewerbungsfrist** noch eingehen, bei der nachfolgenden Entscheidung des Zulassungsausschusses zu berücksichtigen sind, ist streitig. Nachdem das Gesetz eine Fristsetzung überhaupt nicht vorsieht, lässt sich mit guten Gründen wohl nur die Auffassung vertreten, dass auch Bewerbungen, die nach Fristablauf eingehen, bei der Entscheidung des Zulassungsausschusses zu berücksichtigen sind. Insbesondere wird dadurch die Chancengleichheit unter den Bewerbern nicht verletzt. Äußerster Zeitpunkt für die Berücksichtigungsfähigkeit eines Bewerbungsantrages ist allerdings die Entscheidung des Zulassungsausschusses (so auch Rieger, Rechtsfragen beim Verkauf und Erwerb einer Arztpraxis Rz 50).

4.1.3.6   Bewerbung

Die Bewerber um einen Vertragsarztsitz im Rahmen eines Nachbesetzungsverfahrens müssen die **allgemeinen Zulassungsvoraussetzungen**, § 95 Abs. 1 – 2a SGB V, erfüllen und einen vollständigen Zulassungsantrag, § 18 ZulassungsVO, einreichen. Bewerben kann sich auch der Konzessionsträger eines **Medizinischen Versorgungszentrums**. Die Bewerbung bedarf der Schriftform und sollte möglichst innerhalb der von der Kassenärztlichen Vereinigung gesetzten Frist erfolgen (4.1.3.5).

Ein konkretes **Angebot** zum Abschluss eines **Kaufvertrages** über die Praxis muss die Bewerbung **nicht** enthalten; jedoch muss der Bewerber – zumindest auf Nachfrage – erkennen lassen, dass er bereit ist, die Praxis zu übernehmen und fortzuführen. Bewerber, die diese Voraussetzung nicht erfüllen, sind bei der Auswahl nicht zu berücksichtigen (BSG ArztR 2000, 165). Hat der Bewerber mit dem die Ausschreibung beantragenden Vertragsarzt bereits einen Praxisübernahmevertrag geschlossen, sollte er dies unbedingt erwähnen.

Streitig ist, ob es zulässig ist, dass ein Bewerber zur Erhöhung seiner Chancen **mehrere Zulassungsanträge gleichzeitig** stellt. Hier sind folgende Möglichkeiten denkbar: ein Bewerber stellt Zulassungsanträge in mehreren Planungsbereichen oder er stellt in einem Planungsbereich gleichzeitig Anträge für mehrere Vertragsarztsitze. Nach hier vertretener Auffassung, die von den meisten KVen geteilt wird, ist gegen eine solche Kumulation nichts einzuwenden (a. A. Hesral in Ehlers, Fortführung von Arztpraxen Rz 266). Allerdings müssen die Zulassungsausschüsse und der Bewerber sicherstellen, dass es nicht zu unzulässigen Doppelzulassungen kommt.

Eine Bewerbung ist auch nicht deshalb unzulässig, weil der Bewerber **bereits** eine **Zulassung** für einen anderen Vertragsarztsitz hat. Auch in diesem Falle wird er sich freilich verpflichten müssen, im Falle der neuen Zulassung auf die bereits vorhandene Zulassung zu verzichten.

Zur **Bewerbungsfrist** siehe 4.1.3.5.

Ein Bewerber kann seine **Bewerbung** jederzeit bis zu seiner Zulassung **zurücknehmen**, nach hier vertretener Auffassung sogar bis zur Bestandskraft bzw. Rechtskraft der Zulassung.

4.1.3.7   Recht auf Akteneinsicht

Die beteiligten Bewerber haben gegenüber dem Zulassungsausschuss ein Recht auf Akteneinsicht und Fertigung von Kopien gegen Kostenerstattung, § 25 SGB X. Das Akteneinsichtrecht bezieht sich sowohl auf die beim Zulassungsausschuss vorhandenen **Unterlagen** über den ausgeschriebenen **Vertragsarztsitz** bzw. die Arztpraxis als auch die Unterlagen der **Mitbewerber** einschließlich der nach § 18 der ZulassungsVO erforderlichen Anlagen. Am Zulassungsverfahren nicht beteiligte Personen (4.1.5) haben kein Recht auf Akteneinsicht.

4.1.4 Verhandlung zwischen Vertragsarzt und Bewerber

Anhand der Bewerberliste hat der seine Praxis ausschreibende Vertragsarzt die Möglichkeit, mit dem oder den Bewerbern **Verhandlungen** über die **Übernahme seiner Praxis** zu führen (sogenannte Verhandlungsphase, Hesral und Gassner in Ehlers, Fortführung von Arztpraxen Rz 271, 916). Eine Verpflichtung zur Führung solcher Verhandlungen besteht freilich nicht. Der Vertragsarzt kann die Verhandlungen daher mit einzelnen, ihm genehmen Bewerbern führen, mit anderen solche Verhandlungen ablehnen. Geschickter ist es freilich, wenn er versucht, mit diesen anderen Bewerbern eine Einigung dahingehend zu erzielen, dass sie entweder ihre Bewerbung zurückziehen oder sich zumindest verpflichten, gegen ihre etwaige Ablehnung kein Rechtsmittel einzulegen, 4.1.5.3.1. Es liegt auf der Hand, dass die Methoden, einem Bewerber eine Praxis „auszureden", zahlreich sind.

Einigt sich der Vertragsarzt mit einem Bewerber über die Übernahme seiner Praxis, empfiehlt es sich dringend, schon jetzt einen **Praxisübergabevertrag** mit ihm abzuschließen. Kommt mit keinem Bewerber eine Einigung zustande, sollte der Vertragsarzt erwägen, den Ausschreibungsantrag zurückzunehmen (4.1.3.3).

4.1.5 Zulassungsverfahren

Am Zulassungsverfahren **beteiligt** sind der die Praxis ausschreibende **Vertragsarzt** sowie alle **Bewerber**. Außerdem sind die Kassenärztliche Vereinigung und die Landesverbände der verschiedenen Krankenkassen bzw. Verbände der Ersatzkassen am Verfahren zu beteiligen.

Der Zulassungsausschuss hat den für die Zulassungsentscheidung maßgeblichen **Sachverhalt von Amts wegen zu ermitteln**, § 39 Abs. 1 ZulassungsVO. Insbesondere muss er sich auch versichern, ob im Zeitpunkt seiner Entscheidung die Zulassungsbeschränkung für den Planungsbereich, in dem sich der ausgeschriebene Vertragsarztsitz befindet, noch besteht, weil sonst das Nachbesetzungsverfahren des § 103 Abs. 4 SGB V keine Anwendung findet (SG Münster MedR 1999, 581).

4.1.5.1   Auswahl durch den Zulassungsausschuss

Zunächst wird der Zulassungsausschuss diejenigen Bewerber aussondern, die die **allgemeinen** persönlichen und fachlichen **Zulassungsvoraussetzungen**, § 95 Abs. 1-2a SGB V, nicht erfüllen. Sodann wird er prüfen, ob das Fachgebiet, dem der Bewerber angehört, mit dem des ausschreibenden Vertragsarztes identisch ist. Ausnahmsweise kann der Bewerber einem verwandten Fachgebiet angehören, wenn sich bei der Ausschreibung eines Vertragsarztsitzes kein Bewerber des identischen Fachgebietes findet, so der Berufungsausschuss für Ärzte Rheinland-Pfalz in einem Beschluss vom 10.03.1999 – BA 01/99. Ab dem 01.01.2006 sind für ausgeschriebene Hausarztsitze grundsätzlich nur Allgemeinärzte zu berücksichtigen, § 103 Abs. 4 SGB V. Zahnärzte, die über eine Fachgebietsbezeichnung verfügen (z. B. Kieferorthopäden), können auch eine Zulassung als Allgemeinzahnarzt erhalten.

Anschließend muss der Zulassungsausschuss prüfen, ob der oder die **Bewerber bereit** sind, die **Praxis** des Veräußerers **fortzuführen**, da die Nachbesetzung des Vertragsarztsitzes zwingend mit der Fortführung der Praxis verbunden ist, 4.1.

Bleibt danach **kein Bewerber**, ist der Antrag auf Nachbesetzung des Vertragsarztsitzes zurückzuweisen.

Bleibt nur **ein Bewerber**, ist dieser nach der hier vertretenen Auffassung (siehe 4.1.5.1.1 „Die wirtschaftlichen Interessen") zuzulassen, wenn er bereit ist, den Verkehrswert der Praxis als Kaufpreis zu akzeptieren. Hat er sich allerdings mit dem Veräußerer bereits über den Kaufpreis der Praxis geeinigt, so ist dies der Prüfung durch den Zulassungsausschuss entzogen. Der Kaufpreis kann dann sowohl über als auch unter dem Verkehrswert der Praxis liegen.

Sind noch **mehrere Bewerber** im Rennen, hat der Zulassungsausschuss den Nachfolger nach pflichtgemäßem Ermessen auszuwählen. Die **Auswahlkriterien** sind in § 103 Abs. 4, 5 und 6 SGB V aufgeführt (Anhang 4).

Zunächst ist die Frage, ob die **Aufzählung** der Kriterien in § 103 Abs. 4 SGB V **abschließend** ist, ob also nur die dort genannten Kriterien zu berücksichtigen sind. Richtigerweise ist dies zu verneinen. In der Tat ist es nicht einzusehen, weshalb die Tätigkeit des Bewerbers in der ausgeschriebenen Praxis als Assistent oder Vertreter (in § 103 Abs. 4 SGB V nicht erwähnt) nicht der eines angestellten Arztes gleichgestellt sein soll (so auch LSG Baden-Württemberg, MedR 1997, 143). Viele Zulassungsausschüsse ziehen daher solche und andere Kriterien bei ihrer Auswahlentscheidung mit heran. Im konkreten Fall ist dies zu erfragen.

Eine weitere Frage ist die nach der **Gewichtung der Auswahlkriterien**. Hier schweigt sich das Gesetz aus. Die Meinungen in der Literatur sind geteilt.

Während die einen grundsätzlich alle Kriterien gleich gewichten wollen, differenzieren andere Autoren zwischen leistungsbezogenen und statusbezogenen Kriterien. Richtigerweise wird man wohl auch differenzieren müssen zwischen **Kriterien, die im Interesse der Bewerber** geschaffen wurden und solchen **Kriterien, die der Kontinuität der Patientenbetreuung** dienen, wobei letztere vorrangig zu berücksichtigen sein dürften. Der Zulassungsausschuss hat die Kriterien im Einzelfall nach pflichtgemäßem Ermessen gegeneinander abzuwägen.

Nachrangig zu behandeln ist sicherlich der Zulassungsantrag eines Bewerbers, der bereits in einem anderen Planungsbereich eine Zulassung als Vertragsarzt hat und der lediglich seine Praxis verlegen will, da er sein Grundrecht der freien Berufswahl bereits ausgeschöpft hat.

Nachrangig ist wohl auch die Bewerbung eines **Medizinischen Versorgungszentrums** zu behandeln, da hier mit der Nachbesetzung auf jeden Fall eine Verlegung der Praxis verbunden ist, denn der Bewerber (also das MVZ) kommt nicht in die Praxis, sondern umgekehrt die Praxis wird in das Medizinische Versorgungszentrum verlegt. Dies kann nicht im Interesse der Patienten sein, es sei denn, dass sich das Medizinische Versorgungszentrum zufällig in der Nähe der zu verlegenden Praxis befindet (so wohl auch Rieger, Rechtsfragen beim Verkauf und Erwerb einer Arztpraxis Rz 58 a).

4.1.5.1.1 Die einzelnen Auswahlkriterien

– Beim Merkmal **berufliche Einigung** sind grundsätzlich alle Bewerber, die eine Weiterbildung auf dem gleichen Gebiet besitzen, als geeignet und befähigt zur Erbringung sämtlicher gebietskonformer Leistungen und zur Deckung des Versorgungsbedarfs in dem betroffenen Fachgebiet anzusehen. Zusatzqualifikationen (Schwerpunkt- und Zusatzbezeichnungen), fakultative Weiterbildungen, Belegarztanerkennung und Auftragslabor sind aber ebenso zu berücksichtigen wie Genehmigungen, die im Rahmen der Qualitätssicherung nach § 135 SGB V vorgeschrieben sind (z. B. Sonographie, spezielles Labor, Röntgen). Dabei ist auf den am ausgeschriebenen Vertragsarztsitz vorhandenen konkreten Versorgungsbedarf abzustellen (Hesral in Ehlers, Fortführung von Arztpraxen Rz 287 f.).

– Das **Approbationsalter** ist ein sogenanntes statusbezognes Kriterium. Wichtiger dürfte demgegenüber das leistungsbezogene Kriterium **Dauer der ärztlichen Tätigkeit** sein. Ob hier z. B. Mutterschutzzeiten, Erziehungsurlaub usw. anzurechnen sind, ist, soweit ersichtlich, gerichtlich bisher nicht entschieden.

– Das Auswahlkriterium **Ehegatte bzw. Kind** bezweckt den Schutz des Eigentums- und Erbrechtes des seinen Vertragsarztsitz ausschreibenden Arztes. Dabei kann der kuriose Fall eintreten, dass – nach dem Tod des Vertragsarztes – der Ehegatte bzw. das Kind als Erbe des Vertragsarztes zugleich Antragsteller und Bewerber im Ausschreibungsverfahren ist. In Anbetracht des grundgesetzlich geschützten Eigentums- und Erbrechtes ist diesem Auswahlkriterium, obgleich es statusbezogen ist, eine hohe Wertigkeit beizumessen.

– Bei dem Kriterium **angestellter Arzt** handelt es sich um ein Kriterium, das vorwiegend der Kontinuität der Patientenversorgung und damit der Sicherstellung des Versorgungsauftrags dient. Dementsprechend ist auch diesem Kriterium eine hohe Wertigkeit zuzumessen, besonders wenn es sich um eine Praxis mit intensiver Patientenbindung handelt. Zur Möglichkeit, als angestellter Arzt bei einem Vertragsarzt tätig zu sein, siehe 2.5.1.1. Dass die Tätigkeit als Assistent oder Vertreter ebenso wie die als angestellter Arzt zu berücksichtigen ist, wurde oben (4.1.5.1) bereits dargelegt.

– Das Kriterium, dass der **Bewerber** *ein Vertragsarzt ist, mit dem die* **Praxis** *bisher* **gemeinschaftlich** *ausgeübt wurde,* machte in der Vergangenheit keinen rechten Sinn, da hier bei der Auswahl ein Vertragsarzt, der ja schon eine Zulassung hatte, berücksichtigt werden sollte. Lediglich seltene Fälle einer Doppelzulassung waren hier vorstellbar.

Mit der Neuregelung der Zulassungsteilung gemäß § 101 Abs. 1 Ziff. 4 SGB V besteht jetzt ein konkreter Anwendungsfall, wenn man den **beschränkt zugelassenen Arzt** (siehe 2.5.1.2) als Vertragsarzt im Sinne von § 103 Abs. 4 SGB V ansieht. Allerdings gelten hier widersprüchliche gesetzliche Regelungen. Während die vorgenannte Vorschrift die sofortige

Berücksichtigung des angestellten Arztes bei der Auswahl vorsieht, heißt es in § 101 Abs. 3 Satz 4 SGB V, dass der beschränkt zugelassene Arzt, mit dem die Praxis gemeinschaftlich, also in Gemeinschaftspraxis, ausgeübt wurde, bei der Auswahl erst nach mindestens fünfjähriger gemeinsamer vertragsärztlicher Tätigkeit zu berücksichtigen ist. Offensichtlich handelt es sich hier um eine vom Gesetzgeber nicht zu Ende gedachte Regelung, die letztlich zu einem willkürlichen Ergebnis führt. Bei strikter Anwendung würde dies nämlich bedeuten, dass ein beschränkt zugelassener Arzt, der in der ausgeschriebenen Vertragsarztpraxis vier Jahre lang tätig war, nicht, ein erst seit einem Jahr angestellter Arzt hingegen berücksichtigungsfähig wäre. Ein solches willkürliches Ergebnis ist nicht hinnehmbar, zumal der Partner einer Gemeinschaftspraxis regelmäßig ein engeres Verhältnis zu den Patienten aufbauen wird als ein angestellter Arzt. Nach hier vertretener Ansicht ist daher die Einschränkung des § 101 Abs. 3 S. 4 SGB V bei der Auswahl nicht anzuwenden (ebenso Hesral in Ehlers, Fortführung von Arztpraxen Rz 300 und Rieger, Rechtsfragen beim Verkauf und Erwerb einer ärztlichen Praxis Rz 54).

– *Die wirtschaftlichen Interessen des ausscheidenden Vertragsarztes oder seiner Erben sind nur insoweit zu berücksichtigen, als der Kaufpreis die Höhe des Verkehrswertes der Praxis nicht übersteigt.*

Der hier wiedergegebene Wortlaut von § 103 Abs. 4 S. 6 SGB V bedeutet zum einen, dass die wirtschaftlichen Interessen des ausscheidenden Vertragsarztes insoweit zu berücksichtigen sind, als der Kaufpreis die Höhe des Verkehrswertes der Praxis nicht übersteigt. Im Lichte der Eigentumsgarantie des Art. 14 GG folgt daraus, dass der **Verkehrswert** der Praxis eine **Grenze** ist, die gegen den Willen des abgabewilligen Vertragsarztes oder seiner Erben **nicht unterschritten** werden darf (SG Detmold MedR 1995, 171). Ist also ein Bewerber nicht bereit, den Verkehrswert zu bezahlen und hat er sich auch nicht mit dem Vertragsarzt bereits geeinigt, so ist er bei der Auswahl nicht zu berücksichtigen, SG Dortmund MedR 2002, 100. Diese Auffassung ist jedoch nicht unumstritten und wird längst nicht von allen Zulassungs- und Berufungsausschüssen praktiziert. Umso wichtiger ist es, dass ein abgabewilliger Vertragsarzt und ein Bewerber, wenn sie sich einig sind, von den ihnen zur Verfügung stehenden Möglichkeiten, auf das Nachbesetzungsverfahren Einfluss zu nehmen, Gebrauch machen (4.2).

Andererseits darf ein **Bewerber** bei der Auswahl **nicht** deshalb **bevorzugt** werden, weil er einen **über** dem **Verkehrswert** liegenden Kaufpreis bietet. Vielmehr ist ein solcher Bewerber genauso zu behandeln wie ein Bewerber, der lediglich den Verkehrswert der Praxis bietet (wobei selbstverständlich eine Differenzierung nach den weiteren Kriterien möglich ist). Durch diese Regelung will der Gesetzgeber erreichen, dass sich der Kaufpreis für Kassenpraxen nicht deswegen ungerechtfertigt erhöht, weil mit ihrem Erwerb gleichzeitig die Zulassung verbunden ist. Allerdings ist die Regelung verfehlt, da der Gesetzgeber den „Verkehrswert" nicht definiert und dieser gerade auch durch die Möglichkeit beeinflusst wird, mit der Praxis eine Zulassung als Vertragsarzt zu erwerben, 5.2.3.1; so werden bestimmte Facharztzulassungen im Raum München durchaus mit € 100.000,00 und mehr bewertet. Keinesfalls ist der Zulassungsausschuss – wie vereinzelt zu lesen – berechtigt, den Kaufpreis für eine Vertragspraxis selbst zu gestalten, also beispielsweise auf den Verkehrswert zu reduzieren. Seine Befugnisse beschränken sich auf die Auswahl und die Zulassung bzw. Ablehnung der Bewerber.

Besteht zwischen den Beteiligten **Streit über die Höhe des Verkehrswertes,** ist dieser durch den Zulassungsausschuss von Amts wegen zu ermitteln. In der Regel wird er sich dazu der Hilfe eines Sachverständigen bedienen müssen. Ungeklärt ist, nach welcher **Methode** der Sachverständige den Verkehrswert zu ermitteln hat. Diese Frage spielt deshalb eine Rolle, weil die verschiedenen Methoden zum Teil zu unterschiedlichen Ergebnissen führen (5.2.2).

Ungeklärt ist auch, ob und ggf. wie der **Privatanteil der Praxis** zu berücksichtigen ist, wenn der Vertragsarzt diesen mit veräußern will und sich mit dem Bewerber insoweit **nicht geeinigt** hat. Obwohl das in § 103 Abs. 4 SGB V geregelte Nachbesetzungsverfahren nicht den privatärztlichen Teil der Praxis betrifft (4.1.1), wird man ihn bei der Ermittlung des Verkehrswertes zumindest dann mit einbeziehen müssen, wenn der Vertragsarzt auch diesen Teil seiner Praxis mit veräußern möchte. Andernfalls würde dem Bewerber dieser Teil der Praxis kostenlos zufallen, ein Ergebnis, das sich mit der Intention der gesetzlichen Regelung, nämlich dem Vertragsarzt die wirtschaftliche Verwertung seiner Praxis auch in gesperrten Gebieten zu ermöglichen, nicht vereinbaren lässt (so auch Gasser in Ehlers, Fortführung von Arztpraxen Rz 939). Dieser Auffassung steht der weitere Gesetzeszweck, eine ungerechtfertigte Erhöhung des Kaufpreises für Kassenpraxen wegen der mit ihnen verbundenen Zulassungen zu verhindern, nicht entgegen. Hat sich der Vertragsarzt mit dem Bewerber über den Kaufpreis für den **Privatanteil der Praxis geeinigt,** ist dies der Kontrolle durch den Zulassungsausschuss entzogen, da sich die Regelung des § 103 Abs. 4 S. 6 SGB V nur auf den vertragsärztlichen Teil der Praxis bezieht.

Möchte der Vertragsarzt eine in seinem Eigentum stehende **Immobilie,** in der er die Praxis ausgeübt hat, mitveräußern, so ist auch diese in die Verkehrswertermittlung mit einzubeziehen (LSG Baden-Württemberg MedR 1997, 143).

–   Gemäß § 103 Abs. 5 SGB V ist bei der Auswahlentscheidung auch die Dauer der **Eintragung** eines Bewerbers in die **Warteliste** zu berücksichtigen.

In die Warteliste werden auf Antrag die Ärzte, die sich um einen Vertragsarztsitz bewerben und in das Arztregister eingetragen sind, aufgenommen.

Es empfiehlt sich also die Antragstellung zugleich mit der Bewerbung in dem betreffenden Planungsbereich. Zur Verbesserung der Zulassungschancen kann sich auch die Eintragung in mehrere Wartelisten empfehlen, was freilich nur möglich ist, wenn man mehrere gleichzeitige Bewerbungen für zulässig hält (4.1.3.6).

– Endet die Zulassung eines in einer **Gemeinschaftspraxis** tätigen Vertragsarztes, so sind gemäß § 103 Abs. 6 SGB V bei der Auswahl auch die **Interessen** des oder der in der Praxis **verbleibenden Vertragsärzte** angemessen zu berücksichtigen (siehe dazu 10.2.2.3).

4.1.5.2 Entscheidung des Zulassungsausschusses

Der Zulassungsausschuss entscheidet nach obligatorischer **mündlicher Verhandlung**, § 37 Abs. 1 Satz 1 ZulassungsVO. Zur mündlichen Verhandlung muss mit einer Frist von zwei Wochen geladen werden.

Die Entscheidung des Zulassungsausschusses ist in einem einheitlichen, mit Gründen versehenen **Beschluss** niederzulegen, § 41 Abs. 4 ZulassungsVO. In dem Beschluss hat der Zulassungsausschuss gegebenenfalls einen Bewerber auszuwählen und zuzulassen, die übrigen Bewerbungen zurückzuweisen. Eine rückwirkende Zulassung ist nicht möglich. Je eine Ausfertigung des Beschlusses (sogenannter Bescheid) ist allen Beteiligten **zuzustellen**, § 41 Abs. 5 ZulassungsVO. Wird gegen den Bescheid kein Rechtsmittel eingelegt, wird er nach einem Monat bestandskräftig.

Manche Zulassungs- und Berufungsausschüsse sprechen **Zulassungen** unter der **aufschiebenden Bedingung** aus, dass zwischen dem Vertragsarzt und dem zugelassenen Bewerber ein Praxisübergabevertrag zum Verkehrswert der Praxis zustande kommt oder dass der Bewerber die Praxis des Veräußerers zumindest fortführt (so auch Schallen, Kommentar zur ZulassungsVO, Rz 322). Das Bundessozialgericht hält eine solche Bedingung allerdings für unzulässig (BSG Arztrecht 2000, 165[*]). Ein Ausweg aus diesem Dilemma wird unter 4.2.1 aufgezeigt.

4.1.5.3 Rechtsmittel

Der Rechtsschutz für das Nachbesetzungsverfahren ist im SGB V und SGG höchst unvollkommen geregelt und kann sowohl aus der Sicht des Vertragsarztes als auch des zugelassenen Bewerbers zu äußerst unbefriedigenden Ergebnissen führen. Dies gilt insbesondere in Hinblick auf die aufschiebende Wirkung der Rechtsmittel.

---

[*] Die Entscheidung ist sinnentstellend abgedruckt, weil das Wort „nicht" fehlt.

4.1.5.3.1   Für Bewerber

Zunächst hat ein **abgelehnter Bewerber** die Möglichkeit, gegen seine Ablehnung **Widerspruch** einzulegen, über die dann der **Berufungsausschuss** als höhere Instanz entscheidet. Die Frist zur Einlegung des Widerspruchs beträgt einen Monat ab schriftlicher Bekanntgabe des Bescheides. Hat der Zulassungsausschuss gleichzeitig mit der Ablehnung einen anderen Bewerber zugelassen, richtet sich der Widerspruch auch gegen dessen Zulassung. Da der Widerspruch **aufschiebende Wirkung** hat (§ 96 Abs. 4 SGB V; § 86 a Abs. 1 S. 1 SGG), bedeutet dies, dass die Zulassung nicht vollzogen werden und der zugelassene Bewerber an der vertragsärztlichen Versorgung nicht teilnehmen kann (der abgelehnte Bewerber sowieso nicht). Weil mit der Zulassung des Bewerbers auch die Zulassung des abgebenden Vertragsarztes auf Grund des erklärten Verzichts endet (wenn sie nicht vorher schon aus anderen Gründen geendet hat) tritt eine Blockadesituation ein. Diese wird noch dadurch verschärft, dass nach § 19 Abs. 3 ZulassungsVO die Zulassung endet (richtig wohl: nach § 95 Abs. 6 SGB V zu entziehen ist), wenn die vertragsärztliche Tätigkeit in einem von Zulassungsbeschränkungen betroffenen Planungsbereich nicht innerhalb von drei Monaten nach Zustellung des Beschlusses über die Zulassung aufgenommen wird. Schallen (Kommentar zur ZulassungsVO Rz 469,470) vertritt die Auffassung, dass die 3-Monats-Frist durch die aufschiebende Wirkung des Widerspruchs gehemmt wird. Hierfür findet sich jedoch keine gesetzliche Grundlage. Es ist auch zweifelhaft, ob der Zulassungsausschuss auf der Grundlage von § 19 Abs. 2 S. 2 ZulassungsVO die gesetzliche 3-Monats-Frist verlängern kann.

Das Gesetz eröffnet in dieser Situation die Möglichkeit, dass der Berufungsausschuss die **sofortige Vollziehung** *seiner* Entscheidung anordnen kann, § 97 Abs. 4 SGB V. Seit dem 02.01.2002 hat der Gesetzgeber weitere Möglichkeiten eröffnet, die sofortige Vollziehung anzuordnen, § 86 a Abs. 2 Nr. 5 SGG. Danach kann auch der Zulassungsausschuss die sofortige Vollziehung seiner Entscheidung anordnen, wenn dies im öffentlichen Interesse oder im überwiegenden Interesse eines Beteiligten ist und das besondere Interesse an der sofortigen Vollziehung schriftlich begründet wird.

Unabhängig davon kann auch das Gericht der Hauptsache auf Antrag die sofortige Vollziehung ganz oder teilweise anordnen, die aufschiebende Wirkung ganz oder teilweise anordnen oder die sofortige Vollziehung ganz oder teilweise wieder herstellen, § 86 b Abs. 1 SGG. Die Anwendung der §§ 86 a und 86 b SGG auf das Zulassungsverfahren ist allerdings nicht unumstritten, siehe LSG Nordrhein-Westfalen MedR 2003, 310, andererseits SG Hamburg MedR 2005, 429.

Einer Anordnung der sofortigen Vollziehung steht nicht entgegen, dass an einer Nachbesetzung eines Vertragsarztsitzes in einem überversorgten Planungsbereich prinzipiell kein öffentliches Interesse besteht. Die Vollziehungsanordnung ist nicht allein an diese Voraussetzung gebunden, sondern kann, wie gesagt, auch im überwiegenden Interesse eines Beteiligten erfolgen, insbesondere wenn die dem Beteiligten zugebilligte Rechtsposition nur einen Wert hat, sofern er rasch von ihr Gebrauch machen kann. Dies hat jedenfalls das Bundessozialgericht in einem Urteil vom 05.11.2003 entschieden, MedR 2004, 697 f. Dass der nahtlose Übergang einer abzugebenden Arztpraxis im übrigen auch im öffentlichen Interesse liegt, hatte das Landessozialgericht Baden Württemberg bereits im Jahre 1996 entschieden (MedR 1997, 143).

Gegen die Entscheidung des Berufungsausschusses können die abgelehnten Bewerber **Klage** vor dem Sozialgericht erheben. Greifen sie damit gleichzeitig die Zulassung eines anderen Bewerbers an, spricht man von einer sogenannten „verdrängenden Konkurrentenklage". Die Klage hat, ebenso wie der Widerspruch, **aufschiebende Wirkung**, § 86 a Abs. 1 S. 1 SGG. Bezüglich des Sofortvollzugs, der dann allerdings ausschließlich beim Gericht zu erreichen ist, gelten die vorstehenden Ausführungen entsprechend. Der abgelehnte Bewerber muss sich jedoch darüber im Klaren sein, dass **Ziel der Konkurrentenklage** nur die **Aufhebung der Zulassung** des zugelassenen Bewerbers sein kann, damit der Weg für eine neue Auswahlentscheidung der Zulassungsgremien frei wird, BSG MedR 2004, 700. Eine **Verpflichtung** der Zulassungsgremien zur Zulassung wird der klagende Bewerber auf dem Klageweg **nur ausnahmsweise** erreichen können.

4.1.5.3.2   Für Vertragsarzt

Auch der **Vertragsarzt** oder seine Erben können durch die Entscheidung des Zulassungsausschusses oder Berufungsausschusses **beschwert** sein. Dies ist beispielsweise dann der Fall, wenn der ausgewählte Bewerber nicht bereit ist, den Verkehrswert der Praxis zu bezahlen bzw. einen Praxisübergabevertrag abzuschließen (4.2.1) oder Zweifel an der Bonität oder Zuverlässigkeit des vom Zulassungsausschuss zugelassenen Bewerbers bestehen.

Der Vertragsarzt kann in diesem Fall **Rechtsmittel** gegen den Bescheid des Zulassungsausschusses einlegen (ebenso Hess im Kassler Kommentar, § 103 Rz 34). Einzelheiten hierzu sind umstritten. Allerdings wird er sein Rechtsmittel nicht damit begründen können, dass der zugelassene Bewerber nicht bereit ist, einen der Vorstellung des Vertragsarztes entsprechenden Kaufpreis für die Praxis zu bezahlen, wenn diese Vorstellung über dem Verkehrswert für die Praxis liegt. Denn die über dem Verkehrswert liegenden Vorstellungen des Vertragsarztes sind bei der Auswahl nicht zu berücksichtigen, § 103 Abs. 4 SGB V.

Einen Antrag auf **sofortige Vollziehung** wird der Vertragsarzt damit begründen können, dass die Fortführungsfähigkeit seiner Praxis gefährdet wird (siehe hierzu Klass, MedR 2004 248 f).

4.1.5.3.3   Kosten

Lässt sich eine Partei, die ein Rechtsmittel führt, anwaltlich vertreten, so löst dies **Anwaltskosten** aus. Sie bemessen sich seit dem 01.07.2004 nach dem Rechtsanwaltsvergütungsgesetz (RVG). Grundlage der Rechtsanwaltsgebühren ist danach der sogenannte **Gegenstandswert**. Dieser ermittelt sich in Zulassungsstreitigkeiten aus dem Überschuss der Einnahmen über die Ausgaben, den der Bewerber im Falle der Zulassung in den nächsten fünf Jahren in die Praxis hätte erzielen können, BSG MedR 2001, 268.

Für die Einlegung eines **Widerspruchs** ist § 63 SGB X einschlägig. Ist der Widerspruch erfolgreich, hat der Zulassungssausschuss oder der Berufungsausschuss dem Widerspruchsführer die Kosten des von ihm eingeschalteten Rechtsanwalts dann zu ersetzen, wenn die Hinzuziehung des Rechtsanwaltes notwendig war. Da Zulassungsangelegenheiten in gesperrten Gebieten kompliziert sind, wird die Zuziehung eines Rechtsanwalts in der Regel auch notwendig sein, so dass eine Erstattung erfolgt. Unterliegt der Widerspruchsführer, hat er die Kosten des von ihm eingeschalteten Rechtsanwalts natürlich selbst zu tragen. Für die Vertretung vor dem Zulassungsausschuss und dem Berufungsausschuss erhält der Rechtsanwalt je eine **Geschäftsgebühr** nach §§ 2, 3 Abs. 2 i. V. m. Abs. 1 S. 2, 13, VV Nr. 2400 RVG (Rahmengebühr zwischen 0,5 und 2,5 der vollen Gebühr).

Streitig ist, ob einem durch eine Entscheidung des Zulassungsausschusses oder Berufungsausschusses begünstigten Bewerber ein **Kostenerstattungsanspruch** gegen einen Bewerber zusteht, der erfolglos Widerspruch eingelegt hat. Richtigerweise ist dies zu bejahen, SG Münster MedR 1999, 581 (siehe auch Schallen, Kommentar zur ZulassungsVO, Rz. 1001). Ein Bewerber, der gegen die Zulassung eines anderen Bewerbers Widerspruch einlegt, muss sich also darüber im Klaren sein, dass er ein erhebliches Kostenrisiko insbesondere dann eingeht, wenn sich der zugelassene Bewerber anwaltlich vertreten lässt und die Zuziehung des Rechtsanwalts – wie in Zulassungsverfahren üblich –für notwendig erklärt wird.

Im Falle einer **gerichtlichen Auseinandersetzung** hat die unterlegene Partei gem. § 193 Abs. 4 SGG nicht nur die Kosten des eigenen sondern auch diejenigen des gegnerischen Anwalts zu tragen. Allerdings werden sich Zulassungsausschuss und Berufungsausschuss in der Regel nicht anwaltlich vertreten lassen. Häufig werden jedoch weitere Personen, z. B. Mitbewerber, beigeladen. Zur Erstattungsfähigkeit der außergerichtlichen Kosten eines beigeladenen Mitbewerbers siehe LSG Nordrhein-Westfalen, MedR 2004, 460. Das Kostenrisiko kann daher auch hier, wenn Rechtsanwälte eingeschaltet sind, ganz erheblich sein. Andererseits werden die Beteiligten normalerweise kaum in der Lage sein, solche Verfahren ohne rechtlichen Beistand optimal durchzuführen.

Der Anwalt erhält im Verfahren vor dem Sozialgericht 1. Instanz eine **Verfahrensgebühr** gemäß §§ 2, 3 Abs. 1 S. 2, 13, VV Nr. 3100 RVG (1,3 der vollen Gebühr) und regelmäßig eine Terminsgebühr, VV Nr. 3104 RVG (1,2 der vollen Gebühr). In der 2. und 3. Instanz sind die Gebühren höher.

Ab dem 02.01.2002 werden auch in sozialgerichtlichen Verfahren ebenso wie bisher schon in zivilgerichtlichen Verfahren **Gerichtskosten** erhoben. Im Einzelfall können die Gerichtskosten sogar höher als die Anwaltskosten sein. Insbesondere ist zusammen mit der Klageerhebung ein erheblicher Gerichtskostenvorschuss zu bezahlen.

4.2 Möglichkeiten, auf das Nachbesetzungsverfahren Einfluss zu nehmen

4.2.1 Zulassung und Praxisübergabevertrag

Zunächst ist es wichtig, sich den **Unterschied** zwischen **Nachbesetzungsverfahren** und dem **Abschluss eines Praxisübergabevertrages** zwischen Bewerber und Vertragsarzt klarzumachen.

Grundsätzlich ist beides getrennt. Das **Nachbesetzungsverfahren**, das die nichtübertragbare Zulassung zum Gegenstand hat, ist **öffentlichrechtlicher Natur**, während der Abschluss eines **Praxisübergabevertrages**, dessen Gegenstand die Übertragung der Arztpraxis ist, im **Privatrecht** angesiedelt ist. Der Gesetzgeber hat es versäumt, eine saubere und rechtlich einwandfreie Verknüpfung von Zulassung und Praxisübergabe zu regeln. Die Vorschrift des § 103 Abs. 4 SGB V ist in diesem Punkt als missglückt anzusehen. Nach dieser Vorschrift hat nämlich die **Zulassung keine privatrechtsgestaltende Wirkung**. Durch die Zulassung wird der ausgewählte Bewerber nicht automatisch Inhaber der Praxis des Vertragsarztes. Der Vertragsarzt und der ausgewählte Bewerber sind auch nicht verpflichtet, einen Praxisübergabevertrag abzuschließen (**kein Kontrahierungszwang**). Andererseits ist die notwendige Fortführung der Praxis (4.1) nur möglich, wenn zwischen Vertragsarzt und Bewerber ein Praxisveräußerungsvertrag zustande kommt.

Die Frage ist nun, wie das öffentlichrechtliche Nachbesetzungsverfahren und der privatrechtliche Praxisübergabevertrag dennoch ineinander greifen können. Oben (4.1.5.1) wurde die Auffassung vertreten, dass ein Bewerber nur zuzulassen ist, wenn er bereit ist, die Praxis des Veräußerers fortzuführen bzw. den Verkehrswert der Praxis als Kaufpreis zu akzeptieren. Das Bundessozialgericht sieht es als Zulassungsvoraussetzung an, dass der Bewerber wenigstens bereit sein muss, mit dem ausscheidenden Vertragsarzt über eine Praxisübernahme zu verhandeln (BSG Arztrecht 2000, 165). Was aber ist, wenn der Bewerber zunächst seine (per definitionem unverbindliche) Bereitschaft erklärt, nach seiner Zulassung hiervon aber nichts mehr wissen will oder die Verhandlungen scheitern? Zwar droht seine Zulassung dann in Hinblick auf § 19 Abs. 3 ZulassungsVO zu erlöschen, weil er die vertragsärztliche Tätigkeit innerhalb von drei Monaten mangels Praxis nicht aufnehmen kann; trotzdem sitzt er gegenüber dem Veräußerer am „längeren Hebel“: Er kann sich jederzeit erneut um einen anderen Vertragsarztsitz bewerben, während die Zulassung des Veräußerers nach Durchführung des Nachbesetzungsverfahrens endgültig verloren ist. Eine Lösung für dieses Dilemma bietet das Bundessozialgericht in seiner vorgenannten Entscheidung nicht an. Im Gegenteil: Haben früher viele Zulassungs- und Berufungsausschüsse versucht, die Interessen des Veräußerers dadurch zu schützen, dass sie die Zulassung eines Bewerbers unter der Bedingung des Zustandekommens eines Praxisübergabevertrages aussprachen, dürfte dies nach der – allerdings umstrittenen (siehe Gasser in Ehlers, Fortführung von Arztpraxen Rz 952) – Entscheidung des Bundessozialgerichts nicht mehr möglich sein, siehe 4.1.5.2.

Hesral (in Ehlers, Fortführung von Arztpraxen Rz 281) schlägt vor, dass sich die Bewerber durch rechtsverbindliche Erklärung zu Protokoll des Zulassungsausschusses für den Fall der bestandskräftigen Zulassung zum Abschluss eines Kaufvertrages bei Zahlung mindestens des Verkehrswertes bereit erklären. Dieser Vorschlag scheint aus zwei Gründen nicht zielführend: Zum einen ist es zweifelhaft, ob eine solche Erklärung überhaupt rechtsverbindlich sein kann; es gelten hier die gleichen Erwägungen wie zum Abschluss eines Vorvertrages (8.4). Zum anderen übersteigt ein solcher Eingriff in die zivilrechtliche Autonomie der Parteien die gesetzlichen Kompetenzen der Zulassungsausschüsse und begründet für diese Haftungsrisiken, die sie schwerlich eingehen werden.

Eine zufriedenstellende Lösung kann bei dieser offenen Rechtslage nur dadurch erreicht werden, dass der abgabewillige **Vertragsarzt vor Einleitung des Nachbesetzungsverfahrens**, jedenfalls aber vor Entscheidung des Zulassungsausschusses, einen **Praxisübergabevertrag** mit dem von ihm favorisierten Bewerber, dem sogenannten **Wunschbewerber, abschließt**, in dem dann der Kaufpreis und alle Rechtsfolgen geregelt sind, die nicht Gegenstand des Nachbesetzungsverfahrens, wohl aber Gegenstand des Praxisübergabevertrages (9.2) sein können. Er gibt dem abgabewilligen Vertragsarzt die Sicherheit, dass er für seine Praxis einen angemessenen Kaufpreis zumindest dann erhält, wenn der Wunschbewerber zugelassen wird. Der Bewerber dokumentiert durch Abschluss eines solchen Vertrages in verbindlicher Weise, dass er zur Fortführung der Praxis bereit ist. Für ihn erhöht sich außerdem die Wahrscheinlichkeit, dass er die Zulassung auch erhält und die vertragsärztliche Tätigkeit unverzüglich aufnehmen kann. Denn viele Kassenärztliche Vereinigungen weisen in der Ausschreibung darauf hin, dass der abgabewillige Vertragsarzt bereits einen Praxisübergabevertrag mit einem Bewerber abgeschlossen hat, was andere Bewerber davon abhält, sich zu bewerben bzw. gegen die Entscheidung des Zulassungsausschusses Rechtsmittel einzulegen (zum entsprechenden Ausschreibungsantrag siehe 4.1.3.1). Die vereinzelt ausgesprochene Empfehlung an den abgebenden Vertragsarzt, mit sämtlichen Bewerbern bedingte Praxisübergabeverträge abzuschließen, erscheint allerdings schon aus Kostengründen realitätsfremd.

Der vorsorglich abgeschlossene Praxisübergabevertrag muss natürlich Regelungen für den Fall enthalten, dass der Wunschbewerber die Zulassung nicht erhält oder sie ihm wieder entzogen wird (siehe hierzu 9.11.2).

Hat es der Veräußerer versäumt, vor Durchführung des Nachbesetzungsverfahrens einen Praxisübergabevertrag abzuschließen und weigert sich der Bewerber, einen solchen Vertrag nachher zu angemessenen Bedingungen abzuschließen, kann der Veräußerer versuchen, die Situation noch dadurch zu retten, dass er gegen die Zulassung dieses Bewerbers Rechtsmittel einlegt (4.1.5.3.2). Das Rechtsmittel kann er damit begründen, dass der Bewerber ohne einen Praxisübergabevertrag nicht in der Lage ist, seine Tätigkeit als Vertragsarzt aufzunehmen, was wiederum Voraussetzung für die Durchführung des Nachbesetzungsverfahrens ist. Auch bei einem erfolgreich durchgeführten Rechtsmittelverfahren ist die Zulassung für den Veräußerer allerdings verloren, wenn er zuvor auf sie unbedingt verzichtet hat. Es ist daher auch in diesem Zusammenhang von äußerster Wichtigkeit, dass der Veräußerer auf seine Zulassung unter der Bedingung verzichtet, dass ein Bewerber bestandskräftig zugelassen wird, und dass die KVen dies auch akzeptieren (4.1.2., siehe dazu auch 9.11.2)

4.2.2 Beeinflussung von Zulassung und Kaufpreis

Obwohl die Zulassung eines bestimmten Bewerbers im Nachbesetzungsverfahren der direkten Einflussnahme der Parteien entzogen ist, haben der abgabewillige Vertragsarzt und ein Bewerber, mit dem sich der Vertragsarzt einig ist, eine Reihe von **Möglichkeiten, die Auswahl des Bewerbers** und damit auch die **Kaufpreisgestaltung** indirekt zu **beeinflussen.**

- **Vor Einleitung des Nachbesetzungsverfahrens** können sie Einfluss auf die **Auswahlkriterien** nehmen, indem z. B. der Wunschbewerber Assistent oder angestellter Arzt in der Praxis des abgabewilligen Vertragsarztes wird oder ihn vertritt (4.1.5.1.1). Häufig wird sich der Wunschbewerber ohnehin aus diesem Kreis rekrutieren.

- Sodann sollte der abgabewillige Vertragsarzt und der favorisierte Bewerber einen **Praxisübergabevertrag** abschließen (4.2.1), der Vertragsarzt weist hierauf in seinem Ausschreibungsantrag hin. In dem Vertrag ist auch der Kaufpreis geregelt. Der Vertragsarzt und der Bewerber berücksichtigen dabei, dass der Kaufpreis für den privatärztlichen Teil der Praxis bei der Auswahl des Bewerbers keine Rolle spielt, sie bei dessen Gestaltung also frei sind. Außerdem sind im Vertrag Regelungen über Ausschreibung, Zulassungsverzicht und Bewerbung enthalten (9.11) sowie Rücktrittsrechte vorgesehen für den Fall, dass der Wunschbewerber die Zulassung nicht (bestandskräftig) erhält (9.11.2).

- Der Bewerber lässt sich zusammen mit seiner – selbstverständlich fristgerechten – Bewerbung in die **Warteliste** eintragen (4.1.5.1.1).

- In der Verhandlungsphase (4.1.4) versuchen der abgabewillige Vertragsarzt und der Wunschbewerber, mit **anderen Bewerbern** eine **Einigung** dahingehend zu erzielen, dass sie ihre **Bewerbung zurückziehen** oder sich verpflichten, gegen ihre Ablehnung **kein Rechtsmittel** einzulegen. Allerdings ist darauf hinzuweisen, dass manche Bewerber sich den Verzicht finanziell vergüten lassen. Ob das Verlangen und die Zahlung einer solchen Vergütung gegen die Guten Sitten verstößt, sei hier dahingestellt.

- Bemerkt der veräußerungswillige Vertragsarzt, dass das Auswahlverfahren möglicherweise nicht in seinem Sinne läuft, kann er den **Antrag auf Ausschreibung zurücknehmen** (4.1.3.3). Dies setzt jedoch voraus, dass genügend Zeit für die Wiederholung des Nachbesetzungsverfahrens ist, wovon nach Zulassungsende (4.1.2) regelmäßig nicht auszugehen sein wird (4.1.3.4).

- Ist ein dem abgabewilligen Vertragsarzt nicht genehmer Bewerber zugelassen worden, der dazu möglicherweise nicht bereit ist, für die Praxis einen angemessenen Kaufpreis zu zahlen, sollte der **Vertragsarzt** erwägen, gegen die Entscheidung des Zulassungs- oder Berufungsausschusses **Rechtsmittel** einzulegen (4.1.5.3.2). Insbesondere diese letztere Maßnahme bedarf eingehender rechtlicher Beratung.

- Haben andere Bewerber gegen die Zulassung des Wunschbewerbers Rechtsmittel eingelegt, versuchen dieser und der abgabewillige Vertragsarzt, die anderen Bewerber zur **Rücknahme des Rechtsmittels** zu bewegen. Gelingt dies nicht, beantragt der zugelassene Bewerber die sofortige Vollziehung der Entscheidung des Zulassungsausschusses, 4.1.5.3.1.

5 Ermittlung des Kaufpreises einer Arztpraxis

Es liegt auf der Hand, dass die Bestimmung eines konsensfähigen Kaufpreises eines der Hauptprobleme für die Veräußerung bzw. den Erwerb einer Arztpraxis ist.

Der Arzt, der eine Praxis übernehmen will, wird hierfür so wenig wie möglich bezahlen wollen, da er in der Regel auch noch Umbau- und Investitionskosten in seine Erfolgsrechnung einbeziehen muss. Darüber hinaus wird er einkalkulieren, dass den gegenwärtigen gesetzlichen Regelungen weitere folgen, die zu noch größeren Einschränkungen der Ertragslage von Arztpraxen führen können. Der abgebende Arzt wiederum wird Interesse an einem möglichst hohen Erlös für seine Praxis haben, schon weil er diesen Erlös häufig in seine Altersversorgung miteinkalkuliert hat. Beide Parteien sind daher daran interessiert, durch eine Bewertung den möglichst objektiven **Verkehrswert** der Praxis zu erfahren.

5.1 Anlässe für eine Praxisbewertung

Für **drei** wesentliche **Anlässe** ist die **Bewertung** einer Arztpraxis wichtig.

In der weit überwiegenden Zahl der Fälle ist Anlass der Praxisbewertung die Absicht, eine ärztliche **Praxis** zu **kaufen** oder zu **verkaufen** (Übergabewert), wobei in gesperrten Gebieten die Ermittlung des Übergabewertes (= Verkehrswertes) in Hinblick auf § 103 Abs. 4 SGB V einen neuen Stellenwert erhalten hat (siehe 4.1.5.1.1). Es folgt die **Bildung/Auflösung** einer **Gemeinschaftspraxis** (Beteiligungswert). Schließlich spielen noch **Auseinandersetzungen** im Rahmen einer **Ehescheidung** eine erhebliche Rolle (Fortführungswert). Eine Bewertung kann auch durch eine Erbauseinandersetzung veranlasst sein. Je nach Anlass sind die Ausgangspositionen für die Bewertung einer Arztpraxis verschieden und können zu unterschiedlichen Ergebnissen führen.

Nach dem **Verkauf einer Praxis** haben der Veräußerer oder seine Erben nichts mehr mit der Praxis und ihrer zukünftigen Entwicklung zu tun. Ein Teil des Patientenstammes wird sich verflüchtigen. Dies schlägt sich in der Bewertung des Goodwill der Praxis nieder.

Bei der Eingehung oder Auflösung einer **Gemeinschaftspraxis** bleibt wenigstens ein Partner weiter in der Praxis. Er sorgt für Kontinuität und Erhaltung des Patientenstammes.

Bei der Bewertung im Zusammenhang mit dem **Zugewinnausgleich** anlässlich einer Ehescheidung wird ein fiktiver Marktpreis ermittelt, wobei auf der einen

Seite zwar zu berücksichtigen ist, dass die Praxis unverändert weitergeführt wird, andererseits jedoch latente Steuerlasten und vor allem der Unternehmerlohn zu Buche schlagen. Dies wird bei Auseinandersetzungen anlässlich einer Ehescheidung häufig übersehen und führt dann zu erheblichen Nachteilen für den Praxisinhaber (siehe Boos in MedR 2005, 203).

Die folgenden Ausführungen betreffen den sog. Übergabewert.

5.2 Wertermittlungsverfahren

5.2.1 Wer ermittelt?

Mit der Wertermittlung von Arztpraxen beschäftigen sich verschiedene Einrichtungen und Personen. Sie bewegen sich vornehmlich im Umfeld von Praxisfinanzierung, Versicherungsvermittlung, Praxisausstattung, Praxisberatung, Kreditbeschaffung, Rechts- und Steuerberatung. Ein Blick in die einschlägigen „Mitteilungen" macht dies deutlich.

Man sollte sich klar machen, dass die genannten Institutionen und Personen häufig **eigene Interessen** verfolgen. So wird ein Hersteller oder Verkäufer von Geräten dazu tendieren, vorhandene Geräte „schlecht zu machen". Für einen Versicherungsagenten wird die angebotene Wertermittlung häufig lediglich der Einstieg sein, um mit dem Nachfolger „ins Geschäft zu kommen". Vorsicht ist also immer geboten, wenn ein Interesse an solchen Nachfolgegeschäften unterstellt werden kann, da dann nicht zulässige Erwägungen in die Wertfindung einfließen können und die notwendige Neutralität nicht gewährleistet ist. Vorsicht ist aber auch bei der Einschaltung von **Sachverständigen** geboten. Der Begriff des Sachverständigen ist nicht geschützt und es tummeln sich zahlreiche selbsternannte „Experten" am Markt, die nach selbstentwickelten und nicht nachvollziehbaren Methoden arbeiten. Andere Sachverständige blähen ihre Gutachten mit teilweise unnötigen Untersuchungen auf und befrachten sie so mit überhöhten Kosten. Viele Kammern sind daher dazu übergegangen, Sachverständige, die sich strengen Anforderungen unterwerfen, zu benennen.

5.2.2 Welche Methode?

Eine gesetzliche Vorgabe oder rechtlich verbindliche Methode für die Ermittlung des Wertes einer Arztpraxis gibt es nicht. Vielmehr gilt der Grundsatz der Methodenfreiheit, BGH NJW 1991, 1548; NJW 1993, 2103 (beide Entscheidungen betreffen allerdings nicht Arztpraxen). In der Vergangenheit hat sich weitgehend die **Ärztekammermethode** durchgesetzt, von ihren Gegnern etwas geringschätzig „Praktikermethode" genannt. Die Bundesärztekammer hat sie im Jahre 1987 in einer „Richtlinie zur Bewertung von Arztpraxen" niedergelegt, die seither nicht geändert wurde (siehe Anhang 5). Danach erfolgt eine additive **Verknüpfung** von **materiellem Wert** und **ideellem Wert (Goodwill)** der Praxis

(5.2.3). Diese Wertermittlungsmethode wird häufig auch heute noch von Kammern und Kassenärztlichen Vereinigungen empfohlen.

In neuerer Zeit wird allerdings – insbesondere von betriebswirtschaftlicher Seite – die **Ertragswertmethode** propagiert. Entsprechend hat im Februar 1994 der Vorstand der Bayerischen Landeszahnärztekammer empfohlen, dass zur Bewertung von Zahnarztpraxen die modifizierte Ertragswertmethode anzuwenden ist, die, betriebswirtschaftlich abgesichert, auch die Zukunftsentwicklung mit einbezieht („Schritte zur Ermittlung des Ertragswertes", Anhang 6).

Eine vermittelnde Stellung nimmt die sog. Methode der **Übergewinnverrentung** oder Übergewinnabgeltung (UEC-Methode) ein (Kombinationsmethode), deren Anwendung für leistungsstarke Praxen erwogen wird.

Welche der Bewertungsmethoden sich in Zukunft durchsetzen wird, bleibt abzuwarten. Sie können zu erheblich von einander abweichenden Ergebnissen führen.

Gegen die **Ertragswertmethode** spricht, dass sich eine einheitliche Anwendung bisher noch nicht durchgesetzt hat. Außerdem beruhen ihre Parameter, zumindest was die Zukunftserfolge angeht, auf Annahmen und Schätzungen. Nur kleine Änderungen an diesen Stellschrauben bewirken große Wertabweichungen. Wichtige Einflussgrößen sind bei der Ertragswertmethode bisher weder standardisiert noch befriedigend bearbeitet, z. B.:

– Welche Vergangenheitsdaten in welchem Umfang werden der Vertragsprognose zugrunde gelegt? Hier schwankt die Bewertungspraxis zwischen ein bis sieben Jahren.

– Objektivierung vergangener Umsatzdaten

– Objektivierung der Kosten der Vergangenheit für zukünftige Erfordernisse

– Kalkulation der Erträge von drei bis zehn Jahren

– Ansatz von Verflüchtigungszeiträumen des ideellen Wertes der Praxis

– Ansatz von Abschreibungen, Instandhaltungen, notwendigen Investitionen

– Ansatz des Unternehmerlohns

– Höhe der Abzinsungsfaktoren/Zinssätze

– Ansatz anderer Risikoelemente

– Ansatz kalkulatorischer Zinsen für gebundenes Kapital

– Leistungsbildbeurteilung: Erwerber vergütet das volle Leistungsbild mit vollem ideellen Wert, nutzt dieses Leistungsbild künftig aber nur teilweise.

– Absicherung durch marktgerechte Bewertungsergebnisse

(Cramer und Maier, Praxisübergabe und Praxiswert MedR 2002, 618 f).

Nach Barthel, DStR 1995, 343 ist es *nicht verwunderlich, dass die Prognoseorientierung der Ertragswertmethode ihre große Schwachstelle ist (fast uneingeschränkte Manipulationsfähigkeit zugunsten des Bewerters) und zugleich ihren größten Vorteil für den Bewerter darstellt (mangelnde Falsifizierbarkeit im Zeitpunkt der Bewertung bzw. der Stellung der Gebührenrechnung).*

Der **Ärztekammermethode** wird **vorgehalten**, die Berechnung des Goodwill sei bei ihr wissenschaftlich in keiner Weise untermauert, außerdem orientiere sie sich ausschließlich am Umsatz einer Praxis in der Vergangenheit. Beide Vorwürfe scheinen nicht gerechtfertigt zu sein. Die in der Ärztekammermethode festgelegten Parameter für die Ermittlung des Goodwill fußen auf langjährigen Erfahrungen und führen zumindest für typische Arztpraxen zu brauchbaren und angemessenen Ergebnissen. Die in der „Richtlinie" vorgesehenen objektiven und subjektiven Bewertungsmerkmale (5.2.3.1 und 5.2.3.2) bieten darüber hinaus genügend Spielraum für die Ermittlung des zukünftigen Ertragswertes einer Praxis. Entsprechend hat der BGH im Rahmen eines Rechtstreites über den Zugewinnausgleich der Ärztekammermethode gegenüber der Ertragswertmethode den Vorzug gegeben (Urteil des BGH vom 24.10.1990, FamRZ 1991, 43). Darüber hinaus prägt die Ärztekammermethode wegen ihrer leichten Anwendbarkeit und damit weiten Verbreitung nach wie vor den Markt.

Beiden Methoden ist gemeinsam, dass nur dasjenige veräußert und damit bewertet werden kann, was vom Erwerber auch künftig nutzbringend einsetzbar ist, BGH FamRZ 77, 386.

Nachfolgend sollen sie kurz dargestellt werden.

5.2.3 Ärztekammermethode

Bei Anwendung der **Ärztekammermethode** ist zunächst der materielle oder **Substanzwert** (richtiger: Sachwert) der Praxis zu ermitteln. Dabei handelt es sich im Wesentlichen um das Praxisinventar. Maßgebend ist der Verkehrswert. Wegen der Einzelheiten sei auf die Richtlinie zur Bewertung von Arztpraxen (Anhang 5) verwiesen. Der dort enthaltene Hinweis auf § 10 des Bewertungsgesetzes bedeutet, dass bei der Bewertung der einzelnen Gegenstände auch zu berücksichtigen ist, dass diese im Rahmen einer funktionsfähigen Praxis weiterhin genutzt werden können. Der Hinweis auf die Vermögenssteuerrichtlinien ist inzwischen obsolet, meint aber, dass bei der Bewertung auch eine Orientierung an den steuerlichen Abschreibungssätzen und Buchwerten erfolgen kann. Die Buchwerte sollten für die Bestimmung des materiellen Wertes einer Praxis aber keinesfalls allein herangezogen werden.

Folgende Umstände können beispielsweise Einfluss auf die Höhe des Zeitwertes der einzelnen Gegenstände haben (siehe auch Cramer, MedR 1992, 315).

- Wiederbeschaffungswert (vielfach lassen sich jedoch bei Geräten, die einem hohen technischen Fortschritt unterliegen, keine auf das vorhandene Gerät anwendbaren Wiederbeschaffungskosten ermitteln)
- Restnutzungsdauer
- Gebrauchtgütermarkt
- Betriebswirtschaftliche Notwendigkeit und Angemessenheit
- Praxisspezifische Erfordernisse

- Allgemeine Haltbarkeit und Zustand
- Technische, medizinische und wirtschaftliche Funktion
- Bedienungsfreundlichkeit
- Kundendienst- und Servicefreundlichkeit
- Wartungszustand
- Künftige Aufgabenstellungen
- Übereinstimmung mit gesetzlichen Vorschriften (z. B. Röntgenverordnung, Strahlenschutzverordnung)
- Nutzungsfrequenz
- Standortsicherheit.

Zu dem so ermittelten Substanzwert der Praxis ist der **ideelle Wert (Goodwill)** hinzuzuaddieren. *Der ideelle Wert einer Arztpraxis besteht in dem wirtschaftlichen Wert der dem Übernehmer gewährten Chance, die Patienten des Veräußerers zu übernehmen, für sich zu gewinnen und den vorhandenen Bestand als Grundlage für den weiteren Ausbau der Praxis zu verwenden.* Der Goodwill umfasst also die Gewinnaussichten der Praxis (Laufs/Uhlenbruck, Handbuch des Arztrechts § 19 Rz 1). Der wesentlichste Bestandteil des Goodwill ist der Patientenstamm der Praxis. Nach Narr, MedR 1984, 121 ff. soll eine Praxis erst nach fünfjährigem Bestehen einen ideellen Wert haben. Bei dreijährigem Bestehen sind danach deutliche Abstriche zu machen, eine Praxis, die kürzer als drei Jahre besteht, soll überhaupt keinen ideellen Wert haben. Diese Vorgaben sind sicherlich zu starr, die gewählten Zeiträume erscheinen in unserer schnelllebigen Zeit zu lang. Richtig ist jedoch, dass der Aufbau des ideellen Wertes einer Praxis eine gewisse Zeit dauert.

Für die **Ermittlung des ideellen Wertes** kann ebenfalls zunächst auf die Anlage 5 verwiesen werden.

Folgende zusätzliche Erläuterungen sind jedoch veranlasst:

Mit **Umsatz** ist bei der Ärztekammermethode offensichtlich der Honorarumsatz gemeint. Der Umsatz, der mit Material- und Fremdlaborkosten erzielt wird, ist also nicht zu berücksichtigen. Diskutabel ist allenfalls der Ansatz des Umsatzes mit einem Eigenlabor.

Bei der Ermittlung des durchschnittlichen Jahresumsatzes sollen außergewöhnliche Ausschläge nach oben oder unten eliminiert werden. Außerdem wird erwogen, bei der Ermittlung des durchschnittlichen Jahresumsatzes das letzte Jahr höher zu gewichten als die weiter zurückliegenden Jahre, da es für die zukünftige Entwicklung der Praxis aussagekräftiger sein kann.

Von dem so gewonnenen durchschnittlichen Jahresumsatz ist ein **kalkulatorischer Arztlohn abzuziehen** nach Maßgabe der in den „Richtlinien" enthaltenen Vorgaben. Dieser Abzug ist sehr umstritten, nach hier vertretener Auffassung nicht gerechtfertigt: Das Verfahren zur Ermittlung des Goodwill nach der Ärztekammermethode beruht auf der Ausgangsgröße Umsatz, die durch den nachstehend aufgeführten Multiplikator multipliziert wird. Kosten bleiben bei der Ermittlung des Praxiswertes nach dieser Methode außer Betracht, wenn man einmal von der Einbeziehung des Faktors „Kostenstruktur" in die Ermittlung des Multiplikators absieht. Dies ist gerade der Unterschied zur Ertragswertmethode, die auf dem Gewinn als Bewertungsmaßstab aufbaut. Es ist nicht ersichtlich, warum ein einzelner Kostenfaktor, nämlich der kalkulatorische Arztlohn, vom Umsatz abgezogen werden sollte. Dies gilt umso mehr, als es sich hierbei um fiktive Kosten handelt.

Der ideelle Praxiswert soll dann **ein Drittel** des ermittelten **durchschnittlichen Jahresumsatzes** betragen. Für Überweisungs- und Einsenderpraxen sollen höhere Werte gelten, nämlich etwa 50 %.

Die „Richtlinien" lehnen den Gewinn der Praxis als Bemessungsgrundlage für den Goodwill ausdrücklich ab. Gleichwohl ist es für den Erwerber sinnvoll, auch die **Kostenseite** der zu erwerbenden Praxis zu **analysieren**. Dabei sollte besonderes Augenmerk auf einen in der Praxis mitarbeitenden Ehepartner gerichtet werden. Vielfach arbeitet der Ehepartner des Veräußerers in vollem Umfang in der Praxis mit, erhält aber nur die Vergütung einer Aushilfskraft oder gar keine Vergütung. Umgekehrt gibt es den Fall, dass ein auf dem Papier mitarbeitender Ehepartner ein monatliches Gehalt erhält, ohne dass er eine tatsächliche Leistung erbringt. Wichtig für die Analyse der Kosten ist auch ein Blick in die sonstige Lohnstruktur der Praxis und die Klärung der Frage, ob und gegebenenfalls welche freiwilligen Zuwendungen gezahlt werden (z. B. Urlaubsgeld, Weihnachtsgratifikation usw.). Auch die übrigen Kostenfaktoren sind zu analysieren, wobei die durchschnittlichen Kosten bzw. Gewinne der einzelnen Fachrichtungen eine wertvolle Hilfestellung geben können (siehe Tabellen unter 1.1.2).

Die „Richtlinien" sehen sodann für die Bestimmung des ideellen Wertes im Einzelfall **werterhöhende** oder **wertmindernde Merkmale** vor, die nach Maßgabe der folgenden Ausführungen zu berücksichtigen sind:

5.2.3.1   Objektive Merkmale

- **Ortslage der Praxis** (Großstadt-, Kleinstadt- oder Landpraxis)
  Eine nicht zu unterschätzende Rolle spielt in größeren Orten die **verkehrsmäßige Anbindung** einer Praxis sowie die **Parkplatzsituation**. Zentrale Lagen, wie beispielsweise verkehrsberuhigte (aber mit öffentlichen Verkehrsmitteln leicht erreichbare) Innenstädte sowie gut zugängliche und frequentierte „Ärztehäuser" sind Idealplätze.
  Es ist außerdem zu berücksichtigen, ob eine Praxis in einem **gesperrten** oder **nicht gesperrten Gebiet** liegt oder in einem Gebiet, dessen Sperrung oder Entsperrung demnächst zu erwarten ist. In gesperrten Gebieten oder solchen, die demnächst gesperrt werden, wird der ideelle Wert regelmäßig höher liegen. Obwohl der Gesetzgeber gerade dies verhindern wollte, wirkt sich die Möglichkeit, in gesperrten Gebieten mit der Praxis auch eine **Zulassung** zu erhalten, ohne Zweifel **werterhöhend** aus, siehe 4.1.5.1.1. Liegt die Praxis hingegen in einem nicht gesperrten, unterversorgten Gebiet, so wird dies den ideellen Wert beeinträchtigen, da sich ein Konkurrent ohne weiteres und ohne großes Risiko niederlassen kann.

- **Praxisstruktur hinsichtlich der Zusammensetzung des Patientenkreises** (z. B. Überweisungspraxis, Konsiliarpraxis, Einzelpraxis, Anteil der Privatpatienten)

  Gemeinhin wird ein hoher Anteil von **Privatpatienten** bei Übergabe einer Praxis als negativer wertbildender Faktor angesehen, da diese eher dazu neigen, abzuwandern. Die Schätzungen gehen bis zu 40 %. Dies muss jedoch nicht sein, insbesondere wenn der Erwerber bereit ist, sich in Behandlungsleistung und -stil dem Veräußerer anzupassen oder in der Praxis bereits mitgearbeitet hat (2.4.1). Seit Geltung des GSG 1993 wird darüber hinaus jeder Erwerber einen besonders hohen Anteil von Privatpatienten an der Gesamtpatientenzahl zu schätzen wissen, da – bei nachlassender Attraktivität des Vertragsarztsystems – die reine Privatpraxis ein durchaus erstrebenswertes Ziel ist. Dass bei Überweisungspraxen eventuell von höheren Werten auszugehen ist, wurde oben (5.2.3) schon erwähnt.

- **Arztdichte im Praxisbereich**

  Hier ist zu differenzieren. Einerseits ist eine hohe Arztdichte sicherlich ein wertmindernder Faktor, weil Patienten „naheliegende" Behandlungsalternativen haben. Andererseits wird eine hohe Arztdichte Neuanfänger davon abhalten, sich im gleichen Gebiet noch niederzulassen, was wiederum zu einer Erhöhung des Goodwill der bereits bestehenden Praxen führt. Hinzu kommt, dass andere Arztpraxen in der Nähe, die besondere Spezialisierungen aufweisen, auch sogenannte „Frequenzbringer" sein können. Je nach Behandlungsschwerpunkt der Praxis und nach sozialer Schichtung der Patienten kann es also sein, dass sich Kollegen eher ergänzen und Patienten überweisen als miteinander zu konkurrieren. Besteht hingegen im Einzugsgebiet der Praxis die Gefahr, dass sich eine Gemeinschaftspraxis bildet oder eine andere Übergabe als die selbst geplante früher stattfindet, so hat dies mit Sicherheit negative Auswirkungen auf den Praxiswert.

- **Möglichkeit, die Praxisräume zu übernehmen**

  Die räumliche Kontinuität einer Praxis ist ein wesentlicher wertbildender Faktor. Verweigert der Vermieter die Übertragung des Mietvertrages auf einen Nachfolger (z. B. weil der Sohn des Vermieters selbst Medizin studiert und auf die Praxisräume spekuliert), so kann dies zur völligen Unverkäuflichkeit der Arztpraxis und Reduzierung des Goodwill gegen Null führen. Aber auch schon Unsicherheiten über den Mietvertrag können die Verkäuflichkeit einer Praxis einschränken, insbesondere wenn in naher Zukunft eine Kündigung oder Mietpreiserhöhung droht.

  Im Hinblick auf die Bedeutung des Mietvertrages für die meisten ärztlichen Praxen ist ihm in diesem Buch ein eigenes Kapitel gewidmet (6.).

- **Organisations- und Rationalisierungsgrad der Praxis**

  Dieses Bewertungsmerkmal zielt auf die Gewinnsituation in der Praxis ab. Zu bedenken ist, dass eine schlecht organisierte Praxis dem Erwerber durchaus die Chance bietet, innerhalb kürzester Zeit durch entsprechende Organisations- und Rationalisierungsmaßnahmen den Gewinn der Praxis erheblich zu steigern. Im übrigen dürfte es sich hier eher um ein subjektives als um ein objektives Bewertungsmerkmal handeln.

- **Besonderheiten bei der Ausübung der kassenärztlichen Tätigkeit**
  Hier ist z. B. zu denken an die Ermächtigung zur Abrechnung besonderer Leistungen. Hat der Erwerber diese Ermächtigung nicht, so wirkt sich dieses Merkmal auf die Bewertung des Goodwill der Praxis für ihn negativ aus.

5.2.3.2 Subjektive Merkmale

- **Lebensalter des abgebenden Arztes**
  Ein hohes Lebensalter kann auf einen überalterten Patientenstamm sowie eine im Niedergang begriffene Praxis hindeuten, was negativ zu bewerten wäre.

- **Spezialisierungsgrad des abgebenden Arztes**
  Eine Spezialisierung des abgebenden Arztes wirkt sich dann positiv auf den ideellen Wert der Praxis aus, wenn sie vom Erwerber genutzt, dieser also auf dem Spezialgebiet des Veräußerers tätig werden kann. Andernfalls ist sie negativ zu bewerten.

- **Dauer der Berufsausübung des abgebenden Arztes**
  Eine langjährig betriebene Praxis wird regelmäßig einen höheren ideellen Wert haben als eine Praxis, die nur wenige Jahre alt ist (siehe hierzu 5.2.3). Dies setzt jedoch voraus, dass der langjährig tätige Praxisinhaber auch „mit der Zeit" gegangen ist und moderne Behandlungsmethoden und Praxiseinrichtung angewandt bzw. angeschafft hat.

- **Gesundheitszustand bzw. Tod des abgebenden Arztes.**
  Der Praxiswert wird gemindert, wenn eine Praxis längere Zeit verwaist ist und/oder durch Vertreter bzw. Assistenten betrieben wurde (siehe aber Stichwort: „Der Praxisübernahme vorhergehende Vertreter- oder Assistententätigkeit des Praxiswerbers in der Praxis"). Gleiches gilt, wenn der Veräußerer die Praxis über einen längeren Zeitraum nur mit „halber Kraft" betrieben hat. Hat sich der Patientenstamm verflüchtigt (nach ca. einem Jahr), lässt sich für die Praxis auch kein Goodwill mehr erzielen.

- **Fachgebiet des abgebenden Arztes**
  Hier sind insbesondere die Gewinnaussichten des Fachgebietes zu prüfen (1.1.2).

- **Beziehungen des Praxisinhabers aufgrund von gesonderten Verträgen**
  (z. B. Belegarztverträge, Verträge als Durchgangsarzt und als nebenamtlicher Werksarzt, Betreuungsverträge)
  Zu denken ist hier auch an die Einbindung der Praxis in ein Praxisnetz. Es ist zu prüfen, ob der Erwerber in diese Verträge eintreten kann oder

nicht. Je nachdem wirkt sich dies positiv oder negativ auf den ideellen Wert der Praxis aus.

- **Besondere wissenschaftliche Qualifikationen des Praxisinhabers**
  Es gilt ähnliches wie bei der Spezialisierung des Praxisinhabers. Entscheidend ist, ob der Erwerber sich aufgrund der Voraussetzungen, die er selbst mitbringt, die besondere wissenschaftliche Qualifikation zunutze machen kann.

- **Besondere, an die Person des Praxisinhabers gebundene Fachkundenachweise und Apparategenehmigungen**
  Verfügt der Erwerber hierüber nicht, sind sie negativ zu bewerten (siehe auch 2.3).

- **Zahl der Behandlungsfälle**
  Hier sollte nicht nur auf die Zahl der Behandlungsfälle sondern auch auf die Punktzahlen pro Fall abgestellt werden. Bei Praxen von sogenannten „Vielbehandlern", bei denen die Leistungshäufigkeit ausgereizt ist (der Patientenstamm einer Zahnarztpraxis ist z. B. „durchsaniert"), kann durchaus ein Abschlag auf den ideellen Wert gerechtfertigt sein. Umgekehrt gilt, dass es positiv zu bewerten sein kann, wenn eine Praxis geringe Fallpunktzahlen aufweist, da bei der Übernahme einer solchen Praxis pro Patient leicht ein höherer Umsatz erzielt werden kann. Zur Analyse siehe 2.3.

- **Erkennbare starke Bindung der Patienten an die Person des Veräußerers**
  Hier ist im Normalfall ein Abschlag gerechtfertigt, da ein größerer Teil dieser Patienten bei Übergabe der Praxis voraussichtlich abwandern wird.

- **Zu erwartende Auswirkungen auf den Praxisumsatz durch Maßnahmen der Kassenärztlichen Vereinigung**
  In den „Richtlinien" ist dieses Bewertungsmerkmal fälschlicherweise als subjektives Merkmal aufgeführt, obwohl es sich um ein objektives Merkmal handelt, das weder vom Veräußerer noch vom Erwerber beeinflusst werden kann. Außerdem sind nicht nur Maßnahmen der Kassenärztlichen Vereinigung sondern auch gesetzgeberische Maßnahmen zu berücksichtigen. Zu berücksichtigen ist also insbesondere, ob das Gebiet, in dem sich die Praxis befindet, demnächst gesperrt wird oder ob die Aufhebung der Sperrung zu erwarten ist. Eine weitere Rolle spielen gesetzgeberische Maßnahmen wie Honorarverteilung, Deckelung, Budgetierung, Richtgrößen, Punktwerte usw.

- **Der Praxisübernahme vorhergehende Vertreter- oder Assistententätigkeit des Praxiserwerbers in der Praxis**
  wirkt sich bei der Bemessung des ideellen Wertes für den Erwerber positiv aus, da der Erwerber einem Großteil der Patienten bereits bekannt ist und er zu diesen eine Beziehung aufbauen konnte (siehe auch 2.4.1). Dies gilt selbstverständlich auch für die Tätigkeit des angestellten Arztes.

Umgekehrt kann sich auch die Mitarbeit des Veräußerers in seiner ehemaligen Praxis (2.5.1.3) positiv auf die Bindung der Patienten an die Praxis auswirken.

– **Zu erwartende Kündigung qualifizierten Personals**
   führt zu einer Minderung des Goodwill, und zwar schon deswegen, weil häufig die Patientenbeziehung zur Praxis auch über das langjährig in der Praxis tätige Personal aufrecht erhalten wird. Dies ist besonders zu berücksichtigen, wenn der Ehepartner des Veräußerers in der Praxis mitarbeitet und mit der Übergabe ausscheidet.

   Es liegt außerdem auf der Hand, dass ein gut ausgebildetes und motiviertes Praxisteam bei der Bewertung einer Praxis positiv zu Buche schlägt.

– **Möglichkeit der Durchführung ambulanter Operationen**
   Kann diese Möglichkeit nicht auf den Erwerber übertragen werden, führt dies zu erheblichen Abschlägen bei der Bemessung des Goodwill.

– **Übernahmemöglichkeit standortgebundener Großgeräte.**
   Besteht diese Möglichkeit nicht, kann dies den Goodwill erheblich reduzieren.

– **Persönlicher Einsatz des Veräußerers**
   Wichtig, aber in den Bewertungsmerkmalen der „Richtlinien" nicht aufgeführt, ist auch die Frage, wie viele Stunden der Praxisinhaber im Schnitt gearbeitet hat, wie groß die regelmäßige Wochenarbeitszeit war und wie viel Zeit auf Fortbildung, Urlaub und andere Abwesenheiten von der Praxis entfallen sind. War die wöchentliche Arbeitszeit relativ gering und hat der bisherige Praxisinhaber regelmäßig acht Wochen im Jahr Urlaub gemacht, so kann man bei der Beurteilung des Goodwill durchaus einen angemessenen Zuschlag machen. Umgekehrt ist ein Abschlag gerechtfertigt, wenn der Praxisinhaber überproportional viel gearbeitet hat. Der Erwerber muss sich in diesem Falle fragen, ob er bereit ist, einen ähnlich hohen Arbeitseinsatz zu erbringen.

– **Patientenkartei**
   Ein wesentlicher wertbildender Faktor für den ideellen Wert ist auch eine gut geführte Patientenkartei (ebenfalls in den „Richtlinien" nicht enthalten). Dabei spielen sowohl die Lesbarkeit der Kartei als auch die Ausführlichkeit der Dokumentation eine Rolle, da sie für den Erwerber eine große Hilfe sind und leichteres Arbeiten erlauben. Positiv ist es sicher zu werten, wenn die Patientenkartei bereits auf EDV umgestellt ist. Zum Übergabeproblem siehe 9.5.

– **Zusatzaspekte aus der Sicht des Erwerbers**
   Neben den vorgenannten Kriterien werden für den Erwerber noch persönliche Erwägungen eine Rolle spielen, die nicht unmittelbar mit dem Goodwill der Praxis zu tun haben, die Wertschätzung des Erwerbers jedoch beeinflussen. Diese Gesichtspunkte sollen nur kurz beispielhaft angeschnitten werden:

- günstige räumliche Situation von Praxis und Wohnung
- Attraktivität des Ortes bzw. der Stadt
- Möglichkeiten für die Familie (Schulen, Ausbildungsstätten, Arbeitsmöglichkeiten für den Ehepartner)
- Verhältnisse auf dem lokalen Arbeitsmarkt (Helferinnen!).

5.2.4 Ertragswertmethode

Im Gegensatz zu dem von der Ärztekammer propagierten Kombinationsverfahren (Praxiswert = materieller Wert + ideeller Wert), das sich im wesentlichen an der Vergangenheit orientiert, ist die Ertragswertmethode in die Zukunft gerichtet. Sie versucht, eine Zukunftsprognose zu erstellen. Voraussetzung ist eine Analyse des „Betriebes" der Arztpraxis sowie des wirtschaftlichen Umfeldes. Anhand dieser Analyse wird versucht zu ermitteln, inwieweit Vergangenheitserfolge in die Zukunft fortgeschrieben werden können. Letztlich geht es darum, den Wert einer Praxis durch deren Fähigkeit, Gewinne zu erzielen, zu bestimmen. Es zeigt sich, dass die Ertragswertmethode kompliziert und wohl nur mit Hilfe eines Sachverständigen zu handhaben ist. Die von der Bayerischen Landeszahnärztekammer empfohlene **modifizierte Ertragswertmethode** scheint immerhin ein brauchbarer Weg zu sein, um diese Methode auch für den Laien durchsichtig und auf Arztpraxen anwendbar zu machen. Wegen der Darstellung sei zunächst auf den Anhang 6 verwiesen. Hierzu sind folgende Anmerkungen veranlasst:

- **Bereinigung der Vergangenheitserfolge**
  Da die künftig zu erwartenden Einnahmeüberschüsse nicht bekannt sind, müssen sie mittels Prognose geschätzt werden. Die Grundlage für diese Prognose wird durch eine Analyse der in der Vergangenheit erzielten Erfolge geschaffen. Dazu sind die Ergebnisse der abgelaufenen drei bis fünf Jahre heranzuziehen. Alle außergewöhnlichen Einflüsse der Vergangenheit, die nicht unmittelbar mit der ärztlichen Tätigkeit zusammenhängen oder die auf den Erwerber nicht übertragbar sind, sind auszuschalten. Die Erfolgskomponenten werden anhand der Erlöse und Kosten der Arztpraxis analysiert. Ein wichtiger Aspekt bei der Bereinigung der Vergangenheitserfolge ist die Analyse der im Vergangenheitsergebnis enthaltenen Instandhaltungsaufwendungen und Abschreibungen. Ergebnisminderungen, die sich aus der Durchführung notwendiger Investitionen ergeben hätten, sind entsprechend zu berücksichtigen. Sodann muss die Arbeitsleistung des Arztes durch Abzug eines kalkulatorischen Arztlohnes berücksichtigt werden, da der Arzt durch die Übernahme der Praxis auf anderweitige Vergütungen seiner Arbeitskraft verzichtet. Finanzierungszinsen für das in der Praxis gebundene Kapital sind ebenso zu berücksichtigen.
  Sind die Vergangenheitserfolge bereinigt, ist das arithmetische Mittel der angepassten Vergangenheitserfolge die Ausgangsbasis für die Ermittlung des zu erwartenden Zukunftserfolges. Dabei können die zeitnäheren

Vergangenheitsergebnisse stärker gewichtet werden als die weiter zurück-liegenden. Die Vergangenheitserfolge sind um alle Erfolgsfaktoren zu bereinigen, die nicht auf den Erwerber mit übertragen werden (z. B. erhöhter Luxusaufwand, Praxisräume im Eigentum des Praxisabgebers, mitarbeitende Familienangehörige).

– **Prognose der Zukunftserfolge**
Auf der Grundlage des durchschnittlichen Vergangenheitserfolges sind die Entwicklungstendenzen der zukünftigen Praxisergebnisse abzuschätzen. Dabei können die oben aufgeführten objektiven (5.2.3.1) und subjektiven Merkmale (5.2.3.2) berücksichtigt werden.

– **Schätzung des Ergebniszeitraums**
Ergebniszeitraum definiert den Zeitraum, innerhalb dessen die Praxiserfolge des Erwerbers noch auf die Tätigkeit des Veräußerers der Praxis zurückzuführen und ihm daher zuzurechnen sind. Hier werden normalerweise zwei bis fünf Jahre zugrunde gelegt. Durch diese Limitierung wird der Tatsache Rechnung getragen, dass sich bei einer Arztpraxis der vom Abgeber aufgebaute ideelle Wert infolge seiner starken Personengebundenheit rasch verflüchtigt. Unterschiede in der Anzahl der zugrunde gelegten Jahre wirken sich erheblich auf den Ertragswert der Praxis aus.

– **Kalkulationszinssatz**
Der zu erwartende Praxiserfolg muss mit Hilfe des Kalkulationszinssatzes auf einen einheitlichen Bezugspunkt, beispielsweise den Übergabezeitpunkt, abgezinst werden. Der Kalkulationszinssatz setzt sich aus einem Basiszins zuzüglich eines Risikozuschlags zusammen. Maßgebender Basiszins für die Kapitalisierung der Zukunftserfolge ist der im Ergebniszeitraum erzielbare landesübliche Zins „erster Adressen", z. B. die Rendite von Bundesschatzbriefen oder öffentlichen Anleihen. Die Laufzeit der Kapitalmarktpapiere muss dem festgelegten Ergebniszeitraum entsprechen. Eine nur geringfügige Veränderung des Kalkulationszinssatzes führt ebenfalls zu erheblichen Wertveränderungen.
Um eine vergleichbare Risikostruktur zwischen der Anlage am Kapitalmarkt und der Übernahme einer Praxis herzustellen, ist ein Risikozuschlag anzusetzen, womit dem Umstand Rechnung getragen wird, dass mit einer Praxisübernahme ein höheres Risiko verbunden ist als mit einer Kapitalanlage „erster Adresse". Der Risikoaufschlag soll 25 % des Basiszinssatzes nicht überschreiten.

– **Praxisvermögen**
Die Zukunftserfolge können nur bei gleichzeitiger Verwendung der Praxiseinrichtung erzielt werden. Es ist daher der nach dem Ende des Ergebniszeitraums noch vorhandene Wiederbeschaffungszeitwert anzusetzen. Vereinfacht kann auch auf den Wiederbeschaffungswert zum Übergabezeitpunkt abgestellt werden. Nichtbetriebsnotwendiges Vermögen wird zu geschätzten Veräußerungserlösen angesetzt. Privatvermögen ist auszusondern.

– **Praxisgesamtwert**
  Der Praxisgesamtwert ergibt sich dann aus der Zusammenrechnung des betriebsnotwendigen Praxisvermögens und des nichtbetriebsnotwendigen Vermögens mit dem Barwert der prognostizierten Zukunftserfolge.

5.3 Einfluss des Marktes, Sittenwidrigkeit

Veräußerer und Erwerber müssen sich darüber im Klaren sein, dass die sorgfältigste Bewertung einer Praxis Theorie ist, wenn der ermittelte Wert nicht der aktuellen **Marktlage** entspricht. Auch beim Praxiskauf gilt das Gesetz von Angebot und Nachfrage. Werden (eventuell auch zufällig) mehr Praxen angeboten als Erwerber vorhanden sind, drückt dies automatisch den Preis einer Praxis, auch wenn deren Bewertungskriterien noch so positiv sind. Das gleiche gilt selbstverständlich in umgekehrter Richtung. Zu verschiedenen Zeiten werden für vergleichbare Praxen unter unterschiedlichen gesundheitspolitischen und wettbewerbsmäßigen Bedingungen unterschiedliche Preise am Markt gezahlt. In gesperrten Gebieten erfahren Praxen alleine schon dadurch eine Wertsteigerung, dass mit Ihnen die Zulassung als Vertragsarzt verbunden ist, siehe 5.2.3.1. Auch nach der Rechtsprechung hat sich der Wert einer Praxis an dem am Markt zu erzielenden Kaufpreis zu orientieren, BGH 17, 136; NJW 1992, 892 ff; NJW 1994, 312.

Der Preisfindung durch das Marktgeschehen sind freilich Grenzen gesetzt. Ein unter Ärzten abgeschlossener Praxisübergabevertrag ist **sittenwidrig** und damit nichtig, wenn die dort enthaltenen Bedingungen den Erwerber zwingen, überhöhte Gebühren zu liquidieren. Ein entsprechendes Urteil hat der Bundesgerichtshof bereits im Jahre 1972 gefällt, allerdings bezogen auf eine Rechtsanwaltspraxis (BGH in NJW 79, S. 98 f.). Die in diesem Urteil entwickelten Grundsätze gelten allemal auch für eine Arztpraxis im Hinblick darauf, dass die Tätigkeit des Arztes gemeinwohlorientiert ist, dass sie Bindungen durch die Berufsordnung unterliegt, die Gebühren angemessen sein müssen und einer festen Gebührenordnung unterworfen sind.

Unabhängig von der Bewertung einer Praxis und der konkreten Marktsituation müssen die **Bedingungen** also **angemessen** sein in dem Sinne, dass eine ordnungsgemäße und am Gebot der Wirtschaftlichkeit orientierte Praxisführung durch den Erwerber möglich ist.

6 Mietvertrag

Es wurde oben (5.2.3.1) bereits darauf hingewiesen, dass eine gesicherte räumliche Kontinuität ein wesentlicher wertbildender Faktor für eine Praxis ist. Die räumliche Kontinuität ist natürlich am besten **in eigenen Räumen** gesichert.

Allerdings ist der Betrieb einer Praxis in eigenen Räumen steuerlich ungünstig (14.4). Die meisten Praxen werden daher **in gemieteten Räumen** betrieben, wobei Vermieter nicht selten der Ehepartner ist.

In letzter Zeit werden insbesondere von gewerblichen Vermietungsgesellschaften höchst komplizierte und „ausgebuffte" Mietverträge vorgelegt, die nicht selten 30 Seiten und mehr umfassen, so dass schon die Lektüre eine Zumutung ist. Solche Verträge sind mit äußerster Vorsicht zu behandeln, da in ihnen häufig Fußangeln zu Lasten des Mieters versteckt sind, die der ungeschulte Laie leicht überliest.

Nachfolgend sollen die Punkte kurz angesprochen werden, die für den Abschluss, die Dauer, die Durchführung, die Übertragung und die Beendigung des Mietvertrages wichtig sind.

6.1 Allgemeines

Generell ist zu sagen, dass der gesetzliche **Mieterschutz**, der für Wohnraum gilt, für gewerbliche Mieter (denen die Ärzte, obwohl sie ja bekanntlich kein Gewerbe betreiben, insoweit gleichgestellt werden) **nicht gilt** und der gewerbliche Mieter daher, sofern er keine einwandfreie vertragliche Vereinbarung vorweisen kann, in erheblichem Maße der Willkür des Vermieters ausgesetzt ist. Die Tatsache, dass viele Mietverträge heute Allgemeinen Geschäftsbedingungen und den damit einhergehenden gesetzlichen Beschränkungen unterworfen sind, stellt demgegenüber nur ein kleines Korrektiv dar. Diesem Gesichtspunkt schenken die Ärzte – sei es aus Unkenntnis, sei es aus Nachlässigkeit – häufig zu wenig Beachtung. Vielfach macht es schon Mühe, den schriftlichen Mietvertrag oder die Nachträge zu finden, die den aktuellen Stand der Vereinbarungen mit dem Vermieter wiedergeben. Es ist also wichtig, dass der Arzt seinen Mietvertrag von Zeit zu Zeit einem **Vertrags-Controlling** unterzieht (2.1.2). Je nach Ergebnis sollte er danach frühzeitig den Mietvertrag auf den neuesten Stand bringen und mit dem Vermieter zum Beispiel vereinbaren, dass der Vertrag verlängert wird, Optionen eingeräumt werden, der Mietpreis festgeschrieben und eine Nachfolgeklausel aufgenommen wird. Kommt eine befriedigende Klärung der mietvertraglichen Situation mit dem Vermieter nicht zustande, sollte der Arzt, der den Wert seiner Praxis erhalten will, erwägen, die **Praxis** vor der Abgabe in andere

Praxisräume zu **verlegen**, was freilich voraussetzt, dass hierfür noch genügend Zeit und Energie vorhanden ist.

6.2 Beschreibung der Mieträume

Die Lage der Praxis sowie die Anzahl der Räume sollte so genau wie möglich beschrieben werden (Skizze). Häufig werden Nebenräume, insbesondere der **Keller**, vergessen. Auch **Parkplätze, Stellplätze, Garagenbenutzung** usw. müssen in den Mietvertrag aufgenommen werden, wenn deren Benutzung einwandfrei sichergestellt sein soll.

Der BGH hat bei einer **Flächenabweichung** von mehr als 10 % gegenüber den Angaben im Mietvertrag (Toleranzgrenze) einen Sachmangel angenommen, der zur Mietminderung berechtigt, BGH NJW 2004, 1947. Außerdem kann der Mieter vom Mietvertrag zurücktreten und Schadensersatz verlangen, BGH NJW 2005, 2152. Dies gilt auch dann, wenn im Mietvertrag steht, die Mietfläche sei mit einer bestimmten Quadratmeterzahl „vereinbart". Eine Beeinträchtigung der Gebrauchstauglichkeit des Mietobjektes wird bei einer Abweichung in der genannten Größenordnung zugunsten des Mieters vermutet.

Wichtig ist auch, den **Zustand** der Mieträume bei Beginn des Mietverhältnisses genau zu beschreiben (Übergabeprotokoll), da hierüber bei Beendigung des Mietverhältnisses häufig Streit entsteht (Rückgabe im ursprünglichen Zustand: renoviert, nicht renoviert?, welche Einbauten?, welche Umbauten? usw.).

6.3 Mietvertragsparteien

Stehen auf Seiten des Vermieters **mehrere Personen**, was insbesondere dann der Fall sein kann, wenn die zu vermietenden Räume einer Erbengemeinschaft gehören, muss sichergestellt werden, dass alle Personen im Mietvertrag aufgeführt sind und ihn unterzeichnen oder dass die den Mietvertrag unterzeichnende Person auch vertretungsberechtigt ist (zur Wahrung der Schriftform siehe 6.9).

Anders ist es, wenn die Mehrheit von Personen in Form einer **Gesellschaft bürgerlichen Rechtes** organisiert ist. Mietvertragspartei wird dann die GbR, da sie nach einer neueren Entscheidung des BGH rechtsfähig ist (BGH NJW 2001, 2252). Selbstverständlich gilt dies auch, wenn auf der Mieterseite eine Gesellschaft bürgerlichen Rechtes steht (z. B. eine Sozietät). Wird der Mietvertrag nicht von allen Personen der GbR unterzeichnet (was sicherheitshalber erfolgen sollte) sondern nur von einer Person, so muss diese Person alleinvertretungsberechtigt sein und dies im Mietvertrag eindeutig zum Ausdruck kommen (6.9).

Häufig verlangen Vermieter, dass neben dem Mieter auch dessen **Ehepartner** den Mietvertrag unterzeichnet. Diesem Ansinnen sollte sich der Mieter nach Möglichkeit widersetzen. Zum einen kann es hier Probleme mit der Nachfolgeklausel und insbesondere beim Tod des Mieters geben, außerdem wird eine aus der Sicht des Mieters unerwünschte, zusätzliche Haftung begründet.

6.4 Vertragszweck

Die genaue Beschreibung des Vertragszwecks ist deshalb wichtig, weil der Vermieter dann eine gesetzliche **Haftung** dafür hat, dass die Räume auch zu dem im Vertrag beschriebenen **Vertragszweck genutzt** werden können. Vermieter versuchen häufig, sich im Vertrag von dieser Haftung freizuzeichnen. Nutzungshindernisse können insbesondere sein

- das Baurecht
- die Zweckentfremdungsverordnung
- das Wohnungseigentumsrecht

(Siehe hierzu 6.11)

Die Beschreibung des Vertragszwecks ist auch wichtig für den vertragsimmanenten **Konkurrenzschutz**, 6.21. Im Hinblick darauf sollte bei dem Vertragszweck auch das Fachgebiet des Mieters angegeben werden (z. B. ... *zum Betrieb einer Facharztpraxis für Allgemeinmedizin*).

6.5 Mietbeginn

Er ist bei Übergabe der Praxis **mit** dem **Übergabetermin** (9.3) zu **koordinieren**, wobei eine Vorlaufzeit für Renovierung und Umbau wichtig sein kann. Hängt die Praxisübernahme von der Zulassung des Erwerbers als Vertragsarzt ab, sollte der Mietbeginn nach Möglichkeit flexibel gestaltet werden.

Wird die Mietsache **nicht fristgerecht übergeben**, kann der Mieter kündigen, außerdem macht sich der Vermieter schadensersatzpflichtig. Falls vereinbart, kann auch eine Vertragsstrafe fällig werden.

6.6 Dauer des Mietvertrages

Viele Ärzte glauben immer noch, wenn ein Mietvertrag auf **unbestimmte Zeit** abgeschlossen sei, so sei ihre Position besonders stark und gesichert. Das Gegenteil ist jedoch richtig. In einem solchen Fall kann nämlich der Mietvertrag, wenn auch unter Einhaltung bestimmter, inzwischen gesetzlich verlängerter Fristen jederzeit gekündigt werden. Es ist also unbedingt darauf zu achten, dass der Mietvertrag auf eine **bestimmte Zeit** abgeschlossen wird. Im Interesse einer langfristigen Sicherung des Praxisstandortes ist eine möglichst lange Dauer anzustreben, wobei allerdings zu bedenken ist, dass ein langfristiger Mietvertrag auch den Mieter bindet. Ideal ist es daher, wenn der Mieter z. B. einen Mietvertrag mit fünfjähriger Laufzeit und – möglichst mehrmaliger – **Verlängerungsoption** durchsetzen kann. Dabei ist darauf zu achten, dass die Option nur für den Mieter besteht und dass es sich um eine echte Option handelt. Diese liegt nur dann vor, wenn der Mieter durch Abgabe einer einseitigen Erklärung eine Verlängerung des Mietvertrages um eine bestimmte Zeit, beispielsweise fünf Jahre, durchsetzen kann, und diese weder von einer Zustimmung des Vermieters noch von sonstigen Vorbehalten (z. B. Einigung über den Mietzins) abhängt. Im Zweifel sollte der Mieter hier kompetenten Rechtsrat einholen.

Ein Mietvertrag, der für eine längere Zeit als 30 Jahre abgeschlossen ist, kann nach Ablauf von 30 Jahren von jeder Partei unter Einhaltung der gesetzlichen Frist gekündigt werden, § 544 S. 1 BGB.

Der Mietvertrag muss im übrigen ein **Rücktrittsrecht** für den Fall vorsehen, dass der Praxisübergabevertrag nicht zustande kommt oder aufgelöst wird, weil z. B. der Erwerber die Zulassung nicht erhält (9.11.2).

Zu beachten ist noch, dass sich das Mietverhältnis **auf unbestimmte Zeit verlängert**, wenn der Mieter nach Ablauf der Mietzeit den Gebrauch der Mietsache fortsetzt und keine der Mietvertragsparteien ihren entgegenstehenden Willen der anderen Partei innerhalb von zwei Wochen erklärt, § 545 BGB. Dies kann für den Mieter eine unangenehme Falle sein, weil er das Mietverhältnis dann, sofern er es beenden will, unter Einhaltung der Kündigungsfrist erneut kündigen muss. Es empfiehlt sich daher, im Mietvertrag die Anwendung des § 545 BGB generell auszuschließen.

6.7 Kündigungsfrist

Ein Mietvertrag, der auf unbestimmte Zeit abgeschlossen wurde, kann gesetzlich am dritten Werktag eines Kalendervierteljahres zum Ablauf des nächsten Kalendervierteljahres gekündigt werden, § 580 a Abs. 2 BGB. Diese relativ lange Kündigungsfrist trat am 01.09.2001 zum Schutze der gewerblichen Mieter in Kraft. Eine so lange Kündigungsfrist kann für den Mieter jedoch auch nachteilig sein, insbesondere im Falle der Verlegung der Praxis. Im Hinblick darauf sollte der **Mieter** überlegen, im Mietvertrag **abweichende Kündigungsfristen** zu vereinbaren, wobei für ihn durchaus auch eine **kürzere Kündigungsfrist** als für den Vermieter vereinbart werden kann.

6.8 Vorzeitige Lösung aus dem Mietvertrag

Der Mieter bzw. seine Erben haben unter Umständen folgende Möglichkeiten, sich aus einem ihnen lästig gewordenen, langfristigen Mietvertrag lösen.

- Berufung auf Verletzung des Schriftformerfordernisses (siehe 6.9)
- Verweigerung der Untervermietung durch den Vermieter (siehe 6.17)
- Tod des Mieters (siehe 6.20)

6.9 Schriftform

Gemäß § 550 BGB bedarf ein **Mietvertrag** über gewerbliche Räume, der für **längere Zeit** als ein Jahr geschlossen wird, der **schriftlichen Form**. Wird diese Form nicht eingehalten, so ist der Mietvertrag zwar wirksam, kann aber ein Jahr nach Überlassung der Mietsache mit gesetzlicher Frist von beiden Seiten gekündigt werden, auch wenn er für eine Laufzeit von z. B. zehn Jahren vereinbart war.

Nach früherer Rechtsprechung hat der BGH strenge Anforderungen an die Einhaltung der äußeren Schriftform gestellt. Grundsätzlich war sie nur gewährleistet, wenn sämtliche Schriftstücke, die den wesentlichen Inhalt des Mietvertrages bildeten, so zu einer festen körperlichen Einheit verbunden wurden, dass diese Verbindung nur mit Gewalt bzw. unter Hinterlassung von Spuren der Gewalt wieder aufgelöst werden konnte. Diese feste Verklammerung der Seiten des Mietvertrages musste bereits bei Unterschrift des Vertrages durch beide Parteien gegeben sein, konnte also nicht nachträglich hergestellt werden.

Nach neuerer Rechtsprechung des BGH ist bei einer aus mehreren Blättern bestehenden Urkunde die feste körperliche Verbindung nicht mehr erforderlich, wenn sich die Einheit der Urkunde auch aus der Gestaltung der Urkunde ergibt (fortlaufende Paginierung/Nummerierung, einheitliche grafische Gestaltung oder vergleichbare äußerliche Merkmale), BGH NJW 2000, 354 f.

Auch bei Beachtung der vorstehenden Erfordernisse kann die Schriftform des Mietvertrages verletzt sein, wenn **mündliche Nebenabreden**, im Hinblick auf wesentliche Regelungen des Mietvertrages bestehen oder nachträglich getroffen werden, z. B. über den Mietgegenstand, die Miethöhe, die Dauer des Mietvertrages oder die Parteien. Eine bestehende oder nachträglich nur mündlich getroffene Einigung über einen der genannten Punkte führt dann dazu, dass der Mietvertrag mit gesetzlicher Frist gekündigt werden kann. Allerdings soll dies für eine mündliche Herabsetzung des Mietzinses nicht gelten, wenn der Vermieter sie jederzeit zumindest mit Wirkung für die Zukunft widerrufen darf, BGH NJW 2005, 1861. Selbst wenn die Einigung in einem **schriftlichen Nachtrag** festgelegt wird, ist die Schriftform des Hauptvertrages nur dann gewahrt, wenn im Nachtrag eindeutig auf den Hauptvertrag Bezug genommen wird und in ihm ausdrücklich festgestellt wird, dass die Regelungen des Hauptvertrages, soweit nicht im Nachtrag neu geregelt, unverändert fortgelten. Am sichersten ist es daher, wenn ein etwaiger Nachtrag schriftlich niedergelegt und mit dem Hauptvertrag fest verbunden und danach von beiden Mietvertragsparteien gleichzeitig unterzeichnet wird.

Zur Wahrung der Schriftform bei einer **Übertragung des Mietvertrages** siehe 6.16.

Die Bezugnahme im Mietvertrag auf **Anlagen** (z. B. Lageplan) ist nur dann unschädlich, wenn die in der Anlage getroffenen Regelungen sich im wesentlichen bereits aus dem Hauptmietvertrag ergeben oder die Anlage fest mit dem Mietvertrag verbunden und zusammen mit dem Mietvertrag unterzeichnet wird.

Der Mietvertrag sollte im übrigen vom Vermieter und Mieter möglichst **gleichzeitig unterzeichnet** werden. Ist dies nicht möglich, sollte zwischen Unterzeichnung durch die eine Partei und Unterzeichnung durch die andere Partei längstens eine Frist von fünf Tagen liegen, da eine verspätet zugegangene Annahmeerklärung gem. § 150 Abs. 1 BGB als neuer Antrag auf Abschluss des Mietvertrages gilt. Die Schriftform ist dann ebenfalls nicht mehr gewahrt mit der oben aufgezeigten Konsequenz der vorzeitigen Kündigungsmöglichkeit.

Schädlich ist es auch, wenn sich die **Parteien des Mietvertrages** nicht eindeutig aus der Mietvertragsurkunde ergeben, also z. B. die Mitglieder einer Erbengemeinschaft nicht sämtlich im Mietvertrag aufgeführt sind, BGH NJW 2002, 3389. Ebenso ist die Schriftform des Mietvertrages nicht gewahrt, wenn der Mietvertrag durch einen **Vertreter** (z. B. einer Erbengemeinschaft oder Gesellschaft bürgerlichen Rechtes) unterschrieben wird und das Vertretungsverhältnis in der Urkunde nicht durch einen das Vertretungsverhältnis anzeigenden Zusatz hinreichend deutlich zum Ausdruck kommt (BGH a. a. O.).

Ergänzend ist darauf hinzuweisen, dass ein Mietvertrag, der in **elektronischer Form** im Sinne der gesetzlichen Definition vorliegt, das Schriftformerfordernis erfüllt, §§ 126 Abs. 3, 126 a BGB. Existieren jedoch Anlagen in Papierform, dürfte das Schriftformerfordernis nicht eingehalten sein.

In vielen Mietverträgen finden sich **Regelungen**, die es den Parteien untersagen, sich auf die etwaige Nichteinhaltung der Schriftform zu berufen und sie verpflichten, **Mängel der Schriftform** nachträglich zu **heilen**. Höchstrichterliche Rechtsprechung hierzu gibt es, soweit ersichtlich, noch nicht. Ob dieser Weg gangbar ist, muss daher zur Zeit offen bleiben. Zur Pflicht, die Schriftform eines gewerblichen Mietvertrages herzustellen, siehe BGH NJW 2005, 2225.

Eine **Verletzung** der strengen Anforderungen an die Einhaltung der **Schriftform** kann dem Mieter natürlich auch zum **Vorteil** gereichen, wenn er sich nämlich vorzeitig aus einem langfristigen Mietvertrag lösen will (siehe 6.8). Außerdem ist eine im Mietvertrag vereinbarte Wertsicherungsklausel unwirksam, da sie eine mindestens zehnjährige Bindung des Vermieters an den Mietvertrag voraussetzt (siehe 6.10).

6.10 Mietzins

Der Vermieter wird bei langfristigen Mietverträgen daran interessiert sein, die **Miete erhöhen** zu können. Hier sind mehrere Vertragsgestaltungen üblich.

Zum einen können sogenannte **Wertsicherungsklauseln** vereinbart werden. Diese Wertsicherungsklauseln führen zu einer automatischen Anpassung des Mietzinses, wenn sich ein vereinbarter Parameter, üblicherweise der Verbraucherindex, ändert. Solche Wertsicherungsklauseln können unangenehme Überraschungen in sich bergen, zum Beispiel wenn die Mieterhöhung nicht an die Steigerung des Indexes nach Prozenten gekoppelt ist sondern an die Steigerung nach Prozentpunkten.

Wertsicherungsklauseln sind zwar genehmigungspflichtig, in Gewerbemiet-
verträgen **gelten** sie gemäß § 4 Abs. 1 Ziffer 1 a Preisklauselverordnung jedoch
dann als **genehmigt**, wenn die Entwicklung des Miet- und Pachtzinses durch die
Änderung eines vom Statistischen Bundesamt oder von einem Statistischen
Landesamt oder vom Statistischen Amt der Europäischen Gemeinschaft ermittelten Verbraucherindexes bestimmt werden soll und der Vermieter für die
Dauer von mindestens zehn Jahren auf das Recht zur ordentlichen Kündigung
verzichtet oder der Mieter das Recht hat, die Vertragsdauer auf mindestens zehn
Jahre zu verlängern. Die Genehmigungsfiktion tritt nur ein, wenn die Wertsiche-
rungsklausel grundsätzlich genehmigungsfähig ist, was sich aus § 2 Abs. 2 der
Preisklauselverordnung ergibt. Voraussetzung ist

- eine Bezugsgröße gem. § 4 Abs. 1 Nr. 1 Preisklauselverordnung
- mindestens zehnjährige Bindung des Vermieters
- Erhöhung und Ermäßigung des Mietzinses
- keine Überproportionalität.

Auch wenn keine Genehmigung erforderlich ist, steht es den Vertragsparteien
frei, beim Bundesamt für Wirtschaft ein sogenanntes Attest dahingehend einzuholen, dass die Wertsicherungsklausel als genehmigt gilt.

Häufig finden sich in Mietverträgen auch sogenannte **Leistungsvorbehalte**.
Von Leistungsvorbehalt spricht man, wenn eine Partei bei Veränderung eines
bestimmten Parameters (z. B. des Lebenshaltungskostenindexes) berechtigt ist,
eine Anpassung der Miete zu verlangen. Die Mieterhöhung tritt also nicht automatisch ein, vielmehr wird auf eine Einigung der Parteien gesetzt. Kommt die
Einigung nicht zustande, kann die Mieterhöhung notfalls eingeklagt werden.
Häufig wird auch die Einschaltung eines Gutachters vereinbart. Nichtgenehmi-
gungsfähige Wertsicherungsklauseln können in Leistungsvorbehalte umgedeutet
werden.

Insbesondere vor Unterzeichnung eines Mietvertrages, der eine Wertsicherungsklausel enthält, muss sich der Mieter rechtlich beraten lassen.

Auf **Staffelmieten** sollte sich der Mieter nur im äußersten Fall einlassen.

Üblicherweise werden die **Nebenkosten** (Betriebskosten) auf den Mieter
umgelegt, wobei zur Definition der Nebenkosten häufig auf die in § 2 der
BetriebskostenVO katalogisierten Betriebskosten Bezug genommen wird. Unabhängig davon sollten die Nebenkosten mindestens in solche für Wasser,
Heizung, Warmwasser, Entsorgung (Abwasser, Sondermüll) und sonstiges
aufgeschlüsselt sein und jährlich abgerechnet werden. Die Heizkostenver-
ordnung schreibt zwingend eine verbrauchsabhängige Umlage der Kosten für
Heizung und Warmwasser vor. Dies kann vertraglich nicht abbedungen werden. Abgesehen von Heiz- und Warmwasserkosten existiert im gewerblichen
Mietrecht kein gesetzlich vorgeschriebener Umlegungsschlüssel für Nebenkosten. Üblich ist es, die Nebenkosten teils nach dem individuellen Verbrauch,
teils im Verhältnis der angemieteten Fläche zur Gesamtmietfläche des Mietobjektes umzulegen.

Die Vereinbarung einer **Umsatzmiete** dürfte – obwohl dies nicht unumstritten ist – berufsrechtlich zulässig sein. Eine solche Miete darf jedoch nicht dazu führen, dass der Arzt in seinen diagnostischen und therapeutischen Entscheidungen von berufsfremden Dritten abhängig oder veranlasst wird, gegen das Gebot der wirtschaftlichen Behandlung zu verstoßen (BayObLG MedR 2001, 206). Aus vertragsärztlicher Sicht wird die Zulässigkeit einer umsatzabhängigen Miete ebenfalls bejaht, Pfalzgraf in MedR 2000, 257. Die Vereinbarung einer Gewinnbeteiligung ist nach der o. g. Entscheidung des BayObLG unzulässig, da sie sich nicht mit dem Prinzip der Eigenverantwortlichkeit des Arztes vereinbaren lässt.

Der Vermieter darf einem Arzt für die Vermietung von Praxisräumen **keine Umsatzsteuer** berechnen. Dies ergibt sich aus dem Gesetz zur Bekämpfung des Missbrauchs und zur Bereinigung des Steuerrechtes vom 21.12.1993. Ausnahmsweise ist eine Berechnung von Umsatzsteuer dann möglich, wenn mit dem Bau des Gebäudes, in dem sich die Praxisräume befinden, vor dem 11.11.1993 begonnen und das Gebäude vor dem 01.01.1998 fertiggestellt wurde, § 27 Abs. 2 Nr. 3 Umsatzsteuergesetz.

Ist im Mietvertrag die Zahlung von Umsatzsteuer entgegen den vorstehenden Ausführungen vorgesehen, braucht der Mieter sie nicht zu bezahlen. Eine gleichwohl gezahlte Umsatzsteuer kann er vom Vermieter innerhalb der bestehenden Verjährungsfrist nach § 812 BGB zurückfordern.

6.11 Genehmigungen

Als böse Falle erweist sich immer wieder die sog. **Zweckentfremdungsverordnung,** die in vielen Ballungsgebieten gilt. Danach dürfen Räume, die zu Wohnzwecken erstellt wurden oder nach 1972 Wohnzwecken dienten, ohne **Genehmigung** nicht als gewerbliche Räume genutzt werden. Nach neuerer Rechtsprechung des Bundesverwaltungsgerichtes liegt eine Zweckentfremdung von Wohnraum allerdings dann nicht vor, wenn von ihm weniger als 50 % durch ein und dieselbe Person gewerblich genutzt werden.

Viele Vermieter setzen sich über das Verbot der Zweckentfremdung hinweg, wenn sie feststellen, dass sie von einem Arzt wesentlich mehr Miete erhalten als von einem Wohnungsmieter. Fliegt der Schwindel auf (was häufig genug der Fall ist, da die zuständigen Behörden hier oft mit kriminalistischer Akribie ermitteln oder missgünstige Mitmieter entsprechende Anzeigen machen), drohen auch dem Arzt saftige Geldbußen. Der viel größere Schaden entsteht in der Regel jedoch dadurch, dass die Nutzung der Räume zu Gewerbezwecken untersagt wird und der Arzt – eventuell sogar schon nach kurzer Zeit – mit seiner Praxis in neue Räume umziehen muss. Da nutzt es dem Mieter wenig, wenn er die Miete bei einem Verstoß gegen das Verbot der Zweckentfremdung auf Null mindern und den Mietvertrag nach vergeblicher Fristsetzung fristlos kündigen kann (so Kammergericht MietRB 2004, 288). Nach einer Entscheidung des OLG Düsseldorf soll dies außerdem nur möglich sein, wenn aufgrund der konkreten Androhung von Maßnahmen durch die Behörde für den Mieter eine Unsicherheit besteht, die seine Nutzungsmöglichkeiten bereits beeinträchtigt, MietRB 2005, 67.

Auch eine **Zweckentfremdungsgenehmigung**, sollte sie ausnahmsweise vorliegen, ist mit **Vorsicht** zu betrachten. Häufig ist sie an die Person des Praxisinhabers gebunden und erlischt mit der Veräußerung der Praxis.

Der Mieter sollte sich im Mietvertrag also **Garantien** im Hinblick auf die Zweckentfremdungsverordnung geben lassen.

Die gewerbliche Nutzung der Räume muss außerdem **baurechtlich genehmigt** und – falls die Räume im Wohnungs- oder Teileigentum stehen – nach der **Teilungserklärung** bzw. Gemeinschaftsordnung zulässig sein. Ist die Vermietung von Teileigentum als Arztpraxis mit der Nutzungsregelung in der Teilungserklärung nicht vereinbar, haftet der Vermieter dem Mieter wegen eines anfänglichen Rechtsmangels auf Schadensersatz. Außerdem können die anderen Teileigentümer den Mieter, also hier den Arzt, auf Unterlassung in Anspruch nehmen, BGH NJW 1996, 714.

Schließlich ist auf die Vorschriften hinsichtlich etwa notwendiger Parkplätze zu achten. Auch hier sollte sich der Mieter eine entsprechende Garantie geben lassen.

6.12 Vereinbarung über bauliche Veränderungen und Investitionen

Im Mietvertrag sollte geregelt sein, dass der Mieter Installationen und Umbaumaßnahmen, die für den Betrieb der Praxis notwendig oder zweckmäßig sind, auch ohne Zustimmung des Vermieters vornehmen kann – wenn sie nicht ohnedies schon vor dem Bezug der Räume durchgeführt wurden. Dabei sind technische und behördliche Vorgaben zu beachten, die im Einzelfall unbedingt von einem Fachmann überprüft werden müssen (Ist Starkstrom erforderlich bzw. vorhanden?, Können in Wänden und Böden Versorgungsleitungen verlegt werden?, Wo können Aggregate für Druckluft installiert werden? usw.). Zu regeln ist auch, wer die Kosten für die erforderlichen Investitionen trägt. Der Vermieter sollte zumindest teilweise an den Kosten beteiligt werden, da er ja auch die höhere Miete kassiert. Letztlich ist dies natürlich Verhandlungssache.

6.13 Instandhaltung, Schönheitsreparaturen

Zwischen Instandhaltung und Schönheitsreparaturen ist zu unterscheiden.

Die Verpflichtung zur **Instandhaltung** der Räume geht wesentlich weiter als die Verpflichtung, Schönheitsreparaturen durchzuführen. Wer zur Instandhaltung der Räume verpflichtet ist, muss sie in gebrauchsfähigem Zustand erhalten.

Die Verpflichtung trifft ursprünglich den Vermieter, sie wird in gewerblichen Mietverträgen jedoch manchmal auf den Mieter abgewälzt, was zulässig ist, was der Mieter deshalb aber noch lange nicht akzeptieren muss (und nach Möglichkeit auch nicht sollte).

Die Verpflichtung zur Durchführung von **Schönheitsreparaturen** wird üblicherweise auf den Mieter abgewälzt. Nach der ständigen Rechtsprechung des Bundesgerichtshofes sind solche Schönheitsreparaturen alle fünf Jahre und – soweit vorhanden – in Küchen, Bädern und Duschen alle drei Jahre durchzuführen. Abweichende Vereinbarungen sind möglich.

6.14 Beheizung

Im Mietvertrag sollte vorgesehen werden, dass die Räume ständig ausreichend beheizt werden (üblicherweise 22 Grad) und dass diese Beheizung notfalls auch am Wochenende gewährleistet ist (Notdienst!). Im übrigen stellt es einen Mangel des Mietobjektes dar, wenn die Grenzen der Arbeitsstättenrichtlinien verletzt sind, OLG Rostock NJW-RR 2001, 802.

6.15 Kooperationsklausel

Der Arzt muss die vertragliche Möglichkeit haben, einen oder mehrere **Partner** aufzunehmen und mit diesen eine Gemeinschaftspraxis oder Praxisgemeinschaft oder Partnerschaft zu gründen. Tritt ein Partner (Sozius) in eine Einzelpraxis ein, so wird er nicht automatisch Mietvertragspartei. Vielmehr wird die Aufnahme eines Partners als Fall der Untervermietung (6.17) angesehen, BGH NJW 2001, 2251. Diese bedarf der Erlaubnis durch den Vermieter.

6.16 Nachfolgeklausel

Der Mietvertrag sollte eine Klausel enthalten, wonach der Mieter berechtigt ist, das Mietverhältnis mit befreiender Wirkung auf einen **Nachfolger zu übertragen,** wenn er bzw. seine Erben die Praxis vor Ablauf des Mietvertrages an einen Nachfolger übergeben. Will der Mieter auf Nummer sicher gehen, so sieht der Mietvertrag vor, dass er bei Praxisaufgabe notfalls auch auf einen berufsfremden Nachmieter übertragen werden kann.

Im besten Fall ist die **Übertragung** des Mietvertrages auf einen Nachfolger **ohne** die **Zustimmung** des **Vermieters** möglich. Lässt sich dies nicht durchsetzen, sollte die Zustimmung nur bei Vorliegen eines wichtigen Grundes (der genau zu definieren ist) verweigert werden können. **Achtung in gesperrten Gebieten:** Hier haben der Mieter oder seine Erben evtl. keine Möglichkeit, dem Vermieter mehrere Mieter als Nachfolger zu präsentieren.

Zur Wahrung der Schriftform (6.9) genügt es, wenn der Vermieter mit dem Altmieter schriftlich vereinbart, dass der Neumieter in den Vertrag eintritt und dieser der Vertragsübernahme formlos zustimmt, BGH Urteil vom 20.04.2005, AZ: XII ZR 29/02.

6.17 Untervermietung

Die Untervermietung der Räume ist nur mit Erlaubnis des Vermieters zulässig, § 540 Abs. 1 BGB. Die Erlaubnis kann generell im Mietvertrag erteilt werden. Meistens findet sich in Mietverträgen jedoch eine Regelung, wonach sich der Vermieter vorbehält, die Erlaubnis von Fall zu Fall zu erteilen. Verlangt der Mieter eine Untervermietung und verweigert der Vermieter diese, steht dem Mieter ein **Sonderkündigungsrecht** gemäß § 540 Abs. 1 S. 2 BGB zu, sofern nicht in der Person des Untermieters ein wichtiger Grund für die Versagung der Genehmigung vorliegt. Mangelnde Liquidität des Untermieters ist allerdings kein wichtiger Grund, da gegenüber dem Vermieter der Hauptmieter Schuldner der Miete bleibt. Das Sonderkündigungsrecht besteht nicht, wenn die Untervermietung im Mietvertrag von vornherein generell ausgeschlossen ist.

Wichtig ist noch, dass der Mieter ein Verschulden des Untermieters gegenüber dem Vermieter auch bei erlaubter Untervermietung zu vertreten hat.

6.18 Verkehrssicherungspflicht

Der Mietvertrag sollte eine Regelung darüber enthalten, wer die Verkehrssicherungspflicht für den **Zugang** zu den gemieteten Räumen (und auf etwaigen Parkplätzen) hat. Dies schließt eine Regelung über die **Räum- und Streupflicht** im Winter ein.

6.19 Kaution

Nur bei der Vermietung von Wohnraum ist die Kaution der Höhe nach auf drei Monatsmieten beschränkt. Auch in Gewerberäumen sollte sich der Mieter auf eine höhere Kaution nicht einlassen.

Eine aufgrund eines Mietvertrages über gewerbliche Räume geleistete Mietkaution ist vom Vermieter regelmäßig auch dann vom Empfang an **zu verzinsen**, wenn der Mietvertrag keine ausdrückliche Bestimmung über eine Verzinsung enthält, BGH NJW 1994, 3287. Nach dieser Entscheidung soll die Verzinsung zudem für Spareinlagen mit dreimonatiger Kündigungsfrist üblichen Zinssatz erfolgen.

Nach herrschender Meinung ist der Vermieter bei der Vermietung von Gewerberaum **nicht verpflichtet**, die **Kaution** von seinem sonstigen Vermögen **getrennt zu halten**, es sei denn, dies wäre im Mietvertrag ausdrücklich vereinbart. Auch eine entsprechende Vereinbarung bietet allerdings keinen ausreichenden Schutz für den Mieter, da der Vermieter die Vereinbarung in vielfältiger Weise unterlaufen kann. Besser ist daher eine Vereinbarung, nach der der Mieter berechtigt ist, die Kaution durch eine **Bankbürgschaft** zu stellen.

6.20 Tod und Berufsunfähigkeit des Mieters

Beim Tod des Mieters haben Vermieter und Erben des Mieters ein gesetzliches **Sonderkündigungsrecht** gemäß § 580 BGB.

Das **Kündigungsrecht des Vermieters** sollte entweder ganz ausgeschlossen werden oder – vertraglich geregelt – erst eingreifen, wenn es den Erben nicht gelingt, innerhalb einer angemessenen Frist einen Praxisnachfolger zu finden, wobei bei der Bemessung der Frist in gesperrten Gebieten die Dauer des Ausschreibungsverfahrens mit zu berücksichtigen ist. Umgekehrt sollte versucht werden, das gesetzliche **Sonderkündigungsrecht der Erben** im Hinblick auf die Suche eines Nachfolgers und ein etwaiges Ausschreibungsverfahren zeitlich auszudehnen.

Ein vorsichtiger Mieter wird auch erwägen, sich ein **Sonderkündigungsrecht** für den Fall seiner dauernden **Berufsunfähigkeit** vorzubehalten.

Probleme können entstehen, falls eine Person, die nicht Inhaber der Praxis ist (z. B. der Ehepartner), den Mietvertrag mitunterschrieben hat.

6.21 Konkurrenzklausel

Der Vermieter ist zwar schon nach allgemeinen Grundsätzen verpflichtet, Konkurrenz vom Mieter im gleichen Anwesen fernzuhalten (sog. **vertragsimmanenter Konkurrenzschutz**, BGH NJW 1978, 585; NJW 1979, 1404)). Gleichwohl empfiehlt sich die Aufnahme von **Konkurrenzschutzklauseln** in den Mietvertrag, wobei vertraglich klargestellt werden muss, welche ärztliche Tätigkeit als Konkurrenz angesehen wird.

Umgekehrt verhält sich ein Arzt **wettbewerbswidrig**, wenn er einen Mietvertrag abschließt, obwohl im gleichen Haus bereits ein anderer Arzt sitzt und er weiß, dass der Vermieter mit diesem eine vertragliche Konkurrenzschutzvereinbarung getroffen hat. Dabei reicht es für die Wettbewerbswidrigkeit, wenn sich das Tätigkeitsgebiet des Zweitmieters mit dem des Erstmieters nur teilweise überschneidet.

6.22 Beendigung des Mietverhältnisses

Hier muss geregelt sein, in welchem **Zustand** die Räume zurückzugeben sind. Auf die Durchführung von Schönheitsreparaturen sollte sich der Mieter nur einlassen, wenn er die Räume in entsprechendem Zustand übernommen hat.

Zu regeln ist auch, wer die **Kosten** für den **Rückbau von Installationen und Umbauten** trägt, ob Einbauten vom Mieter zu entfernen oder vom Vermieter abzulösen sind usw.. Tritt der Mieter als Nachfolger in einen bereits bestehenden Mietvertrag ein, muss er daran denken, dass ihn Rückbaukosten für Einbauten treffen können, die er gar nicht selbst vorgenommen hat.

Hat der Vermieter dem Mieter das vertragliche Recht eingeräumt, selbst einen Nachmieter auszusuchen, so hat der Mieter die Möglichkeit, auf diesen die Kosten abzuwälzen und von ihm eine Ablöse für Einrichtungsgegenstände zu verlangen.

6.23 Praxisschilder

Hier sind der Anbringungsort und die Anzahl der Schilder zu regeln.

Es ist insbesondere darauf zu achten, dass der Mieter auch **nach dem Auszug** aus den Räumen für die in der BerufsO vorgesehene Dauer (1/2 Jahr) auf eine neue Praxis durch entsprechende **Schilder** hinweisen kann.

6.24 Vorkaufsrecht

Ist der Mieter daran interessiert, die gemieteten Räume zu kaufen, sollte er sich möglichst ein Vorkaufsrecht einräumen lassen, das allerdings der **notariellen Beurkundung** bedarf. Soll der Mietvertrag mit dem Vorkaufsrecht „stehen und fallen", so bedarf auch er der notariellen Beurkundung. Ideal ist es, wenn das Vorkaufsrecht auch noch im Grundbuch eingetragen wird. Da der Betrieb einer Praxis in eigenen Räumen steuerlich ungünstig ist (14.4), sollte in der Vereinbarung über das Vorkaufsrecht vorgesehen werden, dass es auch von einem durch den Mieter benannten Dritten ausgeübt werden kann.

Die Vereinbarung eines Vorkaufsrechtes in einem schriftlichen Mietvertrag ohne notarielle Beurkundung kann trotz einer sogenannten salvatorischen Klausel (9.14) zur Unwirksamkeit des gesamten Mietvertrages führen, wenn das Vorkaufsrecht für die Parteien zentrale Bedeutung hatte, BGH NZM 2001, 236.

7 Finanzierung

Der zukünftige Erwerber muss sich, nachdem er die vorstehend aufgeführten Punkte bedacht und gegebenenfalls erledigt hat, nunmehr Gedanken über die Finanzierung machen. Zu finanzieren sind der **Praxiskaufpreis, Einrichtungs-** und **Umbaukosten** sowie anfängliche **Betriebsmittel**. Die Summe dieser Positionen stellt das sogenannte Finanzierungsvolumen dar. Die nachstehenden Investitionsanalysen zeigen das Finanzierungsvolumen für die Einzelpraxisneugründung und die Einzelpraxisübernahme von Ärzten und Zahnärzten in den vergangenen Jahren auf (Quelle: Deutsche Apotheker- und Ärztebank).

Einzelpraxisneugründung Ärzte Ost in T EURO

2002/2003	Allgemein-mediziner	Internist	Neurologe	Psycho-therapeut	Orthopäde	Urologe
1. medizinisch-technische Geräte/Einrichtung	66	104	37	20	169	109
2. + Bau-/Umbaukosten	24	5	0	0	0	22
3. = Praxisinvestitionen	90	109	37	20	169	131
4. + Betriebsmittelkredit	22	29	23	9	53	27
5. = Gesamtfinanzierungs-volumen	112	138	60	29	222	158

Einzelpraxisübernahme Ärzte Ost in T EURO

2002/2003	Allgemein-mediziner	Augenarzt	Chirurg	Gynäkologe	Hautarzt
1. Substanzwert, medizinische Geräte	45	97	95	62	46
2. + Preis für Goodwill	28	51	56	55	23
3. = Praxiswert	73	148	151	117	69
4. + Bau-/Umbaukosten	3	3	7	5	0
5. = Praxisinvestitionen	76	151	158	122	69
6. + Betriebsmittelkredit	26	39	34	31	35
7. = Gesamtfinanzierungs-volumen	102	190	192	153	104

Einzelpraxisübernahme Ärzte Ost in T EURO (Fortsetzung)

2002/2003	HNO-Arzt	Internist	Kinderarzt	Orthopäde
1. Substanzwert, medizinische Geräte	53	49	46	63
2. + Preis für Goodwill	47	77	46	64
3. = Praxiswert	100	126	92	127
4. + Bau-/Umbaukosten	7	4	4	4
5. = Praxisinvestitionen	107	130	96	131
6. + Betriebsmittelkredit	24	26	20	38
7. = Gesamtfinanzierungs- volumen	131	156	116	169

Einzelpraxisneugründung Ärzte West in T EURO

2002/2003	Allgemein- mediziner	Anäs- thesist	Augen- arzt	Chirurg	Gynäko- loge	Haut- arzt	HNO- Arzt
1. medizinisch- technische Geräte	71	80	143	170	100	122	107
2. + Einrichtungen Bau-/Umbaukosten	10	2	7	56	32	35	40
3. = Praxisinvestitionen	81	82	150	226	132	157	147
4. + Betriebsmittelkredit	35	25	47	60	49	48	46
5. = Gesamtfinanzierungs- volumen	116	107	197	286	181	205	193

Einzelpraxisneugründung Ärzte West in T EURO (Fortsetzung)

2002/2003	Internist	Kinder- arzt	Neurologe	Psycho- therapeut	Ortho- päde	Urologe
1. medizinisch-technische Geräte	155	49	71	24	154	141
2. + Einrichtungen Bau-/Umbaukosten	31	7	15	8	29	36
3. = Praxisinvestitionen	186	56	86	32	183	177
4. + Betriebsmittelkredit	68	28	34	16	53	52
5. = Gesamtfinanzierungs- volumen	254	84	120	48	236	229

Einzelpraxisübernahme Ärzte West in T EURO

2002/2003	Allgemein-mediziner	Anästhe-sist	Augenarzt	Chirurg	Gynäko-loge	Hautarzt
1. Substanzwert, medizinische Geräte	54	4	112	134	87	102
2. + Preis für Goodwill	70	98	63	107	97	82
3. = Praxiswert	124	102	175	241	184	184
4. + Bau-/Umbaukosten	7	0	9	13	10	13
5. = Praxisinvestitionen	131	102	184	254	194	197
6. + Betriebsmittelkredit	36	15	41	53	45	48
7. = Gesamtfinanzierungs-volumen	167	117	225	307	239	245

Einzelpraxisübernahme Ärzte West in T EURO (Fortsetzung)

2002/2003	HNO-Arzt	Internist	Kinder-arzt	Neurologe	Ortho-päde	Urologe
1. Substanzwert, medizinische Geräte	100	86	68	33	117	129
2. + Preis für Goodwill	95	78	71	76	121	138
3. = Praxiswert	195	164	139	109	238	267
4. + Bau-/Umbaukosten	6	9	7	4	17	12
5. = Praxisinvestitionen	201	173	146	113	255	279
6. + Betriebsmittelkredit	44	44	35	33	51	51
7. = Gesamtfinanzierungs-volumen	245	217	181	146	306	330

Praxisneugründung Zahnärzte Ost in T EURO

	1999	2000	2001	2002	2003*
1. Behandlungszimmer etc.	145	118	137	150	n. a.
2. + Bau-/Umbaukosten	18	17	16	9	n. a.
3. = Praxisinvestition	163	135	153	159	n. a.
4. + Betriebsmittelkredit	46	44	40	32	n. a.
5. = Finanzierungsvolumen	209	179	193	191	n. a.

* 2003 ist die Anzahl der auswertbaren Fälle für eine statistisch gesicherte Auswertung zu gering.

Praxisübernahme Zahnärzte Ost in T EURO

		1999	2000	2001	2002	2003
1.	Substanzwert	79	85	100	86	78
2. +	Preis für Goodwill	62	61	54	50	50
3. =	Praxiswert	141	146	154	136	128
4. +	Bau-/Umbaukosten	1	4	4	3	2
5. =	Praxisinvestition	142	150	158	139	130
6. +	Betriebsmittelkredit	37	37	37	35	35
7. =	Finanzierungsvolumen	179	187	195	174	165

= 69,6 % des
Westniveaus

Praxisneugründung Zahnärzte West in T EURO

		1999	2000	2001	2002	2003
1.	Behandlungszimmer etc.	184	196	208	209	210
2. +	Bau-/Umbaukosten	29	45	39	43	46
3. =	Praxisinvestition	213	241	247	252	256
4. +	Betriebsmittelkredit	64	69	75	75	73
5. =	Finanzierungsvolumen	277	310	322	327	329

Veränderungsrate seit 1999   *+ 18,8 %*

Praxisübernahme Zahnärzte West in T EURO

		1999	2000	2001	2002	2003
1.	Substanzwert	95	104	112	110	103
2. +	Preis für Goodwill	79	80	84	82	73
3. =	Praxiswert	174	184	196	192	176
4. +	Bau-/Umbaukosten	14	11	12	13	9
5. =	Praxisinvestition	188	195	208	205	185
6. +	Betriebsmittelkredit	54	49	56	55	52
7. =	Finanzierungsvolumen	242	244	264	260	237

Veränderungsrate seit 1999   *- 2,1 %*

7.1   Welche Möglichkeiten?

Für die Finanzierung gibt es im Grunde nur zwei Möglichkeiten, entweder den **Einsatz von Eigenkapital** oder die **Aufnahme von Krediten.**
Bei der Aufnahme von **Existenzgründungsdarlehen** oder **Investitionskrediten** sind **drei Grundformen** zu unterscheiden:

- Annuitätendarlehen

- Tilgungsdarlehen

- Lebensversicherungsdarlehen.

Beim **Annuitätendarlehen** hat der Darlehensnehmer regelmäßig eine feste Rate zu zahlen. Diese feste Rate umschließt die Tilgung und die Zinsen, wobei die **Effektivzinsen** entscheidend sind und nicht die Nominalzinsen. Durch die fortlaufende Tilgung wird der Zinsanteil an der Annuität ständig geringer, so dass der Tilgungsanteil mit zunehmender Tilgungsdauer in dem Umfange wächst, wie die Zinsen abnehmen.

Beim **Tilgungsdarlehen** wird eine konstante Tilgung von vornherein vereinbart. Infolge der Tilgung nehmen die Zinsen ab und damit auch die jährliche Gesamtbelastung.

Ein **Lebensversicherungsdarlehen** wird dagegen nicht in Raten, sondern in einer Summe am Ende der Laufzeit aus der dann fällig werdenden Lebensversicherung getilgt. Während der Laufzeit bleibt also die Kreditschuld in voller Höhe ungetilgt mit der entsprechenden Zinsbelastung. Die schließliche Tilgung erfolgt über einen „Umweg": Der Kreditnehmer zahlt an die Lebensversicherungsgesellschaft Prämien, die verzinslich angesammelt werden. Bei Fälligkeit zahlt dann die Versicherungsgesellschaft die Versicherungssumme zuzüglich des durch die Anlage der Prämien erwirtschafteten Gewinnanteils aus, und mit diesem Betrag wird der Kredit getilgt. Die Überschussbeteiligung ist einkommensteuerfrei, wenn die Laufzeit des Versicherungsvertrages mindestens zwölf Jahre beträgt. Nachdem der Gesetzgeber die sonstigen steuerlichen Privilegierungen von Lebensversicherungen weitgehend abgeschafft hat, werden in letzter Zeit von den Banken auch **Fondssparpläne,** kombiniert mit **Risikolebensversicherungen,** empfohlen.

Alle aufgezählten Formen des Investitionskredites haben ihre **Vor- und Nachteile** insbesondere auch in steuerlicher Hinsicht. Beim **Annuitätendarlehen** und **Tilgungsdarlehen** muss der Arzt bedenken, dass die Zinsbelastung zu Beginn besonders hoch ist und im Laufe der Zeit kontinuierlich abnimmt. Da bei einem Neubeginn die Einkunftsentwicklung des Arztes jedoch normalerweise gegenläufig ist, haben die genannten Finanzierungsformen **keinen optimalen Steuerentlastungseffekt.** Besser schneidet hier das **Lebensversicherungsdarlehen** ab, da bei ihm die **Zinsbelastungen** gleich hoch bleiben, insgesamt allerdings **höher** sind als beim Annuitätendarlehen oder Tilgungsdarlehen. Der Arzt muss daher sorgfältig abwägen, für welche Form des Investitionskredites er sich entscheidet. In einer Hochzinsphase (über 6,5 Prozent) kann es sinnvoll sein, zunächst eine variable Zinsvereinbarung zu treffen. Es ist sinnvoll, hier den Rat von erfahrenen Banken einzuholen, die sich auf die Finanzierung von Arzt- und Zahnarztpraxen spezialisiert haben.

Ergänzend ist noch darauf hinzuweisen, dass für Existenzgründungen/-festigungen verschiedene Darlehensprogramme der Deutschen Ausgleichsbank in Bonn- Bad Godesberg in Anspruch genommen werden können. Auch auf Länderebene gibt es zahlreiche Finanzierungshilfen für freiberufliche Existenzgründer.

Neben dem Investitionskredit benötigt der Arzt in der Regel noch einen **Betriebsmittelkredit**, der in der Existenzgründungsphase eine Überbrückungshilfe für die Betriebskosten (7.2) darstellt.

Für die Finanzierung von Arztpraxen verlangen die Banken in der Regel folgende **Sicherheiten:**

- Abtretung der Honorarforderungen gegen KV/KZV
- Abschluss von Kapital- und Risikolebensversicherungen und Abtretung der Ansprüche hieraus
- Sicherungsübereignung der Praxiseinrichtung
- Bürgschaft des Ehegatten.

Der **Bürgschaft** durch den Ehegatten sollte sich der Arzt allerdings nach Möglichkeit mit dem Argument widersetzen, dass ein solches Verlangen **familienfeindlich** ist. Ein unverheirateter Arzt kann ja auch keine Bürgschaft seines Ehegatten stellen!

Hingegen erscheint das Verlangen auf Abschluss und Abtretung einer **Risikolebensversicherung legitim**, da letztendlich die Arbeitskraft des Arztes die wirkliche „Kreditunterlage" für die finanzierende Bank ist. Gleiches gilt für die Abtretung der Honorarforderungen und die Sicherungsübereignung der Praxiseinrichtung.

Wichtig ist, dass die Vorschriften des Bürgerlichen Gesetzbuches über den **Verbraucherdarlehensvertrag** (§§ 491 ff BGB) auch für den **Existenzgründer** gelten, wenn der Nettodarlehensbetrag oder der Barzahlungspreis € 50.000,00 nicht übersteigt, § 507 BGB. Die Vorschriften dienen dem Schutz des Kreditnehmers. Danach muss der Kreditvertrag auf jeden Fall schriftlich abgeschlossen werden (§ 492 BGB), außerdem hat der Erwerber ein Widerrufsrecht (§ 495 BGB).

7.2 Betriebskosten

Der Übernehmer muss sich Klarheit verschaffen, welche laufenden **Betriebskosten** auf ihn zukommen, die er in der Anfangsphase eventuell mit einem Betriebsmittelkredit abdecken muss. Diese sollen hier nur kurz aufgezählt werden:

- **Raumkosten** (Miete, Heizung, Wasser, Strom, Reinigung, Instandhaltung, Entsorgung usw.)
- **Personalkosten** (sie stellen in der Regel die größte Position dar, weshalb sie besonders sorgfältig geprüft und im Auge behalten werden müssen)
- **Fremdlabor**

- **Material- und Laborkosten** (hier sind sämtliche Ausgaben für Eigenlabor im Zusammenhang mit der ärztlichen und zahnärztlichen Leistung gemeint)
- **Beiträge und Versicherungen**
- **Kfz-Kosten**
- **Zinsen**
- **Leasingraten** (Der Arzt sollte allerdings besonders sorgfältig erwägen, ob er Neuanschaffungen least oder nicht, da die Gesamtbelastung durch Leasingraten auch unter Berücksichtigung steuerlicher Aspekte in der Regel größer ist als die Belastung, die bei einer konventionellen Finanzierung entsteht.)
- **Absetzung für Abnutzung (Abschreibung)** ist die steuerliche Berücksichtigung der Wertminderung, die ein Investitionsgut im Laufe der Zeit erfährt. Die Absetzung für Abnutzung führt nicht zu einer Belastung der Liquidität
- **Reparatur- und Instandhaltungskosten für die Praxiseinrichtung**
- **Sonstiges** (z. B. Fortbildungskosten, Zeitschriften, Telefon, Porto, Bürobedarf).

7.3 Basel II

In letzter Zeit hat das Schlagwort „Basel II" für Verunsicherung gesorgt, die im wesentlichen auf die Unkenntnis darüber zurückzuführen ist, was Basel II bedeutet.

Basel II steht für die neuen **Eigenkapitalanforderungen an die Kreditinstitute,** die der „Basler Ausschuss für internationale Bankenaufsicht" entwickelt hat. Ziel ist es, die Stabilität im Kreditwesen zu erhöhen. So soll bei der Kreditvergabe das Ausfallrisiko des Kredites stärker berücksichtigt werden. Bisher galt eine starre Acht-Prozent-Klausel, nach der die Geldinstitute von jedem ausgegebenen Kredit generell 8 % Eigenkapital aufbringen mussten. Künftig sollen die Kredite mit **Eigenkapital** unterlegt werden, das in seiner Höhe individuell dem jeweiligen **Kreditrisiko angepasst** ist. Je nach Kreditrisiko ändern sich dann auch die Zinsen des ausgegebenen Kredites, ein höheres Kreditrisiko führt zu höheren, ein niedrigeres zu niedrigeren Zinsen.

Freiberufler werden dabei im aufsichtsrechtlichen Sinne als „Privatkunden" eingestuft. Privatkunden gelten als Kategorie mit niedrigem Kreditrisiko. Nach Angaben der Apo-Bank ergeben sich durch die neuen Eigenkapitalrichtlinien kurz- und mittelfristig keine wesentlichen Änderungen bei der Kreditvergabe. **Heilberufler können** unter Umständen durch die neue Risikobewertung sogar **profitieren,** da sie ein deutlich niedrigeres Ausfallrisiko haben als andere mittelständische Unternehmen und auch weitere Sicherheiten einbringen können.

Ab 01.01.2006 startet zunächst eine parallele Eigenkapitalberechnung nach neuem und altem Berechnungsmodus, ab 01.01.2007 soll dann der neue Berechnungsmodus in allen Mitgliedsländern der EU gemeinsam umgesetzt werden.

8 Vorüberlegungen zum Praxisübergabevertrag

8.1 Wer formuliert den Vertrag?

Eine wesentliche Vorfrage für die Vertragsgestaltung ist, wer den Vertrag formulieren soll. Die beiden **vertragsschließenden Parteien** können ihn **selbst** entwerfen; hiervor muss jedoch eindringlich **gewarnt** werden, da Ärzte in der Regel juristisch nicht vorgebildet sind und die Rechtsfolgen vieler Formulierungen nicht übersehen können. Dies kann verheerende Folgen haben mit gravierenden finanziellen und eventuell sogar strafrechtlichen Nachteilen für beide Parteien.

Negative Folgen können auch eintreten, wenn andere Personen, wie z. B. **Steuerberater, Praxisberater, Praxisvermittler** usw. den Vertrag entwerfen. Sie verstoßen mit ihrer Tätigkeit gegen das **Rechtsberatungsgesetz** mit der Folge, dass die mit ihnen geschlossenen Mandatsverträge nichtig sind, BGH Anwaltsblatt 2001, 69. Bei – leider häufig vorkommenden – Fehlern ist die **Haftungsfrage** außerdem **dubios**. So hat das OLG Düsseldorf (Beschluss vom 13.05.2003 – 23 U 173/02) entschieden, dass die vertragliche Haftung eines Steuerberaters, der mit seiner Tätigkeit gegen das Rechtsberatungsgesetz verstoßen hat, ausscheidet; in Frage komme lediglich die wesentlich schwächere Haftungsgrundlage des § 823 Abs. 2 BGB i. V. m. Art. 1 § 1 Rechtsberatungsgesetz. Mit dem Eintritt von Haftpflichtversicherungen kann nicht gerechnet werden, da entweder solche Versicherungen gar nicht bestehen (z. B. bei Praxisvermittlern) oder nicht eintreten (z. B. bei Steuerberatern).

Es ist also dringend zu empfehlen, einen auf das **Arztrecht spezialisierten Rechtsanwalt** mit der Abfassung des Vertrages zu betrauen. Nur dieser bietet die **Gewähr** für eine fachlich **einwandfreie** Leistung. Außerdem ist er verpflichtet, eine ausreichende Haftpflichtversicherung aufrechtzuerhalten, die unter Umständen noch nach Jahren für einen etwaigen Schaden aufkommt. Die **Kosten** (siehe 8.7) fallen im Hinblick auf die Bedeutung des Rechtsgeschäftes und die Höhe des Kaufpreises (häufig mehrere € 100 000,00) kaum ins Gewicht und sind allemal gut investiert, wenn man bedenkt, dass eine sachkundige Vertragsgestaltung spätere Auseinandersetzungen vermeiden hilft, die in jedem Falle teurer als die rechtzeitige Einschaltung von Anwälten sind. Ein spezialisierter Rechtsanwalt wird aber nicht nur die rechtlichen, sondern häufig auch die auftretenden steuerlichen Fragen beantworten können. Er wird darüber hinaus in der Regel Kontakte zu anderen Dienstleistern haben wie Praxisbewertern, Praxisvermittlern usw.

Haben sich die Parteien schon über die wesentlichen Punkte des Vertrages geeinigt und geht es ihnen lediglich noch um die juristisch einwandfreie Formulierung des Vertragstextes, so genügt die gemeinsame **Beauftragung** *eines* **Rechtsanwaltes**. Er wird jedoch wegen drohender Interessenkollision das Mandat niederlegen müssen, wenn zwischen den Parteien nachträglich Differenzen auftreten. Haben sich die Parteien noch nicht geeinigt, kann ebenfalls die Beauftragung eines Anwaltes genügen, wenn dieser von vorneherein klarstellt, dass er nur die **Interessen** *einer* **Partei** vertritt. Je nach Einzelfall kann es sich dann jedoch empfehlen, dass jede Partei anwaltlich vertreten ist.

8.2   Vertragsverhandlungen

Oberstes Gebot für Vertragsverhandlungen ist es, **Zeitdruck** zu **vermeiden**. Auf die Notwendigkeit einer langfristigen Planung wurde bereits hingewiesen (2.1.1 und 2.2). Allerdings wird sich der Zeitdruck nicht immer vermeiden lassen, z. B. bei Tod oder Berufsunfähigkeit des Veräußerers.

Eine klassische Vorbereitung des Vertragsabschlusses verläuft dann wie folgt: Eine Partei lässt sich **anwaltlich beraten**. Dies wird häufig der Veräußerer sein. So vorbereitet führt er eine erste **Verhandlung** mit dem Vertragspartner, wobei der Rechtsanwalt noch nicht anwesend sein muss. Anschließend wird der Rechtsanwalt beauftragt, einen **Vertragsentwurf** nach Maßgabe der verhandelten Ergebnisse zu erstellen. Im Beisein des Rechtsanwalts kommt es dann zu einer Abschlussverhandlung, bei der nach Möglichkeit eine **Einigung** über alle Vertragspunkte erzielt wird. Der Rechtsanwalt arbeitet die restlichen Punkte in den **Vertrag** ein und fertigt ihn aus; anschließend werden zwei Ausfertigungen von beiden Parteien **unterzeichnet**, jede Partei erhält ein Exemplar.

Ungünstig ist es, wenn beide Parteien Vertragsentwürfe vorlegen, da die Zusammenführung dieser Entwürfe äußerst mühsam ist. Häufig haben sich die Positionen der Parteien durch ihre schriftliche Niederlegung in den Vertragsentwürfen auch so verfestigt, dass sie kaum noch verhandelbar sind.

Für beide Parteien ist zu beachten, dass schon die Aufnahme von Vertragsverhandlungen zwischen ihnen Rechtsbeziehungen schafft, auch wenn es nicht zum Vertragsabschluss kommt, § 311 Abs. 2 Nr. 1 BGB. **Bricht** eine **Partei** die **Verhandlungen** über den Verkauf einer Praxis grundlos **ab**, kann sie sich gegenüber der anderen Partei **schadensersatzpflichtig** machen (Palandt, § 311 Rz. 34; so auch das Saarländische OLG in einem Urteil vom 14.05.1997 MedR 1997, 418).

8.3   Musterverträge

Dringend ist davor zu warnen, aus Gründen der Kostenersparnis **Musterverträge** zu verwenden. Ein Mustervertrag kann schon per definitionem den Besonderheiten der einzelnen Praxisübertragung nicht gerecht werden. Hinzu kommt, dass die in Umlauf befindlichen Musterverträge häufig qualitative Mängel aufweisen und/oder veraltet sind. Gegen Musterverträge spricht im übrigen, dass bei ihrer Verwendung die gesetzlichen Regelungen über Allgemeine Geschäftsbedingungen Anwendung finden, was zu erheblichen Einschränkungen der Gestaltungsfreiheit führen kann.

8.4 Vorvertrag

Vielfach werden zwischen Veräußerer und Erwerber sogenannte **Vorverträge** geschlossen. Insbesondere bei der Übergabe von Kassenpraxen in gesperrten Gebieten liegt dies nahe. Vom Abschluss solcher Vorverträge ist jedoch abzuraten, da sie häufig zu **Streit** über ihre Wirksamkeit führen. Der Bundesgerichtshof hat hierzu in einem Urteil vom 20.09.1989, NJW 1990, 1234 ausgeführt:

> *„Auch ein Vorvertrag muss ... ein solches Maß an Bestimmtheit oder doch Bestimmbarkeit oder Vollständigkeit enthalten, dass im Streitfall der Inhalt des Vertrages richterlich festgestellt werden kann ...“*

Das Saarländische OLG hat in seinem oben erwähnten Urteil (MedR 1997, 418) entschieden, dass ein wirksamer Vorvertrag über eine Praxisveräußerung nicht vorliegt, wenn die Übertragung und Vergütung des ideellen Wertes und des Patientenstammes ungeregelt geblieben sind.

Im Hinblick darauf ist es sinnvoller und im übrigen auch kostengünstiger, gleich einen umfassenden Praxiskaufvertrag abzuschließen. Die Unsicherheiten im Hinblick auf das Nachbesetzungsverfahren in gesperrten Gebieten können durch entsprechende Regelungen aufgefangen werden (siehe 9.11.2).

8.5 Genehmigungen

Der Praxisübergabevertrag als solcher bedarf **keiner berufsrechtlichen Genehmigung**, § 24 MBO. Nach dieser Vorschrift soll der Arzt jedoch alle Verträge über seine ärztliche Tätigkeit vor ihrem Abschluss der Ärztekammer vorlegen, damit geprüft werden kann, ob die beruflichen Belange gewahrt sind. Eine Genehmigungspflicht ergibt sich daraus jedoch nicht. Einige zahnärztliche Berufsordnungen sehen allerdings eine Genehmigung vor. Deren Fehlen führt dann nicht zur Nichtigkeit des Praxisübergabevertrages sondern lediglich zur berufsrechtlichen Ahndung.

Auch die **Kassenärztliche Vereinigung** und der **Zulassungsausschuss** haben **kein Genehmigungsrecht**. Sie haben selbst bei Durchführung eines Nachbesetzungsverfahrens nicht einmal das Recht, den Praxisübergabevertrag einzusehen.

Eine **Genehmigungspflicht** kann sich jedoch aus § 1365 BGB ergeben, wenn der Veräußerer im gesetzlichen Güterstand lebt. Danach kann sich ein Ehegatte nur mit Einwilligung des anderen Ehegatten dazu verpflichten, über sein Vermögen im ganzen zu verfügen. Macht also die **Praxis** das **ganze** oder nahezu das ganze **Vermögen** des Veräußerers aus, so muss sein Ehegatte dem Praxisveräußerungsvertrag zustimmen.

Eine **Genehmigungspflicht** kann sich auch dann ergeben, wenn der **Veräußerer** ein **minderjähriger Erbe** ist. In diesem Falle ist die Einwilligung des gesetzlichen Vertreters erforderlich, § 107 BGB. Nach RGZ 144, 5 ist eine Genehmigung des Vormundschaftsgerichtes gemäß §§ 1643, 1822 Nr. 3 BGB nicht erforderlich. Da neuere Entscheidungen nicht vorliegen, sollte die Genehmigung jedoch vorsorglich beantragt werden.

8.6 Form

Grundsätzlich ist der **entgeltliche** Praxisübergabevertrag **formfrei**, könnte also auch mündlich abgeschlossen werden. Es empfiehlt sich jedoch dringend die **schriftliche Fixierung**. Wird zusammen mit der Praxis auch eine **Immobilie** (Haus, Teileigentum) verkauft, so muss dieser Vertrag **notariell beurkundet** werden, § 311 b Abs. 1 BGB. Zweckmäßigerweise wird dann auch der Praxisübergabevertrag mit beurkundet, was nur unerhebliche Mehrkosten verursacht. Bilden der Vertrag, mit dem die Immobilie verkauft wird, und der Praxisübergabevertrag eine sogenannte rechtliche Einheit, so muss auch der Praxisübergabevertrag notariell beurkundet werden. Die rechtliche Einheit wird dann angenommen, wenn beide Verträge miteinander „stehen und fallen" sollen, BGH NJW 1987, 1069; 1997, 252.

Der Vertrag, der eine **unentgeltliche**, also schenkweise Übertragung der Praxis beinhaltet, muss ebenfalls **notariell beurkundet** werden.

Beurkundungszwang besteht auch dann, wenn die Praxis das gesamte Vermögen des Veräußerers darstellt (§ 311 b Abs. 3 BGB).

8.7 Kosten

Veräußerer und Erwerber werden im Zusammenhang mit der Veräußerung und dem Erwerb einer Arztpraxis vor allem mit folgenden Einmal-Kosten konfrontiert:

– Kosten für die Praxisbewertung

– Kosten für die Vermittlung

– Rechtsanwaltsgebühren

– eventuell Kosten eines Steuerberaters

Die **Praxisbewertung** wird von vielen Personen oder Institutionen, die an sonstigen Dienstleistungen für den Veräußerer oder Erwerber interessiert sind (Finanzierung, Praxisausstattung usw., siehe 5.2.1) häufig kostenlos oder gegen ein relativ geringes Entgelt angeboten. Anhand der verhältnismäßig einfach zu handhabenden Ärztekammermethode können Veräußerer und Erwerber auch selbst den Kaufpreis wenigstens annähernd ermitteln. Ein vom Veräußerer oder Erwerber eingeschalteter, mit der Materie vertrauter Rechtsanwalt wird im übrigen in der Lage sein, die Parteien hier zu beraten und zumindest eine Plausibilitätskontrolle vorzunehmen. Die Einschaltung eines Sachverständigen für die Ermittlung des Kaufpreises erscheint daher in vielen Fällen entbehrlich. Entscheidet sich insbesondere der Veräußerer gleichwohl für die Beauftragung eines Sachverständigen, sollte er darauf achten, dass kein übertriebener Aufwand betrieben wird. Je nach Aufwand und Wert der Praxis liegen die Sachverständigenkosten zwischen ca. € 1 000,00 und € 10 000,00 zzgl. MWSt., die der beauftragende Arzt nicht als Vorsteuer absetzen kann, so dass sie ihn voll belastet.

Auch die **Vermittlung** eines potenziellen Erwerbers oder eines verkaufswilligen Veräußerers wird von den vorgenannten Personen oder Institutionen häufig kostenlos geleistet. Bei Einschaltung gewerbsmäßiger Vermittler muss mit Gebühren von zwei bis sechs Prozent des Kaufpreises gerechnet werden, zzgl. MWSt.

Die **Gebühren** des vom Veräußerer oder Erwerber eingeschalteten **Rechtsanwaltes** für die Formulierung des Vertrages (8.1) bemessen sich – im Gegensatz zu den vorgenannten Kosten – nach einem gesetzlichen Vergütungsverzeichnis i. V. m. einer **gesetzlichen Gebührentabelle.** Für den Vertragsentwurf fällt eine einmalige **Geschäftsgebühr** an, VV Nr. 2400 RVG, deren Höhe sowohl vom Gegenstandswert (Kaufpreis) als auch (u. a.) vom Umfang und Schwierigkeitsgrad der anwaltlichen Tätigkeit abhängt. Sie beträgt z. B. bei einem Kaufpreis von € 200 000,00 und Ansatz von 2,0 der vollen Gebühr € 3.652,00. Da die Anwaltsgebühren degressiv sind, wird die Einschaltung eines Anwaltes verhältnismäßig umso „billiger", je höher der Kaufpreis ist. Bei einem Kaufpreis von € 400 000,00 beträgt die Geschäftsgebühr demgemäss nur € 5.304,00

Es ist leicht nachzurechnen, dass die gesetzlichen Rechtsanwaltsgebühren häufig unter den Gebühren liegen, die professionelle Praxisbewerter oder Praxisvermittler üblicherweise verlangen. Die niedrigeren Rechtsanwaltsgebühren stehen in keinem vernünftigen Verhältnis zu der Leistung des Rechtsanwaltes und insbesondere zu seinem Haftungsrisiko (welches bei Praxisvermittlern und Praxisbewertern praktisch Null ist). Viele Rechtsanwälte sind daher nur bereit, gegen eine **Honorarvereinbarung** tätig zu werden, wobei das vereinbarte Honorar in der Regel über den gesetzlichen Gebühren liegt. Hier sind mehrere Varianten möglich. Die beiden üblichsten dürften folgende sein:

Es wird ein **Pauschalhonorar** in Form eines Einmalbetrages vereinbart, welches für den Auftraggeber den Vorteil hat, dass er von vornherein „weiß, woran er ist". Üblich ist daneben auch die Vereinbarung eines **Zeithonorars,** wobei Stundensätze zwischen € 200,00 und € 500,00 üblich sind. Eine Variante besteht darin, beide Honorartypen zu kombinieren, also ein relativ niedriges Sockelhonorar zu vereinbaren und den darüber hinausgehenden Aufwand des Rechtsanwalts nach Zeitaufwand zu honorieren.

Auch das Honorar des Rechtsanwalts ist **mehrwertsteuerpflichtig.**

Ist nur ein Anwalt beauftragt, wird im Praxisübergabevertrag häufig **vereinbart,** dass dessen **Kosten** zwischen Veräußerer und Erwerber im Verhältnis 50 zu 50 oder nach einem anderen Schlüssel **geteilt** werden.

9 Wesentlicher Inhalt des Praxisübergabevertrages

Der Praxisübergabevertrag ist rechtlich gesehen ein **Kaufvertrag**, der ein **Unternehmen**, bestehend aus einem Inbegriff von Sachen, Rechten und sonstigen Vermögenswerten zum Gegenstand hat. Das gesetzlich normierte Kaufrecht hat allerdings nicht so komplexe Gebilde wie eine Arztpraxis im Auge. Es ist daher wichtig, die Übertragung der Gesamtheit von Sachen und Rechten ausführlich **vertraglich zu regeln.** Dabei sind zivilrechtliche, berufsrechtliche, zulassungsrechtliche, steuerrechtliche, verwaltungsrechtliche und strafrechtliche Vorgaben zu beachten. Auch andere Gesetze spielen eine Rolle, z. B. das Verbraucherkreditgesetz, Datenschutzgesetze usw. Der Verkauf bzw. Kauf einer Praxis, zumal in gesperrten Gebieten, ist daher ein höchst komplizierter Vorgang, der sorgfältig geregelt sein will.

In der nachfolgenden Darstellung werden die wesentlichen Punkte eines Praxisübergabevertrages behandelt. Auf die gesetzlichen Grundlagen wird dann eingegangen, wenn dies für das Verständnis notwendig oder zumindest hilfreich erscheint.

9.1 Vertragsparteien

Die beiden Vertragsparteien sind möglichst mit ihrer Privatanschrift aufzuführen. **Schwierigkeiten** können dann entstehen, wenn der Veräußerer bereits verstorben ist und an seine Stelle mehrere **Erben** (Erbengemeinschaft) getreten sind. Vertragspartei sind dann sämtliche Erben, so dass auch der Vertrag von sämtlichen Erben zu unterschreiben ist. Unterschreibt nur ein Erbe, so ist durch Vorlage möglichst schriftlicher Urkunden sicherzustellen, dass die übrigen Erben ihn zur Unterzeichnung des Vertrages bevollmächtigt haben.

Anders ist es, wenn der Verkäufer oder Käufer der Praxis eine GbR ist. Nach der Entscheidung des BGH in NJW 2001, 2252 ist die GbR rechtsfähig, so dass es ausreicht, sie als Vertragspartner aufzuführen. Allerdings muss auch hier sichergestellt werden, dass die für die GbR handelnde Person vertretungsberechtigt ist. Sicherheitshalber sollten sämtliche Gesellschafter der GbR den Vertrag unterzeichnen.

9.2 Vertragsgegenstand

Gegenstand des Praxisübergabevertrages ist die **Praxis des Arztes** (Definition siehe 4.1.1). Zur Praxis gehören insbesondere die Praxiseinrichtung, die Verbrauchsmaterialien, die Patientenkartei mit sämtlichen Krankenunterlagen, die

Praxisverträge einschließlich Mietvertrag und Personalverträgen, etwaige Nutzungsrechte sowie der Goodwill (Definition siehe 5.2.3.). Obwohl die Arztpraxis die Gesamtheit der vorgenannten Gegenstände umfasst, ist es doch sinnvoll, einzelne von ihnen im Praxisübergabevertrag wegen der mit dem Übergang auf den Erwerber verbundenen Besonderheiten ausdrücklich zu regeln. Dies gilt insbesondere für den Mietvertrag, die Personalverträge, die sonstigen Praxisverträge und die Patientenkartei, denen eigene Kapitel gewidmet sind.

Die **Praxiseinrichtung** und die **Verbrauchsmaterialien** werden zweckmäßigerweise in einem **Inventarverzeichnis** aufgeführt, welches als Anlage dem Praxisübergabevertrag beigefügt wird. Durch ein solches Inventarverzeichnis ist auch dem sachenrechtlichen Bestimmtheitsgrundsatz genüge getan. Darüber hinaus schafft es Klarheit zwischen den Parteien. Die Frage, welches Inventar und welche Verbrauchsmaterialien mitübergeben sind, führt nämlich häufig zu unliebsamen Auseinandersetzungen, weil zwischen der ersten Praxisbesichtigung und der endgültigen Übergabe der Praxis häufig Monate liegen und der Erwerber bei Übernahme der Praxis dann Dinge vermisst, von deren Vorhandensein er ausgegangen war. Dies gilt insbesondere für Gegenstände, die der Veräußerer vor der Übergabe in sein **Privatvermögen** überführt, wie Bilder, Teppiche, Antiquitäten und dergleichen. Diese Gegenstände sollte der Veräußerer entweder frühzeitig aus der Praxis entfernen oder bei der ersten Besichtigung der Praxis durch den Erwerber deutlich machen, dass sie nicht mitübertragen werden und sie evtl. sogar in einer gesonderten Liste aufführen. **Gegenstände, die nicht im Eigentum** des Veräußerers stehen, weil sie beispielsweise geleast oder sicherungsübereignet sind, müssen gesondert gekennzeichnet werden. Der Veräußerer kann sie zwar übergeben, dem Erwerber also den Besitz verschaffen, er kann diese Gegenstände aber nicht übereignen.

Gegenstand eines Vertrages kann auch die **isolierte Übergabe** der **Patientenkartei** sein. Dies hat der Bundesgerichtshof in einer Entscheidung aus dem Jahre 1985 (MedR 1986, 195) anerkannt. Auch die Richtlinie der Bundesärztekammer zur Bewertung von Arztpraxen (Anhang 5) sieht den alleinigen Verkauf einer Patientenkartei dann vor, wenn die Chance der Fortführung einer Praxis in vergleichbarer Weise wie bei der Übernahme einer Praxis gewährleistet ist. Das bedeutet, dass der isolierte Verkauf einer Patientenkartei nur dann möglich ist, wenn sie auf eine bereits **bestehende Praxis** übertragen wird. Dabei müssen selbstverständlich die unter 9.5 genannten Bedingungen im Hinblick auf die ärztliche Schweigepflicht und das Datenschutzgesetz erfüllt werden. Da beim Verkauf der bloßen Patientenkartei in der Regel die räumliche Kontinuität fehlt, wird nur ein Bruchteil des mit der Patientenkartei verbundenen Goodwill beim Erwerber landen, was sich natürlich auch auf den Kaufpreis auswirken muss.

Privatpraxis und **Kassenpraxis** können **getrennt** veräußert werden, wobei die Trennung aus rechtlichen und organisatorischen Gründen nicht immer einfach durchzuführen sein wird. Gegebenenfalls ist dies in den Veräußerungsverträgen genau zu definieren. Andere Teile der Praxis, z. B. ein Labor, sind ebenfalls getrennt veräußerbar.

Zusammen mit der Praxis kann auch eine Immobilie veräußert werden (Haus, Teileigentum). Zur hierbei zu beachtenden Form siehe 8.6.

Schließlich kann Gegenstand des Praxisübergabevertrages der **Teil** einer **Praxis** (im Zusammenhang mit der Gründung einer Gemeinschaftspraxis, 10.1) oder der **Anteil** an einer **Gemeinschaftspraxis** sein (10.2).

Der **Vertragsarztsitz** bzw. die **Zulassung** kann **nicht Gegenstand des Praxis-übergabevertrages** sein, da der Zulassungsstatus nicht übertragbar ist, BSG MedR 2001, 160; MedR 2004, 697 ff. Die Parteien können über den Vertragsarztsitz nicht disponieren; sie können lediglich versuchen, im Nachbesetzungsverfahren zu erreichen, dass der Erwerber die Zulassung für den Vertragsarztsitz des Ver-äußerers erhält (4.2.2), und im Praxisübergabevertrag hierzu entsprechende Regelungen treffen (9.11).

9.3 Übergabe, Übergabedatum

Die **Übergabe** erfolgt dadurch, dass der Veräußerer dem Erwerber dem **Besitz** an der Praxis **verschafft**. Aufgrund der im Praxisübergabevertrag enthaltenen Einigung übereignet der Veräußerer damit gleichzeitig das Inventar an den Er-werber und überträgt etwaige Rechte sowie den ideellen Praxiswert.

Mit der Übergabe geht die **Gefahr** für den Verlust oder die Beschädigung des übernommenen Inventars auf den **Erwerber über**, was bedeutet, dass der Er-werber zur Zahlung des Kaufpreises auch dann verpflichtet ist, wenn Inventar-gegenstände der Praxis danach zerstört werden, verloren gehen usw..

Der **Veräußerer** ist **verpflichtet**, den Erwerber in die **Praxisorganisation ein-zuweisen** und bei Patienten, dem Personal, bei Vertragspartnern usw. einzufüh-ren, BGH NJW 1968, 392. Da über den Umfang dieser Verpflichtung häufig Streit entsteht, ist es sinnvoll, im Praxisübertragevertrag hierzu Regelungen zu treffen.

Nach der Übergabe kann der **Erwerber** drei Mal in den örtlichen Publikationen auf die Praxisübernahme durch **Anzeigen** hinweisen, MBO Abschnitt D Nr. 3.

Der **Tag der Übergabe** sollte im Praxisübergabevertrag **kalendermäßig** genau bezeichnet sein.

Allerdings lässt sich bei Kassenpraxen **in gesperrten Gebieten** der **Überbezeit-punkt nicht** mehr **kalendarisch** festlegen. Dies ist eine Folge des Nachbesetzungs-verfahrens und der mit ihm einhergehenden bürokratischen Prozeduren (4.1).

Naheliegend wäre es, im Übergabevertrag zu regeln, dass die Praxisübergabe in gesperrten Gebieten an dem Tag erfolgt, an dem die Zulassung des Erwerbers bestandskräftig wird. Diese Regelung, die sich in vielen Praxisübergabeverträgen findet, ist jedoch im Hinblick auf die sich daraus ergebenden Konsequenzen un-zweckmäßig: Für den Veräußerer endet die Zulassung mit dem Zeitpunkt, in dem der Erwerber die Zulassung erhält. Die Zulassung des Erwerbers wird jedoch frühestens nach Ablauf der Widerspruchsfrist, also einen Monat nach Zustellung des Zulassungsbescheides, bestandskräftig. In dieser Zeit kann der Veräußerer mangels Zulassung seine Kassenpraxis nicht mehr betreiben; der Erwerber hingegen kann in der Praxis noch nicht tätig sein, da sie ihm ja erst bei Bestandskraft der Zulassung übergeben wird. **Zweckmäßig** ist daher allein die Regelung, dass die **Übergabe** der Praxis an dem Tag erfolgt, an dem die **Zulassung** des Erwerbers **wirksam** wird, das ist mit Zustellung des Zulassungsbescheides, § 41 ZulassungsVO. Das Risiko, dass die Zulassung zu diesem Zeitpunkt noch nicht bestandskräftig ist, der Erwerber sie also wieder verlieren kann, ist durch anderweitige vertragliche Regelungen aufzufangen (9.11.2).

Eine **Rückdatierung** der Übergabe sollte nur in Ausnahmefällen erfolgen. Sie kann im übrigen nur schuldrechtliche Wirkung entfalten. Eine rückwirkende Übereignung des Inventars ist rechtlich ausgeschlossen.

9.4 Mängelhaftung

Das am 01.01.2002 in Kraft getretene Gesetz zur Modernisierung des Schuldrechtes hat die Haftung des Veräußerers für etwaige Mängel der Praxis nicht unerheblich geändert. Die neuen gesetzlichen Regelungen haben alte Streitfragen geklärt, andererseits aber auch neue Probleme aufgeworfen. Höchstrichterliche Rechtsprechung zum Schuldrechtsmodernisierungsgesetz fehlt noch weitgehend. Umso wichtiger ist es, eindeutige vertragliche Regelungen zu treffen, die die Haftungsfrage klären und zu einem gerechten Interessenausgleich zwischen Veräußerer und Erwerber führen.

9.4.1 Gewährleistung

9.4.1.1 Sachmangel

Nach § 433 Abs. 1 S. 2 BGB ist der Verkäufer einer Sache verpflichtet, dem Käufer die Sache **frei von Sach- und Rechtsmängeln** zu verschaffen. Diese Vorschrift findet entsprechende Anwendung auf den Kauf von *sonstigen Gegenständen*, § 453 Abs. 1 BGB. Zu den sonstigen Gegenständen zählt auch ein Unternehmen bzw. eine **Arztpraxis**. Eine Sache ist **frei von Sachmängeln**, wenn sie bei Gefahrübergang (siehe 9.3) die **vereinbarte Beschaffenheit** hat. Soweit die Beschaffenheit nicht vereinbart ist, ist die Sache frei von Sachmängeln

- wenn sie sich für die nach dem Vertrag vorausgesetzte Verwendung eignet, sonst
- wenn sie sich für die gewöhnliche Verwendung eignet und eine Beschaffenheit aufweist, die bei Sachen der gleichen Art üblich ist und die der Käufer nach der Art der Sache erwarten kann, § 434 Abs. 1 Nr. 1 und 2 BGB.

Zentraler Begriff für die Feststellung von Sachmängeln ist also der der **Beschaffenheit.** Der Gesetzgeber hat diesen Begriff nicht definiert sondern dies der Rechtsprechung überlassen. Der Beschaffenheitsbegriff ist weit auszulegen. Als

Beschaffenheit des Unternehmens „Arztpraxis" kommen alle Angaben in Betracht, die den gegenwärtigen Zustand des Unternehmens bestimmen. Abweichungen führen zur Mangelhaftigkeit. Bezugspunkt für die Klärung der Frage, ob eine Abweichung von der Beschaffenheit und damit ein Mangel vorliegt, ist das Unternehmen **Arztpraxis als Ganzes.** Die Mangelhaftigkeit einzelner, zur Praxis gehörenden Gegenstände berührt die Beschaffenheit des Gesamtunternehmens „Arztpraxis" nur, wenn sie die Funktionsfähigkeit der Praxis als Ganzes beeinträchtigt, BGH NJW 1991, 1223; NJW 1995, 1547. Ein wackeliger Stuhl im Wartezimmer beeinträchtigt nicht die Funktionsfähigkeit, begründet also keinen Mangel der Praxis; anders verhält es sich gegebenenfalls bei einem defekten Röntgengerät oder Kernspintomographen in einer Röntgenpraxis. Auch der Mietvertrag gehört zur Beschaffenheit der Praxis, so dass das Nichtbestehen oder die Unübertragbarkeit des Mietvertrages einen Mangel darstellt, BGH NJW 1970, 556. Die Höhe der bestehenden Praxisverbindlichkeiten zählt ebenfalls zur Beschaffenheit der Praxis, falsche Angaben hierüber begründen also einen Mangel. Wenn ein Belegarztvertrag oder ein Vertrag über die Tätigkeit als Betriebsarzt vom Erwerber nicht übernommen werden kann, so soll auch dies einen Sachmangel begründen, BGH NJW 1959, 1585. Häufigster Streitpunkt sind **fehlerhafte Angaben des Veräußerers zum Umsatz und Ertrag seiner Praxis** (sogenannte Abschlussangaben). Angaben hierüber gehören nach Inkrafttreten des Schuldrechtsmodernisierungsgesetzes ebenfalls zur Beschaffenheit der Praxis.

Voraussetzung für eine **Haftung** des Veräußerers ist freilich nicht nur, dass eine **Beschaffenheit** der Arztpraxis überhaupt vorliegt, sondern dass sie auch **vereinbart,** also ihr Vorliegen Gegenstand des Praxisübergabevertrages wurde.

Enthält der Vertrag eine **ausdrückliche** Regelung, ist der Fall klar.

Anders ist es, wenn sich der Vertrag hierzu ausschweigt. In Frage kommt dann, dass die Beschaffenheitsvereinbarung **konkludent** getroffen wurde. Legt also der Veräußerer im Rahmen der Kaufverhandlungen eine Einnahmen-/Überschussrechnung nach § 4 Abs. 3 EstG vor, so führt dies nach einer Meinung zur stillschweigenden Beschaffenheitsvereinbarung mit der Konsequenz, dass eine fehlerhafte Einnahmen-/Überschussrechnung auch ein Mangel der Praxis ist, so Bäune/Dahm in MedR 2004, 645 f. Nach einer anderen Meinung lässt sich aus der bloßen Vorlage von Bilanzen bei Vertragsverhandlungen eine Vereinbarung über die Beschaffenheit der Praxis noch nicht ableiten, Weitnauer in NJW 2002, 2514. Anders soll es jedoch sein, wenn sich die Abschlussangaben auf einen mehrjährigen Zeitraum beziehen, Weitnauer a. a. O. 2513. Diese Auffassung macht gerade im Hinblick auf Arztpraxen Sinn, da hier der Wert der Praxis, zumindest bei Anwendung der Ärztekammermethode, unmittelbar aus den Umsatzzahlen der zurückliegenden Jahre abgeleitet wird (siehe 5.2.3).

Liegt weder eine ausdrückliche noch eine konkludente Vereinbarung über die Beschaffenheit der Arztpraxis vor, kommt die Anwendung der in § 434 Abs. 1 BGB genannten Hilfstatbestände in Frage (Eignung für die nach dem Vertrag vorausgesetzte Verwendung bzw. für die gewöhnliche Verwendung). Die Anwendung dieser Tatbestände wird für den Unternehmenskauf jedoch überwiegend abgelehnt. Zumindest für die Auslegung des Vertrages, ob eine stillschweigende

Beschaffenheitsvereinbarung vorliegt, dürfte die nach dem Vertrag vorausgesetzte Verwendung der Arztpraxis jedoch eine Rolle spielen, Erman § 434 Rz. 15.

Die Angaben zur Beschaffenheit kann der Veräußerer auch **garantieren**, § 443 BGB. Dies wirkt sich auf die Rechtsfolgen (9.4.1.3) aus.

Eine **Beschaffenheitsvereinbarung über künftige Erträge** der Arztpraxis ist nicht möglich, da diese Erträge dem Unternehmen weder unmittelbar noch mittelbar anhaften, also keine Beschaffenheit der Arztpraxis sind und damit auch nicht Gegenstand einer Beschaffenheitsvereinbarung sein können. Eine Haftung des Veräußerers für künftige Erträge kann daher nur über eine sogenannte **selbständige Garantieabrede** zwischen den Parteien herbeigeführt werden, was jedoch selten vorkommen dürfte.

Zur Frage der Mängelhaftung beim **Tausch** einer fachärztlichen Praxis siehe die Entscheidung des BGH in NJW 1959, 1584.

9.4.1.2 Rechtsmangel

Eine Sache ist frei von Rechtsmängeln, wenn **Dritte** in Bezug auf die Sache **keine** oder nur die im Kaufvertrag übernommenen **Rechte gegen** den **Käufer** geltend machen können, § 435 BGB.

Die Abgrenzung zwischen Sachmangel und Rechtsmangel war in der Vergangenheit häufig schwierig, nach Inkrafttreten des Schuldrechtsmodernisierungsgesetzes erübrigt sie sich, da beide Mängel vom Gesetz gleichgestellt sind.

Als Rechtsmängel einer Arztpraxis kommt in Frage, dass wesentliches Inventar dem Veräußerer nicht gehört, z. B. weil es geleast ist oder weil es der finanzierenden Bank sicherungsübereignet ist oder weil es unter Eigentumsvorbehalt des Lieferanten steht. Ein Rechtsmangel kann auch darin liegen, dass für die Praxis öffentlich-rechtliche oder privatrechtliche Nutzungsbeschränkungen bestehen.

9.4.1.3 Rechtsfolgen

Besteht ein Sach- oder Rechtsmangel, so kann der Erwerber primär **Nacherfüllung** verlangen, § 437 Nr. 1 BGB. In Frage kommt die Beseitigung des Mangels, die der Veräußerer allerdings verweigern kann, wenn sie mit unverhältnismäßigen Kosten verbunden ist, § 439 Abs. 3 BGB. Es liegt auf der Hand, dass dieser Rechtsbehelf beim Kauf einer Praxis vor allem dann durchsetzbar ist, wenn der Mangel aus einer mit dem Unternehmen verkauften Sache folgt, sofern der Mangel der Sache auf das Unternehmen im Ganzen „durchschlägt". Ob auf diesem Wege auch die Nachbesserung eines einzelnen Gegenstandes verlangt werden kann, dessen Mangel nicht zur Mangelhaftigkeit des gesamten Unternehmens führt, muss nach der augenblicklichen Rechtslage dahinstehen. Legt der Erwerber Wert auf die Mangelfreiheit eines solchen Gegenstandes, sollte sich die Beschaffenheitsvereinbarung daher speziell auf diesen Gegenstand beziehen. Für falsche oder unvollständig mitgeteilte Unternehmenszahlen scheidet die Nachbesserung naturgemäß aus, da der Veräußerer von ihm angegebene Umsätze der Praxis wohl kaum wird herbeiführen können. Anders ist es mit Verbindlichkeiten, zu deren Tilgung der Veräußerer gegebenenfalls verpflichtet ist. Auch Rechtsmängel, wie fehlendes Eigentum, weil Gegenstände noch unter Eigentumsvorbehalt stehen oder sicherungsübereignet sind, wird der Veräußerer in der Regel dadurch beseitigen müssen, dass er die zugrunde liegenden Forderungen von Lieferanten oder Banken erfüllt.

Sofern eine Nachbesserung nicht möglich ist, kommen subsidiär **Minderung des Kaufpreises, Rücktritt vom Praxisübergabevertrag** sowie die **Geltendmachung von Schadensersatz und Aufwendungsersatz** in Frage, § 437 Nr. 2 und 3 BGB. Die Geltendmachung des Rücktrittsrechtes scheidet allerdings dann aus, wenn die Pflichtverletzung unerheblich ist, § 323 Abs. 5 S. 2 BGB, wenn die Beseitigung des Mangels also z. B. Aufwendungen in Höhe von lediglich einigen Prozent des Kaufpreises erfordern würde, Palandt § 323 Rn. 32. Die Geltendmachung des Rücktrittsrechtes ist weiterhin ausgeschlossen, wenn der Erwerber die Praxis inzwischen umgestaltet hat, § 346 Abs. 2 Nr. 2 BGB, wovon in der Regel auszugehen ist, wenn der Erwerber von seinem Rücktrittsrecht erst einige Zeit nach Übergabe der Praxis Gebrauch macht.

Die Geltendmachung von Nacherfüllung, Minderung oder Rücktritt vom Praxisübergabevertrag ist auch dann möglich, wenn den Veräußerer **kein Verschulden** an dem aufgetretenen Mangel trifft. Hingegen können Schadensersatzansprüche nur bei Verschulden des Veräußerers geltend gemacht werden oder wenn der Veräußerer diesbezüglich eine Garantie abgegeben hat.

9.4.1.4 Ausschluss von Mängelhaftungsansprüchen

Nach § 442 Abs. 1 BGB sind die **Rechte des Erwerbers** wegen eines Mangels **ausgeschlossen**, wenn er bei Vertragsschluss den **Mangel kennt**. Ist dem Erwerber ein Mangel infolge grober Fahrlässigkeit unbekannt geblieben, kann er Rechte wegen dieses Mangels nur geltend machen, wenn der Veräußerer den Mangel arglistig verschwiegen oder eine Garantie für die Beschaffenheit der Sache übernommen hat.

Mängelhaftungsansprüche können auch dann nicht geltend gemacht werden, wenn die **Haftung durch Vereinbarung ausgeschlossen** ist, es sei denn, der Veräußerer hätte den Mangel arglistig verschwiegen oder eine Garantie für die Beschaffenheit übernommen, § 444 BGB. Vereinzelt wird die Auffassung vertreten, dass die Haftung des Veräußerers durch Vertrag nicht ausgeschlossen werden kann, weil der **Erwerber Verbraucher** ist mit der Konsequenz, dass Haftungsbeschränkungen nach § 475 BGB ausscheiden. Diese Auffassung ist jedoch nicht zutreffend, da der Erwerber, auch wenn er erstmalig eine Arztpraxis erwirbt, nicht als Verbraucher anzusehen ist, BGH NJW 2005, 1273.

9.4.1.5 Vertragsempfehlung

Wichtig ist, dass im Praxisübergabevertrag **eindeutige Vereinbarungen über die Beschaffenheit** der Praxis getroffen werden. Dies liegt im Interesse beider Parteien. Der Veräußerer sollte daher Sach- und Rechtsmängel der Praxis, insbesondere des Inventars, durchaus im Vertrag aufführen. Steht im Praxisübergabevertrag also, dass bestimmte Gegenstände reparaturbedürftig sind, so gehört die Reparaturbedürftigkeit zur vereinbarten Beschaffenheit und kann damit keinen Sachmangel darstellen. Im Interesse des Erwerbers ist es hingegen, Beschaffenheiten der Praxis, aber auch von Einzelgegenständen, auf die er Wert legt, ausdrücklich im Vertrag aufzuführen (Funktionsfähigkeit des Röntgengerätes, Übertragbarkeit des Mietvertrages usw.).

Es ist üblich, dass im Praxisübergabevertrag die **Haftung** des **Veräußerers** für **sichtbare** und **verborgene Mängel** des Inventars **ausgeschlossen** wird, da es sich ja um gebrauchte Gegenstände handelt. Eine solche Regelung empfiehlt sich auch zur Vermeidung von Streitigkeiten darüber, ob der Mangel eines einzelnen Gegenstandes die Funktionsfähigkeit der Arztpraxis als Ganzes beeinträchtigt oder nicht. Als Zugeständnis an den Erwerber versichert der Veräußerer häufig, dass ihm Mängel im Zeitpunkt des Vertragsschlusses nicht bekannt und die Gegenstände ordnungsgemäß gewartet sind. Der Veräußerer muss allerdings wissen, dass der Gewährleistungsausschluss nicht automatisch solche **Mängel** erfasst, die **zwischen Vertragsschluss** und **Praxisübergabe** entstehen. Sollen auch solche Mängel ausgeschlossen werden, so muss dies im Vertrag **ausdrücklich geregelt** werden, BGH NJW 2003, 1316.

Es liegt im Interesse des Erwerbers, dass der Veräußerer die **Richtigkeit** und **Vollständigkeit** seiner **Angaben zur Umsatz- und Ertragslage** der Praxis garantiert. Hierzu wird der Veräußerer häufig nicht bereit sein, zumal wenn er auf Angaben seines Steuerberaters angewiesen ist. Oft wird daher vereinbart, dass er die Richtigkeit „nach bestem Wissen und Gewissen" versichert. Um Streit darüber zu vermeiden, welche **Unterlagen** dem Erwerber vorgelegen haben, sollten diese im Praxisübergabevertrag genau **aufgeführt** werden (z. B. Einnahmen-Überschuss-Rechnungen für die Jahre ...; Abrechnungen der KV für die Quartale ...).

Will der Erwerber erreichen, dass der Veräußerer auch ohne Verschulden auf Schadensersatz haftet, muss er sich die **Beschaffenheitsangaben**, auf die er Wert legt, vom Veräußerer **garantieren** lassen.

Zur vorbereitenden oder nachträglichen **Beseitigung von Rechtsmängeln** kann folgendes geregelt werden: Stehen Gegenstände unter **Eigentumsvorbehalt**, muss der Veräußerer die noch offenen Forderungen der Lieferanten entweder tilgen oder der Erwerber tritt in die Verpflichtungen gegenüber den Lieferanten unter Anrechnung auf den Kaufpreis ein. Der jeweilige Lieferant ist in eine solche Regelung mit einzubeziehen. Der Veräußerer sollte darauf drängen, dass er aus seiner ursprünglichen Verpflichtung entlassen wird. Der Erwerber muss sich darüber im klaren sein, dass er kein Eigentum erwirbt sondern lediglich ein sogenanntes Anwartschaftsrecht, das sich erst mit vollständiger Bezahlung der Forderung in Eigentum verwandelt. Die hier zu treffenden Regelungen bedürfen sorgfältiger Formulierung. Ähnliches gilt, falls Inventargegenstände im **Sicherungseigentum** einer Bank stehen oder **gepfändet** sind.

Im übrigen sollte im Praxisübergabevertrag vereinbart werden, dass ein **Rücktritt** wegen Sach- und Rechtsmängeln **ausgeschlossen** ist, es sei denn, dass das Festhalten des Erwerbers am Praxisübergabevertrag völlig unzumutbar ist.

9.4.2 Haftung wegen Verschuldens bei Vertragsschluss

Neben der Gewährleistungshaftung besteht noch eine **Haftung** des Veräußerers für **Verschulden bei Vertragsschluss**, §§ 280 Abs. 1, 311 Abs. 2, 241 Abs. 2 BGB. Hierunter fallen alle Pflichtverletzungen des Veräußerers im Zusammenhang mit dem Praxisübergabevertrag, die nicht der Gewährleistung unterliegen. Für diese Pflichtverletzungen haftet der Veräußerer freilich nur bei Verschulden.

Hierunter fällt es insbesondere, wenn der Veräußerer **aufklärungspflichtige Tatsachen verschweigt**. Nach gefestigter Rechtsprechung des BGH besteht selbst bei Vertragsverhandlungen, in denen die Parteien entgegengesetzte Interessen vertreten, für jeden Vertragspartner die Pflicht, den anderen Teil über solche **Umstände aufzuklären**, die den **Vertragszweck** (des anderen) **vereiteln** können und daher für seinen Entschluss von wesentlicher Bedeutung sind, sofern er die Mitteilung nach der Verkehrsauffassung erwarten konnte, BGH NJW 2001, 2163. So muss der Veräußerer auf Besonderheiten seiner Patientenstruktur dann hinweisen, wenn er seinen wesentlichen Umsatz nur mit wenigen Patienten macht oder ihm nur von wenigen Ärzten Patienten zugewiesen werden. Andererseits bedurfte es nach einer Entscheidung des BGH in MedR 1998, 315 keines Hinweises des Veräußerers, dass an seinem Jahresumsatz von DM 465.000,00 allein die Angehörigen einer Familie mit Honoraren von über DM 135.000,00 beteiligt waren.

Handelt der Veräußerer **arglistig**, kann der Erwerber den Praxisübernahmevertrag zusätzlich **anfechten** mit der Folge, dass dieser von Anfang nichtig ist und der Veräußerer sich schadensersatzpflichtig macht, von strafrechtlichen Konsequenzen ganz abgesehen. Eine diesbezügliche Haftungsausschlussvereinbarung wäre nichtig.

Dass auch der **grundlose Abbruch von Vertragsverhandlungen** schadensersatzpflichtig machen kann, wurde oben bereits dargestellt (8.2.). Gleiches gilt für die Verletzung von Geheimhaltungspflichten.

9.4.3 Verjährung

Die kaufrechtlichen **Gewährleistungsansprüche (9.4.1)** verjähren gemäß § 498 Abs. 1 BGB in **zwei Jahren**. Die Verjährung der Ansprüche beginnt mit der Übergabe der Praxis.

Schadensersatzansprüche wegen **Verschuldens bei Vertragsschluss (9.4.2)** verjähren nach der allgemeinen Regelverjährungsfrist des § 195 BGB in drei Jahren. Der Lauf dieser Frist beginnt nach § 195 Abs. 1 BGB, wenn der Anspruch entstanden ist und der Erwerber Kenntnis von den anspruchsbegründeten Umständen erlangt hat oder ohne grobe Fahrlässigkeit hätte erlangen müssen, § 199 Abs. 1 BGB.

Die Verjährungsfrist kann vertraglich verlängert oder verkürzt werden, § 202 BGB.

9.4.4 Fehlschlagen des Nachbesetzungsverfahrens

Erhält in einem gesperrten Gebiet der **Erwerber**, mit dem zuvor bereits ein Praxisübergabevertrag abgeschlossen wurde, die **Zulassung nicht oder** kann er seine Tätigkeit erst **verspätet** aufnehmen, weil ein Mitbewerber Widerspruch eingelegt hat (4.1.5.3.1), so ist die Frage, ob dies einen Beschaffenheitsmangel darstellt. Dies könnte nur dann der Fall sein, wenn die Zulassung zur vertragsärztlichen Versorgung eine Beschaffenheit der Arztpraxis wäre. Richtigerweise ist dies zu verneinen, da die **Zulassung** dem **Vertragsarzt verliehen** wird und **nicht** der **Arztpraxis „anhaftet".** Möglich dürfte aber der Abschluss einer selbständigen Garantievereinbarung sein. Liegt eine solche Garantievereinbarung nicht vor, und fehlen auch sonst vertragliche Regelungen, kommt nach der hier vertretenen Auffassung lediglich eine Vertragsanpassung nach den von der Rechtsprechung entwickelten Grundsätzen über den **Wegfall der Geschäftsgrundlage,** § 313 BGB, in Frage (so auch Möller in Ehlers, Fortführung von Arztpraxen Rz. 894 f).

Die daraus folgende **Vertragsanpassung** wird zumindest dann zur Rückgängigmachung des Praxisübergabevertrages führen, wenn ein anderer Bewerber die Zulassung erhalten hat, da der Veräußerer mit ihm einen neuen Praxisübergabevertrag abschließen kann. Ob die Tatsache, dass der Erwerber seine Tätigkeit eventuell erst verspätet aufnehmen kann, zur Herabsetzung des Kaufpreises führen kann, erscheint zweifelhaft.

Um hier von vornherein klare Verhältnisse zu schaffen, finden sich in guten Praxisübergabeverträgen regelmäßig Formulierungen, die den Fall des Fehlschlagens des Nachbesetzungsverfahrens ausdrücklich regeln (siehe 9.11.2).

9.5   Patientenkartei

Die **Übergabe** der **Patientenkartei** ist regelmäßig ein **wesentlicher Bestandteil** des Praxisübergabevertrages und sollte in ihm auch als solcher bezeichnet werden. Die Patientenkartei ist nämlich eine wichtige Voraussetzung dafür, dass der Erwerber den Patientenstamm des Veräußerers an sich binden kann. Der Patientenstamm ist wiederum ein wesentlicher Bestandteil des Goodwill der Praxis. Unter Patientenkartei in diesem Zusammenhang sind nicht nur die Aufzeichnungen des Veräußerers sondern die gesamten Unterlagen über Befunderhebungen einschließlich Röntgenbilder zu verstehen. Allein die Tatsache, dass der Erwerber leichten Zugriff auf diese Unterlagen hat, bindet die Patienten an die Praxis. Dabei ist auch zu berücksichtigen, dass aufgeklärte Patienten neue Anamnesen und Diagnosen mehr und mehr scheuen, was insbesondere in Hinblick auf Röntgenaufnahmen und aufwendige Untersuchungen gilt.

Der Bundesgerichtshof hat allerdings durch sein Urteil vom 11.12.1991, MedR 1992, 104, die **Übergabe** der **Patientenkartei** auf einen Praxisnachfolger **erschwert.**

Er hat nämlich entschieden, dass der Veräußerer Krankenunterlagen entgegen der bis dahin geübten Praxis nur noch mit ausdrücklicher Einwilligung des Patienten an einen Praxiserwerber weitergeben darf, weil er sonst gegen das Gebot der ärztlichen Schweigepflicht verstößt und das informationelle Selbstbestimmungsrecht der Patienten verletzt. Danach reicht es nicht aus, wenn der Praxisveräußerer einen Patienten anschreibt, von der Praxisübergabe verständigt und darauf hinweist, er gehe vom Einverständnis des Patienten aus, wenn dieser der Weitergabe nicht widerspreche – eine früher oft gehandhabte Praxis. Nur wenn der **Patient** „in eindeutiger und unmissverständlicher Weise" erklärt, dass er der **Übergabe** seiner Krankenunterlagen an den Erwerber **zustimmt**, können die Unterlagen an den Erwerber übergeben werden. Eine Zustimmung des Patienten durch Schweigen scheidet also aus.

Ebenso reicht es nicht aus, wenn sich der Veräußerer vom Patienten eine generelle Einwilligung, z. B. beim Behandlungsbeginn, geben lässt.

9.5.1 Zustimmung der Patienten

Der Veräußerer sollte sich um die **Zustimmung** nach Möglichkeit **vor** der **Praxisübergabe** (aber nach Abschluss des Übergabevertrages) bemühen. Zu diesem Zweck schreibt er seine Patienten an, informiert sie über die geplante Übergabe und fügt ein Revers bei, auf dem die Patienten ihre Zustimmung zur Übergabe ihrer Krankenunterlagen an den **namentlich genannten Erwerber** erklären oder ihr widersprechen. Allerdings wird der Veräußerer auf diese Weise nur Patienten anschreiben dürfen, die im letzten Jahr vor der Übergabe in seiner Behandlung waren, da er sonst Gefahr läuft, auch Patienten anzuschreiben, die inzwischen abgewandert sind, was ihm als unerlaubte Werbung oder Abwerbung ausgelegt werden könnte.

Stimmt der Patient der Übergabe der Krankenunterlagen an den Erwerber zu, kann der Veräußerer sie ohne weiteres an den Erwerber übergeben und übereignen.

Der Patient kann der Übergabe seiner Krankenunterlagen an den Erwerber auch dadurch zustimmen, dass er sich in die Behandlung des Erwerbers begibt. Diese Zustimmung des Patienten durch schlüssiges Verhalten genügt nach allgemeiner Meinung der Anforderung des BGH an die Zustimmung „in eindeutiger und unmissverständlicher Weise".

Nach § 4 a Abs. 1 BDSG bedarf die **Einwilligung** des Patienten in die Übergabe seiner Krankenunterlagen an den Erwerber der **Schriftform**. Dies gilt nicht nur, wenn die Patientenkartei mittels EDV gespeichert ist, sondern auch dann, wenn die zu übergebende Patientenkartei manuell geführt und – wie heute üblich – einheitlich und gleichartig aufgebaut ist. Sie ist dann ebenfalls eine Datei im Sinne von § 3 Abs. 2 BDSG.

Auf jeden Fall sollte der Erwerber die Zustimmung des Patienten dokumentieren.

9.5.2 Verweigerte Zustimmung der Patienten

Widerspricht der Patient der Übergabe, muss sie unterbleiben.

Der Veräußerer muss die Unterlagen bei sich behalten und nach Maßgabe der gesetzlichen und berufsrechtlichen Vorschriften aufbewahren bzw. an einen vom Patienten benannten Nachbehandler im Original oder in Kopie herausgeben.

Übergibt der Veräußerer die Krankenunterlagen **ohne Zustimmung** des Patienten an den Erwerber, macht er sich wegen Verstoßes gegen die ärztliche Schweigepflicht, § 203 StGB, und Bestimmungen des Datenschutzgesetzes **strafbar**. Dies gilt auch für die Erben des Veräußerers, § 203 Abs. 3 S. 2 StGB.

Außerdem riskieren Veräußerer und Erwerber die **Nichtigkeit** des gesamten **Praxisübergabevertrages**. Der Bundesgerichtshof hat in seinem oben (9.5) genannten Urteil nämlich entschieden, dass eine Vertragsklausel, die die Übergabe der Patientenkartei ohne Zustimmung des Patienten vorsieht, wegen Verstoßes gegen ein gesetzliches Verbot nichtig ist, § 134 BGB. Diese Nichtigkeit erfasst in der Regel den gesamten Praxisübergabevertrag. Eine sogenannte salvatorische Klausel (9.14) hilft nur bedingt und dann nicht, wenn der unwirksame Teil des Vertrages (also die Bestimmung, die die Übergabe der Patientenkartei regelt) von schwerwiegender, grundlegender Bedeutung und damit „wesentlicher Bestandteil" des Vertrages ist (BGH NJW 1996, 773). Diese Konsequenz lässt sich nicht, wie vereinzelt empfohlen, dadurch umgehen, dass man im Vertrag regelt, die Übergabe der Patientenkartei sei kein wesentlicher Bestandteil des Vertrages, da dies regelmäßig dem wirklichen Willen der Parteien widerspricht. Selbst wenn die Übergabe der Patientenkartei nicht wesentlicher Bestandteil des Praxisübergabevertrages ist, hilft die salvatorische Klausel nur, wenn der Kaufpreisanteil, der auf die Patientenkartei entfällt, aufgeschlüsselt und abgegrenzt werden kann (BGH a.a.O.).

9.5.3 Verfahren bis zur Zustimmung der Patienten

Schwierig sind die Fälle zu behandeln, in denen die **Zustimmung** der Patienten bei Übergabe der Praxis **nicht vorliegt**, der Patient der Übergabe der Krankenunterlagen auf den Erwerber aber auch nicht widersprochen hat (weil ihn z. B. das Anschreiben des Veräußerers nicht erreicht oder er aus anderen Gründen nicht reagiert).

Der Bundesgerichtshof schlägt vor, dass der Veräußerer die Patientenkartei in diesem Fall bei den zuständigen Berufsorganisationen deponiert, wo sie der Praxiserwerber abrufen kann, wenn der betreffende Patient hiermit einverstanden ist. Dies erscheint jedoch wenig praktikabel. Wenig praktikabel erscheint auch das verschiedentlich vorgeschlagene Modell, wonach die Patientenkartei von einer vom Erwerber übernommenen Hilfskraft verwahrt wird. Es scheitert schon dann, wenn der Erwerber kein Personal vom Veräußerer übernimmt.

Nach dem derzeitigen Stand der Rechtsprechung dürfte es ausreichend sein, wenn der Veräußerer und der Erwerber eine **Vereinbarung** dahingehend treffen, dass der Erwerber die Patientenkartei im Auftrag des Veräußerers gesondert von seinen übrigen Krankenunterlagen in einem eigenen Schrank **verwahrt** und sich verpflichtet, in die verwahrten Krankenunterlagen erst dann Einsicht zu nehmen, wenn der Patient schriftlich zustimmt.

Zur Unterstreichung der Ernsthaftigkeit der Vereinbarung zwischen Veräußerer und Erwerber empfiehlt es sich, die Verpflichtung des Erwerbers durch eine **Vertragsstrafe** zu sichern.

Der Veräußerer sollte sich vertraglich das **Recht** vorbehalten, jederzeit die ordnungsgemäße **Verwahrung überprüfen** und nach entsprechender Voranmeldung auf „seine" Krankenunterlagen **Zugriff** nehmen zu können, und zwar möglichst auch dann noch, wenn sie bereits infolge Zustimmung des Patienten in das Eigentum des Erwerbers übergegangen sind (sofern sie neue Eintragungen des Erwerbers enthalten, sind diese abzudecken). Der Zugriff kann aus abrechnungstechnischen Gründen wichtig sein, aber auch um etwaige Haftpflicht- und Regressansprüche abzuwehren.

Hat der Veräußerer seine **Patientenkartei** mittels **EDV gespeichert**, muss der Datenbestand gesperrt und mit einem Kennwort versehen werden. Der Erwerber darf vermittels des Kennwortes nur dann auf den Datenbestand zugreifen, wenn das schriftliche Einverständnis des Patienten vorliegt. Der jeweilige Zugriff muss wiederum dokumentiert werden.

Dieser recht komplizierten Prozedur bedarf es nicht, wenn der **Erwerber** bereits längere Zeit in der Praxis des Veräußerers tätig war und der Patient davon ausgehen musste, dass der Erwerber freien **Zugang** zu seinen **Krankenunterlagen** hatte. In Bezug auf eine Anwaltskanzlei hat der BGH entschieden, dass es nicht gegen die anwaltliche Schweigepflicht verstößt, wenn der Erwerber in eine bestehende Sozietät eintritt und diese dann ohne ausdrückliche Zustimmung der Mandanten mit allen Unterlagen übernimmt, BGH NJW 2001, 2462. Der BGH unterstellt dabei, dass der mutmaßliche Wille der Mandanten, die die als Sozietät auftretende Kanzlei beauftragt hatten, auch die Einbeziehung des hinzugetretenen Erwerbers in die bestehenden Mandatsverhältnisse umfasst mit der Folge, dass die vorhandenen Mandantenakten an den Erwerber herausgegeben werden durften. Diese Entscheidung gilt auch für eine Arztpraxis, da die Problematik (anwaltliche Schweigepflicht – ärztliche Schweigepflicht) insoweit identisch ist.

9.6　Kaufpreis

Eine wesentliche Regelung des Praxisübergabevertrages betrifft den Kaufpreis. Zu dessen Ermittlung siehe 5.

9.6.1 Kaufpreisgestaltung

Üblicherweise wird die Zahlung eines Einmalbetrages in Euro vereinbart. Dabei ist zunächst die **Gesamtsumme** zu nennen, auf die sich die Parteien geeinigt haben. Außerdem sollten die **Teilsummen** bezeichnet werden, aus denen sich der Gesamtkaufpreis zusammensetzt. Teilsummen sind die Summen für das Inventar, die Verbrauchsmaterialien, die Patientenkarteien und den Goodwill. Diese Aufteilung ist deswegen zu empfehlen, damit bei etwaigen Auseinandersetzungen der Streitstoff leichter abgegrenzt werden kann. Außerdem kann die Ausweisung der Teilbeträge aus steuerlichen Gründen (Abschreibung) wichtig sein. Bei Praxen in gesperrten Gebieten kann auch die Aufteilung des Kaufpreises auf die Kassenpraxis und die Privatpraxis sinnvoll sein, 4.2.2.

Von der Vereinbarung einer **Leibrente** ist abzuraten. Veräußerer und Erwerber begeben sich in eine psychologische äußerst ungünstige Position. Nach nicht allzu langer Zeit wird nämlich der Erwerber sich den Erfolg der Praxis unmittelbar persönlich zurechnen und der Meinung sein, jede weitere Rentenzahlung an den Veräußerer sei „eigentlich zu viel". Eine dennoch vereinbarte Zahlung einer Leibrente muss wie eine Ratenzahlung gesichert werden (9.6.2) und sollte darüber hinaus auch wertgesichert sein.

Ähnliche Erwägungen gelten im Hinblick auf eine prozentuale **Beteiligung** des Veräußerers an den **Honorareinnahmen** des Erwerbers. Eine solche Beteiligung ist zwar rechtlich zulässig, BGH NJW 1973, 98, bürdet dem Veräußerer aber nach Abgabe seiner Praxis das unternehmerische Risiko des Erwerbers zumindest teilweise auf, was er ja gerade nicht will.

Will der Veräußerer einen Renteneffekt erreichen, so bietet sich die viel elegantere Lösung an, dass er den Kaufpreis, den er vom Erwerber erhält, im Rahmen einer sogenannten **Rentenversicherung** bei einem großen Versicherer einzahlt. Dieser bezahlt ihm einen festen monatlichen Betrag (gegebenenfalls neben der ärztlichen Altersversorgung). Hinter einer solchen Verpflichtung steht dann die Kapitalkraft einer großen Versicherungsgesellschaft und nicht nur die Arbeitskraft eines jungen Kollegen, dessen finanzielle Leistungsfähigkeit ausschließlich von seiner Gesundheit und seinem beruflichen Können abhängt. Diese Gesichtspunkte werden häufig bei Rentenvereinbarungen nicht ausreichend bedacht.

Regelungen im Hinblick auf die **Mehrwertsteuer** sind nach jetziger Rechtslage entbehrlich (siehe 14.1.1).

9.6.2 Kaufpreisfälligkeit, Ratenzahlung

Grundsätzlich sollte der **Kaufpreis** mit der **Übergabe** der **Praxis** zur Zahlung **fällig** sein.

In gesperrten Gebieten kann man die Fälligkeit des Kaufpreises auch auf den Zeitpunkt verlagern, in dem die Zulassung des Erwerbers bestandskräftig wird.

Auf **Ratenzahlungen** sollte sich der Veräußerer möglichst nicht einlassen. Hier gilt die Überlegung, dass ein Erwerber, der keine Bank findet, welche ihm den Kaufpreis finanziert, auch für den Veräußerer nicht kreditwürdig ist, zumal der Bank in der Regel ganz andere Prüfungs- und Sicherungsmöglichkeiten zur Verfügung stehen als dem Veräußerer. Wird dennoch Ratenzahlung vereinbart, können folgende Punkte – eventuell alternativ – geregelt werden:

- **Eigentumsvorbehalt** des Veräußerers, d. h., dass der Erwerber Eigentümer des Inventars erst mit vollständiger Zahlung des Kaufpreises wird. Demgemäss sollte im Interesse des Veräußerers vorgesehen werden, dass Zahlungen zunächst auf den Goodwill, dann erst auf das Inventar verrechnet werden.
- **Abtretung** des Auszahlungsanspruchs des Erwerbers gegen die Kassenärztliche bzw. Kassenzahnärztliche Vereinigung
- **Verzinsung** des Restkaufpreises
- Abschluss einer **Todesfallrisiko- und Berufsunfähigkeitsversicherung** des Erwerbers (zumindest, wenn sich die Ratenzahlungen über einen längeren Zeitraum erstrecken)
- der Erwerber unterwirft sich in einer notariellen Urkunde der **sofortigen Zwangsvollstreckung** in sein gesamtes Vermögen
- **Verbot** der **Weiterveräußerung** der Praxis bis zur vollständigen Zahlung des Kaufpreises
- **sofortige Fälligkeit** des Restkaufpreises, wenn der Erwerber mit Ratenzahlungen in **Rückstand** gerät
- **Rücktritt**, wenn der Erwerber mit mehreren Raten in Rückstand gerät
- Zahlung von **Verzugszinsen**
- Vereinbarung **sonstiger Sicherheiten** (9.6.3)

9.6.3 Kaufpreissicherung

Häufig liegt zwischen Vertragsschluss und Fälligkeit des Kaufpreises ein längerer Zeitraum. Im Hinblick darauf ist es ein legitimes Anliegen des **Veräußerers**, seinen **Anspruch** auf **Zahlung** des **Kaufpreises** durch den Erwerber zu **sichern**. Besondere Bedeutung gewinnt diese Problematik bei der Veräußerung von Praxen in gesperrten Gebieten. Hier erbringt der Veräußerer durch Verzicht auf die Zulassung eine Vorleistung, die er nicht mehr zurückfordern kann, weil der Verzicht unwiderruflich ist (4.1.2). Deshalb ist es aus Sicht des Veräußerers unbedingt erforderlich, dass die Zahlung des Kaufpreises maximal gesichert ist, und zwar schon **vor Erklärung des Verzichtes** auf die Zulassung.

Die Sicherung der Kaufpreisforderung kann auf verschiedene Weise erfolgen, z. B. durch Zahlung oder durch Bürgschaft oder Garantie eines über jeden Bonitätszweifel erhabenen Dritten oder durch Stellung sonstiger Sicherheiten.

Die **sofortige Zahlung** des Kaufpreises an den Veräußerer mit Abschluss des Kaufvertrages wird der Erwerber in der Regel zu Recht verweigern. Als Alternative bietet sich an, den Kaufpreis auf ein **Anderkonto** eines Notars oder Rechtsanwalts zu hinterlegen. Dabei ist die hinterlegende Stelle genau anzuweisen, unter welchen Voraussetzungen der Kaufpreis an wen ausbezahlt werden kann. Außerdem ist zu regeln, wem die auf dem Anderkonto auflaufenden Zinsen zustehen und wer die Kosten der Hinterlegung trägt. Statt des Geldes kann auch ein bankbestätigter Scheck hinterlegt werden.

Häufig wird der Erwerber auch hierzu nicht bereit oder in der Lage sein. In Frage kommt dann die Stellung einer unwiderruflichen, unbedingten, unbefristeten, selbstschuldnerischen **Bürgschaft** einer renommierten Bank, durch die die Kaufpreiszahlung abgesichert wird. Der vorsichtige Veräußerer erstreckt die Bürgschaft auch auf etwaige Schadensersatzansprüche, die ihm bei Rückabwicklung des Praxisübergabevertrages (9.17.2) zustehen können. Die Bürgschaft sollte auf erstes Anfordern zur Zahlung fällig sein oder zumindest den Verzicht auf die Einrede der Anfechtung und Vorausklage enthalten. Die hierfür vom Erwerber zu zahlende Avalprovision liegt in der Regel bei ein bis zwei Prozent per anno.

Eine sogenannte **Bankbestätigung** sichert den Veräußerer kaum, da sie – je nach Inhalt – lediglich bedeutet, dass die Bank im Zeitpunkt der Bestätigung bereit ist, den Kaufpreis zu finanzieren. Gerät der Erwerber anschließend in Vermögensverfall, nützt die Bankbestätigung dem Veräußerer nichts, insbesondere gewährt sie ihm keine direkten Ansprüche gegen die Bank.

Sonstige Sicherheiten können z. B. Grundschulden oder abgetretene Lebensversicherungen sein, letztere jedoch nur in Höhe eines bereits bestehenden Rückkaufswertes. Im übrigen kommen die für Ratenzahlungen genannten Sicherungsmöglichkeiten (9.6.2) in Frage.

Ein vertraglich vereinbartes **Rücktrittsrecht** für den Fall der nicht pünktlichen Stellung von Sicherheiten oder der nicht pünktlichen Zahlung des Kaufpreises oder von Kaufpreisraten sichert die Kaufpreisforderung des Veräußerers zwar nicht, kann jedoch dazu dienen, größeren Schaden von ihm abzuwenden. Vor Durchführung des Nachbesetzungsverfahrens sollte der Veräußerer von einem solchen Rücktrittsrecht ohne langes Zögern Gebrauch machen, wenn er begründete Zweifel an der Bonität des Erwerbers hat. Nach Durchführung des Nachbesetzungsverfahrens muss er die Ausübung eines Rücktrittsrechtes sorgfältig prüfen, da seine Zulassung ja bereits geendet hat. Im einzelnen siehe hierzu 9.17.

Umgekehrt kann auch ein Interesse des **Erwerbers** bestehen, den Anspruch auf **Rückzahlung** eines von ihm geleisteten **Kaufpreises** zu **sichern**. Dies für den Fall, dass der Praxiskaufvertrag nach Zahlung des Kaufpreises rückgängig gemacht wird, sei es infolge des (Nicht-) Eintritts einer Bedingung oder der Ausübung eines Rücktrittsrechtes (9.17.1). Hier ist insbesondere daran zu denken, dass der Abschluss eines Mietvertrages oder das Nachbesetzungsverfahren fehlschlägt (9.7 bzw. 9.11.2). Zur Sicherung des Rückzahlungsanspruches dürfte auch hier vor allem die Stellung einer Bankbürgschaft in Frage kommen. Die eleganteste Regelung besteht freilich darin, den Kaufpreis – wie oben vorgeschlagen – auf einem **Anderkonto** zu hinterlegen und zu vereinbaren, dass die Freigabe zugunsten des Veräußerers erst erfolgt, wenn sicher ist, dass der Vertrag voll wirksam ist und auflösende Bedingungen nicht mehr eintreten und Rücktrittsrechte nicht mehr ausgeübt werden können. Treten diese Voraussetzungen nicht ein, erfolgt die Auszahlung des Kaufpreises an den Erwerber.

9.7 Eintritt in den Mietvertrag

Auf die Bedeutung des Mietvertrages wurde unter 6. bereits hingewiesen. Im Praxisübergabevertrag ist hier mindestens folgendes – gegebenenfalls alternativ – zu regeln:

- Veräußerer ist verpflichtet, dem Erwerber den **Eintritt** in den **bestehenden Mietvertrag** (mit welchen Änderungen?) zu verschaffen, notfalls die Zustimmung des Vermieters zum Eintritt des Erwerbers in den Vertag herbeizuführen. Zur Wahrung der Schriftform siehe 6.16.
- Erwerber muss sich gegebenenfalls selbst um Zustandekommen eines **neuen Mietvertrages** bemühen
- **Rücktrittsrecht** vom Praxiskaufvertrag für den Fall, dass ein Mietvertrag nicht zustande kommt . Die Vereinbarung von aufschiebenden oder auflösenden Bedingungen empfiehlt sich nicht, siehe 9.11.2.
- **Erwerber stellt Veräußerer** von allen Verpflichtungen aus dem übergegangenen Mietverhältnis ab Übergabedatum **frei**.

Wichtig ist für den Veräußerer die Erkenntnis, dass das **Einverständnis** des **Vermieters** mit dem Eintritt des Erwerbers in den Mietvertrag **nicht** automatisch die **Entlassung des Veräußerers** aus dem Mietvertrag bedeutet. Der Veräußerer muss daher im eigenen Interesse in Verhandlungen mit dem Vermieter klarstellen, dass er mit dem Übergang des Mietvertrages auf den Erwerber aus dem Mietvertrag entlassen wird, es sei denn, der Mietvertrag enthält bereits eine entsprechende Nachfolgeklausel (6.16). Sonst haftet der Veräußerer dem Vermieter eventuell noch nach Jahren für die Zahlung der Miete. Eine Freistellung seitens des Erwerbers ist nur so wertvoll wie der Erwerber zahlungsfähig ist. Kommt eine entsprechende Einigung mit dem Vermieter nicht zustande, muss der Veräußerer prüfen, ob er den Mietvertrag zum nächstmöglichen Termin kündigen kann.

Der Erwerber muss sich darüber im klaren sein, dass ihn mangels anderweitiger ausdrücklicher Regelung mit dem Veräußerer auch die latenten Verpflichtungen des Mietvertrages treffen, insbesondere also die Verpflichtung, bei Beendigung des Mietvertrages vom Veräußerer vorgenommene Umbauten zurückzubauen (siehe auch 6.22).

Häufig stehen die Praxisräume im **Eigentum** des **Veräußerers** oder seines Ehepartners. In vielen Fällen wird die Immobilie dann an den Erwerber zusammen mit der Praxis veräußert. Geschieht dies nicht, muss zwischen Erwerber und Veräußerer bzw. dessen Ehepartner ein Mietvertrag abgeschlossen werden, wobei die Ausführungen unter 6. zu beachten sind.

9.8 Personalübernahme

Mit der **Übergabe** der Praxis **gehen kraft Gesetzes** alle **Arbeitsverhältnisse**, die mit den Mitarbeitern der Praxis bestehen, auf den Käufer **über**, § 613 a BGB. Die sogenannten sozialen Besitzstände des Arbeitnehmers bleiben erhalten. Da

§ 613 a BGB **zwingendes Recht** ist, ist eine abweichende vertragliche Regelung nicht möglich. Gleichwohl besteht in einer Reihe von Punkten Regelungsbedarf. Häufig liegen keine schriftlichen Arbeitsverträge vor. Entgegen einer weit verbreiteten Ansicht bedeutet dies jedoch nicht, dass keine Arbeitsverträge bestehen, da auch **mündlich abgeschlossene Arbeitsverträge gültig** sind. Der Erwerber sollte auf ihn übergegangene Arbeitsverträge, die nicht schriftlich vorliegen, auf jeden Fall schriftlich neu abschließen, zumal jeder Arbeitgeber spätestens einen Monat nach dem vereinbarten Beginn des Arbeitsverhältnisses die wesentlichen Vertragsbedingungen schriftlich niederzulegen hat, § 2 NachwG.

Im übrigen sollte er darauf bestehen, dass der Veräußerer ihm die schriftlichen Arbeitsverträge vorlegt und über mündliche Zusatzvereinbarungen erschöpfend Auskunft gibt. Dies gilt insbesondere im Hinblick auf zusätzliche Leistungen wie Urlaubsgeld, 13. Monatsgehalt, Weihnachtsgratifikation usw. Häufig werden Mitarbeiter, für die Mutterschutz besteht oder die sich im Erziehungsurlaub befinden, „vergessen".

Der Übergang des Arbeitsverhältnisses setzt voraus, dass er aufgrund eines **Rechtsgeschäftes**, also des Praxisübergabevertrages, erfolgt, er bleibt jedoch auch dann wirksam, wenn sich der Praxisübergabevertrag später als unwirksam herausstellt. Voraussetzung ist allerdings, dass bereits eine tatsächliche Übernahme des Arbeitsverhältnisses durch den Erwerber erfolgt ist.

Wird nur ein **Teil der Praxis** veräußert (z. B. ein Labor oder die Kassenpraxis), so gelten die Regelungen des § 613 a BGB für die davon betroffenen Arbeitnehmer.

Gemäß § 613 a Abs. 5 BGB müssen der **Veräußerer** oder der **Erwerber** die von dem Übergang betroffenen **Arbeitnehmer** vor dem Übergang in Textform **unterrichten** über

- Zeitpunkt oder den geplanten Zeitpunkt des Übergangs
- den Grund für den Übergang
- die rechtlichen, wirtschaftlichen und sozialen Folgen des Übergangs für den Arbeitnehmer und
- die hinsichtlich der Arbeitnehmer in Aussicht genommenen Maßnahmen

Grund des Übergangs ist dabei nicht nur der Abschluss des Praxisübergabevertrages sondern auch der Beweggrund, z. B. Erreichen der Altersgrenze, Krankheit, Wegzug usw.. Der Hinweis auf die **Folgen** meint insbesondere den Hinweis auf das Recht zum Widerspruch (9.8.1), Informationen über den Erwerber sowie den Hinweis auf einen etwaigen Wegfall des Kündigungsschutzes. **Geplante Maßnahmen** können etwaige Umschulung und/oder Weiterbildung sein, geplante Abfindungen bei Aufgabe des Arbeitsplatzes usw..

Für die Wahrung der **Textform** (§ 126 b BGB) reichen Telefax oder e-Mail, die Person des Erklärenden muss durch Nachbildung der Namensunterschrift oder anders erkennbar gemacht werden.

Unterbleibt die **Unterrichtung**, wird die Widerspruchsfrist (9.8.1) nicht in Lauf gesetzt, außerdem können sich Veräußerer und/oder Erwerber schadensersatzpflichtig machen.

Der **Übergang** von **Ausbildungsverhältnissen** muss in das Verzeichnis der Berufsausbildungsverhältnisse bei der Ärztekammer eingetragen werden.

§ 613 a BGB bezieht sich nur auf Arbeitsverhältnisse, **nicht** jedoch auf freie Dienstverhältnisse, also den **freien Mitarbeiter** in der Arztpraxis, BAG NJW 2003, 2930.

9.8.1 Widerspruch und Kündigung

Das Arbeitsverhältnis geht ohne Zustimmung des Arbeitnehmers auf den Erwerber über. Der **Arbeitnehmer** kann dem **Übergang** jedoch ohne Angabe von Gründen innerhalb eines Monats nach Zugang der Unterrichtung (9.8) schriftlich **widersprechen**, § 613 a Abs. 6 BGB. Der Widerspruch kann gegenüber dem Veräußerer oder Erwerber erklärt werden.

Widerspricht der Arbeitnehmer, so bleibt das Arbeitsverhältnis mit dem Veräußerer bestehen.

Umso wichtiger ist es, dass sich der Veräußerer mit den Möglichkeiten auseinandersetzt, die Arbeitsverhältnisse mit seinen Arbeitnehmern zu beenden.

Aber auch der Erwerber tut gut daran, sich insoweit Klarheit zu verschaffen, da er sonst mit unerwünschten Arbeitsverhältnissen konfrontiert wird.

Die **Kündigung** des Arbeitsverhältnisses eines Arbeitnehmers durch den Veräußerer oder den Erwerber **wegen** des **Überganges** der Praxis ist **unwirksam**, § 613 a Abs. 4 BGB. Nach der gleichen gesetzlichen Regelung besteht jedoch die Möglichkeit, das Arbeitsverhältnis aus anderen Gründen zu kündigen.

Zu solchen **anderen Gründen** rechnen auf jeden Fall wichtige Gründe, die zur außerordentlichen Kündigung des Arbeitsverhältnisses berechtigen. Der **Veräußerer** wird längere Zeit vor Praxisübergabe eine Kündigung aber auch als „unternehmerische Entscheidung" rechtfertigen können. Nach Übergabe der Praxis kann er eine Kündigung eines Arbeitnehmers, der dem Übergang der Praxis widersprochen hat, damit begründen, dass er seinen „Betrieb" stilllegt. Der **Erwerber** wird eine Kündigung mit Rationalisierungsmaßnahmen rechtfertigen können. Entscheidend ist allein, dass Beweggrund für die Kündigung nicht die Praxisübergabe ist. Für Kündigungen, die unabhängig vom Betriebsübergang sachlich gerechtfertigt sind, gilt das Kündigungsverbot nicht, Palandt § 613 a Rz. 34.

In kleinen Praxen kann die Kündigung ohne Angabe von Gründen erfolgen. In größeren Praxen sind hingegen die Vorschriften des **Kündigungsschutzgesetzes** zu beachten, wenn das Arbeitsverhältnis sechs Monate bestanden hat. Das Kündigungsschutzgesetz gilt, wenn ständig mehr als fünf Arbeitnehmer beschäftigt werden, wobei zum Teil auch Teilzeitkräfte, die mitarbeitende Ehefrau, Reinigungspersonal usw. nach Maßgabe des § 23 Abs. 1 KschG einzurechnen sind, nicht jedoch Auszubildende. In Arztpraxen mit in der Regel zehn oder weniger Arbeitnehmern besteht jedoch seit 01.01.2004 kein Kündigungsschutz für Arbeitnehmer, deren Arbeitsverhältnis nach dem 31.12.2003 begonnen hat. Kommt das Kündigungsschutzgesetz zur Anwendung, muss der Arbeitgeber die Kündigungsgründe nennen, wobei auch die zuvor genannten Gründe (Betriebsstilllegung, Rationalisierung) in Frage kommen, aber auch sogenannte verhaltensbedingte Gründe.

Der Erwerber muss berücksichtigen, dass, soweit es für Kündigungsfristen oder die Geltung des Kündigungsschutzgesetzes auf die **Betriebszugehörigkeit** ankommt, die **Zeiten beim Veräußerer** mitzurechnen sind.

Sowohl Veräußerer als auch Erwerber müssen darüber hinaus wissen, dass jede **Kündigung** eines Arbeitsverhältnisses **schriftlich** erfolgen muss. Gleiches gilt für die Befristung eines Arbeitsvertrages, § 623 BGB.

Wollen sich Veräußerer oder Erwerber oder beide von einem Arbeitnehmer trennen, sollten sie statt der Kündigung auf jeden Fall den Abschluss eines **Aufhebungsvertrages** erwägen, um unliebsame und langwierige gerichtliche Auseinandersetzungen zu vermeiden. Auch ein solcher Aufhebungsvertrag muss **schriftlich** abgeschlossen werden, § 623 BGB.

9.8.2 Haftung

Der **Erwerber** haftet gegenüber den übernommenen Arbeitnehmern nicht nur für laufende sondern auch für zurückliegende Lohnansprüche, die noch beim Veräußerer entstanden sind. Dies schließt auch die Haftung für Weihnachtsgeld, Urlaubsgeld, Urlaubsansprüche, 13. Monatsgehalt usw. ein. Allerdings haftet der Erwerber nicht für rückständige Beiträge zur Sozialversicherung und für rückständige Lohnsteuer, da diese Zahlungen primär Dritten geschuldet werden, BayObLG BB 74, 1582.

Andererseits haftet der **Veräußerer** neben dem Erwerber für Verpflichtungen aus dem Arbeitsverhältnis weiter, wenn sie vor der Übergabe entstanden sind und vor Ablauf von einem Jahr nach der Übergabe fällig werden, § 613 a Abs. 2 BGB.

Die genannte Regelung kann insbesondere für den Erwerber zu unangenehmen Überraschungen führen, wenn ein „übergegangener" Arbeitnehmer ihn z. B. mit Urlaubsansprüchen oder Ansprüchen auf Urlaubsgeld aus der Zeit vor Praxisübergabe konfrontiert. Es ist daher im **Praxisübergabevertrag** eine genaue **Abgrenzung** dieser Ansprüche im Verhältnis von Veräußerer und Erwerber vorzunehmen. Insbesondere sollte sich der Erwerber vom Veräußerer eine schriftliche Bestätigung darüber geben lassen, welchen Urlaub die übernommenen Arbeitnehmer im laufenden Kalenderjahr bereits genommen haben bzw. ob eine Urlaubsabgeltung erfolgt ist. Ohne eine solche Abgrenzung haften Veräußerer und Erwerber im Innenverhältnis anteilig nach Maßgabe der jeweiligen Dauer des Arbeitsverhältnisses im Kalenderjahr, BGH NJW 85, 2643.

Zur Vermeidung der vorgenannten Überraschungen sollte im Praxisübergabevertrag auch geregelt werden, dass der Veräußerer **vor Übergabe** der Praxis **Änderungen** der Arbeitsverträge, insbesondere Gehaltserhöhungen und Kündigungen, nur im **Einvernehmen** mit dem **Erwerber** vornehmen kann. Entsprechendes gilt für Neueinstellungen. Der vorsichtige Erwerber lässt sich auch zusichern, dass der Veräußerer eine betriebsübergangsbedingte Kündigung nicht ausgesprochen hat oder aussprechen wird.

9.9 Sonstige Verträge und Verbindlichkeiten

9.9.1 Eintritt in sonstige Praxisverträge

Neben dem Mietvertrag und Arbeitsverträgen bestehen für eine Praxis in der Regel noch **weitere Verträge**. Zu denken ist hier insbesondere an folgendes:

- Abonnements von Fach- und sonstigen Zeitschriften
- Belegarztverträge (siehe unten)
- Dienstverträge
- Entsorgungsverträge (Sondermüll)
- Kaufverträge, sofern noch nicht abgewickelt
- Kommunikationsverträge (Telefon, Telefax usw.)
- Leasingverträge
- Lieferverträge
- Lizenzverträge (Software usw.)
- Nutzungsverträge (Parkplatz usw.)
- Praxisgemeinschaftsvertrag
- Versicherungsverträge (personenbezogen, sachbezogen, siehe unten)
- Versorgungsverträge (Strom, Wasser, Gas usw.)
- Wartungsverträge.

Bei langfristiger Planung sollte der Veräußerer diese Verträge, sofern sie für den Betrieb der Praxis nicht essentiell sind, soweit wie möglich **kündigen** oder auf andere Weise für ihre Erledigung sorgen. Im übrigen ist im Praxisübergabevertrag festzulegen, in **welche Verträge** der **Erwerber eintritt**. Sinnvollerweise werden diese Verträge in einer gesonderten Anlage aufgeführt, der sie im Original beizufügen sind.

Es ist naheliegend, dass der **Veräußerer** sämtliche **Verbindlichkeiten** aus diesen Verträgen trägt, die **bis zum Übergabedatum** entstanden sind, der **Erwerber** sie **ab Übergabe** übernimmt und den Veräußerer von etwaigen nach Übergabe entstehenden Ansprüchen freistellt. Hat der Veräußerer vor Übergabe bereits Zahlungen geleistet, die auch dem Erwerber zugute kommen, ist eine Abgrenzung pro rata temporis vorzunehmen.

Auch hier gilt – ähnlich wie beim Mietvertrag –, dass das Einverständnis der Partner der vorgenannten Verträge mit deren Übergang auf den Erwerber nicht automatisch die Entlassung des Veräußerers aus diesen Verträgen bedeutet. Der Veräußerer muss also insoweit im eigenen Interesse für Klarheit sorgen. Sonst sollte er die Verträge, soweit möglich, auch nach der Praxisübergabe noch vorsorglich kündigen.

Der **Erwerber** wird in der Regel großes Interesse daran haben, die **Telefon- und Faxnummer** der erworbenen Praxis beizubehalten, da sie zur Kontinuität beiträgt. Im Übernahmevertrag ist daher vorzusehen, dass der Veräußerer alles ihm Zumutbare zu veranlassen hat, um eine Umschreibung der Anschlüsse auf den Erwerber so schnell wie möglich zu erreichen. Er erklärt sich mit der Fortführung der bisherigen Nummern der Praxis durch den Erwerber einverstanden.

Um die **belegärztliche Tätigkeit** fortführen zu können, benötigt der Erwerber

- die vertragsärztliche Zulassung
- eine gesonderte Belegarzt-Erlaubnis durch die zuständige Kassenärztliche Vereinigung
- einen Belegarztvertrag mit dem Belegkrankenhaus.

Stellt die belegärztliche Tätigkeit einen wesentlichen Teil des Praxisübergabevertrages dar, sollte auch hier – ähnlich wie beim Mietvertrag – vorgesehen werden, dass der Erwerber vom Praxisübergabevertrag zurücktreten kann, wenn er die Belegarzterlaubnis nicht erhält oder der Belegarztvertrag nicht zustande kommt.

Ist die Praxis Teil einer **Praxisgemeinschaft**, so müssen der oder die übrigen Mitglieder der Praxisgemeinschaft zustimmen, wenn der Erwerber der Praxisgemeinschaft weiter angehören will. Der Erwerber wird den Praxisgemeinschaftsvertrag, insbesondere die Kündigungsmöglichkeiten, sorgfältig prüfen.

Einen Sonderfall bilden die **Versicherungsverträge**. Hier wird unterschieden zwischen personenbezogenen und sachbezogenen Versicherungsverträgen. **Personenbezogen** ist insbesondere die Berufshaftpflichtversicherung. Als personengebundene Versicherung geht sie nicht auf den Erwerber über.

Anders die **sachbezogenen Versicherungen**. Hierzu zählen insbesondere die Einbruch/Diebstahlversicherung, sowie Feuer-, Leitungswasser-, Elektronik- und Betriebsunterbrechungsversicherung. Nach § 69 VVG **gehen** die genannten Versicherungen **kraft Gesetzes** mit der Übergabe der Praxis auf den **Erwerber über**. Gemäß § 70 Abs. 2 VVG hat er jedoch ein **Kündigungsrecht**, das allerdings nur mit sofortiger Wirkung oder auf den Schluss der laufenden Versicherungsperiode erfolgen kann. Es erlischt, wenn es nicht innerhalb eines Monats nach der Praxisübergabe ausgeübt wird. Hat der Erwerber von der Versicherung keine Kenntnis, so bleibt das Kündigungsrecht bis zum Ablauf eines Monats von dem Zeitpunkt an bestehen, in welchem der Erwerber von der Versicherung Kenntnis erlangt.

Gemäß § 70 Abs. 1 sind sowohl der Veräußerer als auch der Erwerber verpflichtet, dem Versicherer die **Veräußerung** der Praxis unverzüglich **anzuzeigen**. Unterbleibt die Anzeige, wird der Versicherer unter Umständen von der Verpflichtung zur Leistung frei.

Nach alledem sollten die **Sachversicherungen** auf jeden Fall im **Praxisübergabevertrag aufgeführt** und der Erwerber über sein Kündigungsrecht und seine Anzeigepflicht belehrt werden.

9.9.2 Haftung für Praxisverbindlichkeiten

In Frage kommt eine Haftung des Erwerbers für Praxis- und Privatverbindlichkeiten des Veräußerers.

Nachdem § 419 BGB zum 01.01.1999 aufgehoben wurde, stehen jetzt **steuerliche Haftungstatbestände** im Vordergrund. § 75 der Abgabeordnung sieht vor, dass der Erwerber eines Unternehmens in bestimmten zeitlichen Grenzen für Steuern haftet, bei denen sich die Steuerpflicht auf den Betrieb des Unternehmens gründet. Als **Betriebssteuern** kommen vor allen Dingen Gewerbe- und Umsatzsteuer in Betracht, die z. B. anfallen aus dem Verkauf von Waren (wie Kontaktlinsen, Produkten zur Gesundheitsförderung u. a.), Zahlung von Rückvergütungen oder Prämien, Einnahmen aus Gutachtertätigkeit. Diese Haftung umfasst nach der Rechtsprechung der Finanzgerichte auch die Betriebssteuer des Veräußerers aus der Veräußerung selbst, so unter Umständen eine zu leistende Umsatzsteuer. Der Erwerber sollte daher vor Übernahme der Praxis sorgfältig prüfen, ob steuerliche Haftungsrisiken bestehen und sich gegebenenfalls ausdrücklich vom Veräußerer von diesen Risiken freistellen lassen. Eine Freistellung gegenüber den Finanzbehörden bewirkt dies jedoch nicht.

Ein wesentlich höheres Haftungsrisiko besteht für den Erwerber freilich bei Einritt in eine Gemeinschaftspraxis (siehe hierzu 10.2.1.4).

Zur Haftung gegenüber den übernommenen Arbeitnehmern siehe 9.8.2.

9.10 Abrechnung laufender Behandlungen

Hier sollte vereinbart werden, dass der **Veräußerer** alle bis zum **Übergabedatum** – bei Kassenpraxen bis zum Ende seiner Zulassung – erbrachten ärztlichen Behandlungen **abrechnet**. Soweit Behandlungen bis zur Übergabe nicht abgerechnet sind, wurde früher häufig vereinbart, dass der **Erwerber** die **Abrechnung** und Einziehung der Honorare im Namen und für Rechnung des Veräußerers **übernimmt**. Dies ist jedoch im Hinblick auf die Rechtsprechung des BGH zur Übertragung der Patientenkartei (siehe 9.5) bzw. zur Abtretung von Forderungen an ärztliche Abrechnungsstellen nur noch dann zulässig, wenn der Erwerber schon längere Zeit vor der Übergabe in der Praxis mitgearbeitet hat oder der Patient zustimmt.

Im übrigen sollten sich Veräußerer und Erwerber darüber im klaren sein, dass bei der Abrechnung laufender Behandlungen eine gewisse großzügige Handhabung angebracht ist, da eine Abgrenzung der Leistungen nicht immer einfach ist.

9.11 Zulassung als Vertragsarzt

Der Praxisübergabevertrag, der die Übergabe einer Kassenpraxis beinhaltet, muss auch Regelungen in bezug auf die Zulassung des Erwerbers enthalten.

In **nicht gesperrten Gebieten** ist die Zulassung in der Regel unproblematisch.

In **gesperrten Gebieten** hängt die Zulassung davon ab, dass der Erwerber im Nachbesetzungsverfahren die Zulassung für den Vertragsarztsitz des Veräußerers erhält. Da der Veräußerer den Vertragsarztsitz nicht übertragen kann (9.2), kann lediglich geregelt werden, dass beide Parteien verpflichtet sind, alles in ihrer Macht stehende zu tun, damit der Erwerber die Zulassung erhält.

Zunächst ist zu vereinbaren, dass der **Veräußerer verpflichtet** ist, einen ordnungsgemäßen **Ausschreibungsantrag** zu stellen und im Interesse des Erwerbers aufrechtzuerhalten (4.1.3.1). Sodann sollte der Veräußerer verpflichtet werden, auf seine **Zulassung** zu **verzichten** (wenn sie nicht bereits anderweitig geendet hat, 4.2.1; zur Zulässigkeit dieser Verpflichtung siehe 9.17.2).

Gleichzeitig ist zu regeln, dass sich der **Erwerber** ordnungsgemäß **bewirbt** und die Bewerbung aufrechterhält. Er versichert, dass er sämtliche Zulassungsvoraussetzungen erfüllt (4.1.3.6).

Die vorstehend genannten Verpflichtungen des Veräußerers und des Erwerbers können durch die Vereinbarung einer Vertragsstrafe gesichert werden.

Da die Zulassung des Erwerbers nicht der Disposition der Parteien unterliegt, muss der Praxisübergabevertrag auch Regelungen für den Fall des Fehlschlagens der Zulassung des Erwerbers enthalten. Dies gilt insbesondere für den Fall, dass der Erwerber im Nachbesetzungsverfahren nicht auf den Vertragsarztsitz des Veräußerers zugelassen wird.

9.11.1 Fehlschlagen der Zulassung im nicht gesperrten Gebiet

In **nicht gesperrten Gebieten** fällt die **Zulassung** des **Erwerbers** als Vertragsarzt grundsätzlich in dessen Risikobereich, da er allein dafür verantwortlich ist, die Voraussetzungen für seine Zulassung zu schaffen. In Praxisübergabeverträgen finden sich daher regelmäßig Formulierungen, wonach die Zulassung nicht Gegenstand des Vertrages ist, der Bestand des Vertrages also nicht dadurch berührt wird, dass der Erwerber die Zulassung nicht erhält.

Ist sich der Erwerber seiner Sache nicht sicher, sollte er sich in seinem Interesse im Praxisübergabevertrag ein Rücktrittsrecht für den Fall vorbehalten, dass er die Zulassung nicht erhält. Der Veräußerer wird sich jedoch sorgfältig überlegen müssen, ob er dieses Risiko, das er ja nicht beeinflussen kann, eingehen will. Jedenfalls wird er – wenn überhaupt – auf seine Zulassung erst verzichten, wenn die Zulassung des Erwerbers bestandskräftig ist.

9.11.2 Fehlschlagen der Zulassung im gesperrten Gebiet

Anders in **gesperrten Gebieten**.

Erhält der **Erwerber** trotz aller vertraglichen und sonstigen Vorkehrungen die **Zulassung** im Nachbesetzungsverfahren **nicht**, so ist dies weder ein Sachmangel noch ein Rechtsmangel, 9.4.4. Der dort genannte Wegfall der Geschäftsgrundlage führt zu einer richterlichen Vertragsanpassung, ein, wie sich denken lässt, langwieriges Verfahren. Vor allem der Veräußerer muss sich aber darüber im Klaren sein, dass größte Eile geboten ist. Er selbst kann als Kassenarzt nicht mehr tätig sein, da seine Zulassung ja schon erloschen ist (4.1.2; dies gilt zumindest dann, wenn die Kassenärztlichen Vereinigungen auf der Abgabe einer unbedingten Verzichtserklärung bestehen). Der Erwerber hingegen kann noch nicht ärztlich tätig sein, da er noch keine Zulassung hat.

Häufig wird die Vereinbarung von aufschiebenden oder von auflösenden **Bedingungen** empfohlen. Die Vereinbarung einer aufschiebenden Bedingung scheidet jedoch schon deswegen aus, weil bis zum Eintritt der Bedingung (das wäre hier die – je nach Vereinbarung: erteilte oder bestandskräftige – Zulassung des Erwerbers) der Vertrag für beide Seiten unverbindlich ist, was im Hinblick auf die von beiden Seiten zu erbringenden Vorleistungen unakzeptabel ist. Auch die Vereinbarung einer auflösenden Bedingung (Zustellung des Ablehnungsbescheides durch den Zulassungssauschuss an den Erwerber) muss wegen der damit verbundenen Automatik als eine zu starre Regelung abgelehnt werden. **Sachgerecht** erscheint alleine die **Vereinbarung eines Rücktrittsrechtes**, das beide Parteien mit einer angemessenen First von beispielsweise vier Wochen durch schriftliche Erklärung gegenüber der anderen Partei ausüben können. Die Frist zur Ausübung des Rücktrittsrechtes beginnt mit Zustellung des Ablehnungsbescheides an den Erwerber oder Einlegung des Widerspruchs durch einen Mitbewerber. Eine solche Regelung ermöglicht es, auf folgende Situationen flexibel zu reagieren:

–   Der Erwerber erhält die Zulassung nicht, ein anderer Bewerber ist ebenfalls nicht zugelassen worden. In diesem Falle können die Parteien sorgfältig prüfen, ob die Einlegung eines Rechtsmittels sinnvoll ist und danach ihre Entscheidung treffen, ob sie vom Praxisveräußerungsvertrag zurücktreten oder nicht. Der Veräußerer wird auch prüfen, ob er das Ausschreibungsverfahren noch wiederholen kann (4.1.3.3), der Erwerber, ob die Praxis für ihn auch ohne Zulassung von Interesse ist.

–   Der Erwerber erhält die Zulassung nicht, statt dessen ist ein anderer Bewerber zugelassen worden. In diesem Falle werden Veräußerer und Erwerber – sachverständig beraten – ebenfalls die Einlegung von Rechtsmitteln gegen die Ablehnung des Erwerbers und die Zulassung des anderen Bewerbers prüfen (4.1.5.3). Erscheint dieser Weg nicht erfolgversprechend, wird der Veräußerer von seinem Rücktrittsrecht umso eher Gebrauch machen, als der andere Bewerber bereit ist, mit ihm einen akzeptablen Praxisübergabevertrag abzuschließen. Für diesen Fall sollte im ursprünglich zwischen Veräußerer und Erwerber abgeschlossenen Praxisübergabevertrag vorgesehen sein, dass der Erwerber kein Rechtsmittel gegen seine Ablehnung einlegt bzw. eingelegte Rechtsmittel zurücknimmt.

–   Der Erwerber erhält zwar die Zulassung, ein **anderer Bewerber** legt hiergegen jedoch – mit aufschiebender Wirkung – **Widerspruch** ein (4.1.5.3.1). Gelingt es dem Erwerber nicht, innerhalb der Rücktrittsfrist die sofortige Vollziehung seiner Zulassung zu erreichen oder den anderen Bewerber zur Rücknahme seines Widerspruchs zu bewegen, können beide Parteien vom Praxisveräußerungsvertrag zurücktreten. Allerdings werden sich Veräußerer und Erwerber den Rücktritt sehr genau überlegen müssen, da die Zulassung mit dem Rücktritt vom Praxisveräußerungsvertrag nicht automatisch an den Veräußerer zurückfällt. Sie fällt auch nicht automatisch mit Rücknahme des Ausschreibungsantrages an den Veräußerer zurück, da seine Zulassung bereits durch Tod, Verzicht oder Erreichen der Altersgrenze geendet hat (das Zulassungsende ist Voraussetzung, nicht jedoch Folge des Nachbesetzungsverfahrens). Eine saubere Lösung zumindest für den Fall des Zulassungsverzichts wäre nur möglich, wenn die KVen die Rücknahme des Ausschreibungsantrages bis zur Bestandskraft der Zulassung zulassen (so auch Schallen, Kommentar zur ZulassungsVO Rz. 266) *und* den Zulassungsverzicht des Veräußerers unter der Bedingung der bestandskräftigen bzw. rechtskräftigen Zulassung eines Bewerbers akzeptieren würden. Dies ist jedoch gegenwärtig nicht der Fall und im Hinblick auf die Entscheidung des BSG in Arztrecht 2000, 165 auch nicht zu erwarten (siehe 4.2.1). Erreicht der Erwerber die sofortige Vollziehung seiner Zulassung also nicht, bleibt nur die Möglichkeit, an die Einsichtsfähigkeit des widerspruchsführenden Bewerbers zu appellieren und ihn in diesem Zusammenhang darauf hinzuweisen, dass auch sein Widerspruch nicht direkt sondern allenfalls über ein neues Auswahlverfahren mit ungewissem Ausgang zur Zulassung führen kann (siehe 4.1.5.3.1) und er ein erhebliches Kostenrisiko eingeht (4.1.5.3.3).

Zur Rückabwicklung nach Ausübung des Rücktrittsrechtes siehe 9.17.

Zusätzlich kann vereinbart werden, dass die Partei, die das **Fehlschlagen** der Zulassung **verschuldet** hat, der anderen Partei zum **Schadensersatz** verpflichtet ist (zur Definition des Schadens siehe 9.17.2).

Die Interessenlage des Erwerbers gebietet es, für den Fall des Rücktritts vom Praxisübergabevertrag auch die Möglichkeit vorzusehen, vom Mietvertrag zurückzutreten (siehe 6.6).

9.12 Wettbewerbsverbot

Der Erwerber einer Arztpraxis kann davon ausgehen, dass er mit dem ideellen Wert die der Arztpraxis innewohnenden Erwerbsmöglichkeiten für die Zukunft gekauft hat. Demgemäss wird erwogen, dem Erwerber auch ohne ausdrückliche vertragliche Regelung einen sogenannten **vertragsimmanenten Konkurrenzschutz** zuzugestehen. Ausschlaggebend ist die Erkenntnis, dass der Veräußerer nicht einerseits den Patientenstamm seiner Praxis gegen Entgelt veräußern kann, um dann andererseits seine Patienten in Zukunft weiter zu behandeln, wobei er gegenüber dem Erwerber wegen der noch bestehenden Bindung der Patienten an ihn sogar eindeutig im Vorteil wäre. So hat der BGH im Jahre 2000 entschieden, dass ein Gesellschafter, der aus einer Freiberufler-Sozietät gegen Zahlung einer Abfindung, welche auch den Wert des Mandantenstammes abgelten soll, ausscheidet, die Mandanten der Sozietät nicht mitnehmen darf sondern sie – längstens für zwei Jahre – seinen bisherigen Partnern belassen muss, BGH BRAK-Mitteilungen 2000, 205. Die in der Entscheidung angestellten Erwägungen des BGH gelten auch für den Praxisübergabevertrag, denn auch dort zahlt der Erwerber ja einen Kaufpreis für den Wert des Patientenstammes bzw. Goodwill der Praxis. Andererseits hat der BGH entschieden, dass eine ungeschriebene Standesauffassung nicht zur Begründung eines Konkurrenzschutzes herangezogen werden kann, BGH MedR 1997, 117.

Im Hinblick auf diese Unsicherheit ist es aus Gründen der Rechtsklarheit unerlässlich, eine **ausdrückliche Konkurrenzschutzklausel** vertraglich zu regeln, wenn der Erwerber die mit dem Goodwill der Praxis auf ihn übergegangene Erwerbschance sichern will. Die ausdrückliche Vereinbarung eines Wettbewerbsverbotes in Form eines sogenannten Rückkehrverbotes ist nach der ständigen Rechtsprechung des Bundesgerichtshofs zulässig (siehe auch Spoerr u.a. in NJW 1997, 3056).

Das Wettbewerbsverbot darf jedoch nur soweit gehen, wie es erforderlich ist, die berechtigten Interessen des Erwerbers zu schützen. Ein Wettbewerbsverbot, dass nur dazu dient, den Veräußerer als Mitbewerber auszuschalten, ist unzulässig, da es ihn mehr als unbedingt erforderlich in seinen Rechten aus Art. 12 GG (Freiheit der Berufsausübung) beeinträchtigen würde. Das Wettbewerbsverbot in einem Praxisübergabevertrag muss daher **zeitlich, räumlich** und **gegenständlich** auf das notwendige Maß **beschränkt** werden, BGH NJW 1997, 3089. Außerdem darf es das Interesse der Öffentlichkeit an einer ausreichenden ärztlichen Versorgung nicht verletzen. Selbst bei einer Abgabe der Praxis aus Altersgründen ist ein unbeschränktes Wettbewerbsverbot unzulässig.

Die **zeitliche Ausdehnung** lässt sich nicht generell festlegen. Sie wird umso größer sein können, je länger der Erwerber braucht, um den Patientenstamm der übernommenen Praxis an sich zu binden, also insbesondere bei Übernahme einer alt eingesessenen Praxis mit einer starken Bindung der Patienten an den Veräußerer. Umgekehrt wird das Rückkehrverbot umso kürzer sein müssen, je kürzer die übernommene Praxis bestanden hat, also etwa ein Jahr, wenn die Praxis nur so lange existiert hat. Generell geht die Rechtsprechung des Bundesgerichtshofes dahin, die zeitliche Obergrenze für Wettbewerbsverbote im Hinblick auf das Grundrecht der Berufsfreiheit möglichst niedrig anzusetzen. Bei der Übergabe von Arztpraxen dürfte eine Obergrenze von drei Jahren einerseits erforderlich, andererseits aber auch ausreichend sein (so auch Rieger, Rechtsfragen beim Verkauf und Erwerb einer Arztpraxis, Rz. 180). Ältere Entscheidungen, die eine zeitliche Ausdehnung von fünf Jahren und mehr für zulässig halten, dürften danach obsolet sein.

Ein Rückkehrverbot, das für einen unverhältnismäßig langen Zeitraum vereinbart wurde, ist deshalb nicht nichtig. Vielmehr haben die Gerichte die Möglichkeit, die Dauer des Rückkehrverbotes auf ein zulässiges Maß zu reduzieren.

Dies ist allgemeine Rechtsprechung (z. B. BGH NJW 1997, 3089; Goette in MedR 2002, 1).

Die **räumliche Ausdehnung** muss sich auf das Einzugsgebiet der übergebenen Praxis beschränken. Sie wird dann z. B. groß sein können, wenn der Veräußerer infolge seiner Spezialisierung einen überregionalen Ruf genießt. Bei einer großstädtischen Allgemeinpraxis wird das Einzugsgebiet in der Regel zutreffend mit dem Stadtteil zu definieren sein, in dem sich die Praxis befindet, OLG Schleswig-Holstein, MedR 1993, 22. Aus Gründen der Praktikabilität akzeptiert es die Rechtsprechung auch, dass die räumliche Ausdehnung durch einen festen, um den Praxisort beschriebenen, per Luftlinie gemessenen Kreis definiert wird, OLG Koblenz MedR 1994, 450 und 367.

Auch hier geht die Tendenz der Rechtsprechung im Interesse der Berufsfreiheit dahin, den räumlichen Geltungsbereich des Konkurrenzverbotes soweit wie möglich zu reduzieren. So hat das OLG Frankfurt in einer neuesten Entscheidung das einem Zahnarzt in einem Praxisübernahmevertrag auferlegte Verbot, im Umkreis von 10 km in einer Großstadt eine eigene Zahnarztpraxis zu betreiben, für sittenwidrig und trotz einer vertraglich vereinbarten salvatorischen Klausel für nichtig erklärt, GesR 2005, 89.

Ein Rückkehrverbot, das die vorstehend aufgezeigte räumliche Begrenzung nicht beachtet, ist insgesamt sittenwidrig und damit nichtig. Es kann also gerichtlich nicht auf ein zulässiges Maß reduziert werden, BGH NJW 1991, 699; OLG Koblenz MedR 1994, 367. Dies sollte vor allem der Erwerber bei den Vertragsverhandlungen bedenken, da er bei zu hohen Forderungen in Bezug auf die räumliche Ausdehnung des Rückkehrverbotes Gefahr läuft, ganz mit leeren Händen dazustehen; im Falle der Nichtigkeit des Rückkehrverbotes gilt nämlich auch der vertragsimmanente .Konkurrenzschutz (siehe oben) nicht, da andernfalls sozusagen durch die Hintertür doch wieder eine gerichtliche Reduzierung auf ein zulässiges Höchstmaß stattfinden würde.

Gegenständlich ist das Rückkehrverbot ebenfalls auf das nötige Maß zu beschränken, insbesondere auf das Fachgebiet des Erwerbers. So soll es unzulässig sein, dem Veräußerer generell eine „Tätigkeit als Arzt" in dem entsprechenden Gebiet zu untersagen, OLG Stuttgart NZG 1999, 252. Unzulässig ist auch das Verbot gegenüber dem Veräußerer, kurzzeitige Praxisvertretungen zu übernehmen sowie gelegentlich Verwandte oder Freunde zu behandeln. Andererseits ist es wichtig, bei einem Rückkehrverbot nicht nur eine etwaige neue Niederlassung des Veräußerers anzusprechen, sondern es auch auf seine sonstige ärztliche Tätigkeit z. B. als Dauervertreter oder als angestellter Arzt in einer Praxis oder in einem Medizinischen Versorgungszentrum auszudehnen. Jedoch ist es unzulässig, die Tätigkeit des Veräußerers als angestellter Arzt in einem Krankenhaus in die Konkurrenzschutzklausel einzubeziehen, da diese Tätigkeit die schützenswerten Interessen des Erwerbers nicht tangiert, BGH NJW 1997, 3089. Diese Entscheidung dürfte jedoch nicht für den Fall gelten, dass das Krankenhaus, z. B. über ermächtigte Ärzte, an der ambulanten Versorgung teilnimmt.

Die **Bedeutung** des **Rückkehrverbotes** wird allerdings dann **relativiert**, wenn die Zulassung des Veräußerers endet und er daher schon aus diesem Grund dem Erwerber, zumindest was seine vertragsärztliche Tätigkeit angeht, keine Konkurrenz mehr machen kann. Gleichwohl macht auch in diesen Fällen die Vereinbarung eines Rückkehrverbots Sinn, da der Veräußerer sich ja privat niederlassen könnte; außerdem könnte er sich – bei Vorliegen der erforderlichen Voraussetzungen – um eine neue Zulassung als Vertragsarzt bewerben.

Nach einer Entscheidung des OLG München in MedR 2004, 223 schließt auch die Einhaltung eines im Praxisübergabevertrag vereinbarten Konkurrenzverbotes einen Anspruch des Erwerbers auf Minderung des Kaufpreises nicht aus, wenn der Veräußerer entgegen seiner bei Vertragsschluss geäußerten Absicht seine (zahn-)ärztliche Tätigkeit nicht dauerhaft aufgibt. Allerdings ist diese Entscheidung nicht überzeugend, da sie letztlich zu einer unzulässigen Ausweitung des räumlichen Geltungsbereichs des Wettbewerbsverbots führt.

Das Rückkehrverbot kann durch Vereinbarung einer **Vertragsstrafe** gesichert werden. Dabei muss die Höhe der Vertragsstrafe verhältnismäßig sein. Eine zu hohe Vertragsstrafe kann gerichtlich auf Antrag des Veräußerers herabgesetzt werden, § 343 BGB. Bei Vereinbarung der Höhe der Vertragsstrafe wird man zwischen den einzelnen Verstößen differenzieren müssen. So ist es beispielsweise weniger gravierend, wenn der Veräußerer eine unerlaubte Vertretung übernimmt als wenn er sich im Nachbarhaus erneut niederlässt. Außerdem sind zeitnahe Verstöße gegen das Wettbewerbsverbot gravierender als Verstöße gegen Ende der Karenzfrist.

Neben der **Vertragsstrafe** kann ein **Unterlassungsanspruch nicht** geltend gemacht werden, § 340 Abs. 1 BGB, es sei denn, im Vertrag wäre ausdrücklich etwas anderes vereinbart. Der Erwerber muss sich beim Verstoß des Veräußerers gegen das Wettbewerbsverbot also genau überlegen, von welchem Recht er Gebrauch macht. Hingegen kann neben der Vertragsstrafe ein die Vertragsstrafe übersteigender **Schadensersatz** geltend gemacht werden, § 340 Abs. 2 BGB. Allerdings wird sich ein solcher Schaden nur schwer beweisen lassen, da der Erwerber kaum in der Lage sein wird, nachzuweisen, welche Patienten warum zum Veräußerer abgewandert sind und welchen Umsatz bzw. Gewinn er (Erwerber) mit ihnen erzielt hätte. Einem entsprechenden Auskunftsverlangen wird sich der Veräußerer unter Hinweis auf seine ärztliche Schweigepflicht entziehen können. Im Interesse des Erwerbers sollte daher im Praxisübergabevertrag der Schaden definiert werden, wobei sich als Ansatzpunkt der im Praxisübergabevertrag für den Goodwill vorgesehene Kaufpreisteil anbietet.

Die Vereinbarung von sogenannten **Patientenschutzklauseln**, wonach sich der Veräußerer verpflichtet, seine ehemaligen Patienten in Zukunft nicht mehr zu behandeln, dürfte unzulässig sein. Hier bestehen erhebliche Bedenken im Hinblick auf die garantierte Freiheit der Arztwahl und im Hinblick auf § 13 Abs. 7 des Bundesmantelvertrages-Ärzte, wonach *der Vertragsarzt die Behandlung eines Versicherten nur in begründeten Fällen ablehnen* darf.

9.13 Veränderung der Verhältnisse zwischen Vertragsschluss und Übergabe, insbesondere Berufsunfähigkeit oder Tod

Häufig liegt zwischen dem Abschluss des Praxisübergabevertrages und der Übergabe der Praxis bzw. der Durchführung das Nachbesetzungsverfahrens ein längerer Zeitraum. In Hinblick darauf sollte vorgesehen werden, dass der Veräußerer verpflichtet ist, die Praxis bis zur Übergabe auch weiter zu betreiben.

Für den Fall der vorzeitigen Berufsunfähigkeit oder des Todes einer Vertragspartei kann folgendes vereinbart werden:

Stirbt der **Veräußerer** vor Übergabe der Praxis oder wird er dauernd **berufsunfähig**, sollte geregelt werden, dass der Erwerber die Praxis sofort übernimmt. Ist dies nicht möglich, weil beispielsweise das Nachbesetzungsverfahren noch nicht durchgeführt ist, vertritt der Erwerber den berufsunfähigen Veräußerer. Ist der Veräußerer verstorben, kann der Erwerber die Praxis zugunsten der Witwe oder eines unterhaltsberechtigten Angehörigen des Veräußerers bis zur Dauer von drei Monaten fortführen, § 20 Abs. 3 MBO. Eventuell können die Erben die Praxis auch vorübergehend verpachten (siehe 11.). Allerdings ist hier die Abstimmung mit der Kassenärztlichen Vereinigung unerlässlich. Steht der Erwerber für die Vertretung oder Fortführung der Praxis nicht zur Verfügung, ist die vorübergehende Einschaltung eines anderes Arztes denkbar. Führt auch dies nicht zum Ziel, kann vorgesehen werden, dass beide Parteien zumindest dann vom Vertrag zurücktreten können, wenn der Veräußerer noch nicht auf seine Zulassung verzichtet hat bzw. ein etwaiger Verzicht noch rückgängig gemacht werden kann. Der Veräußerer bzw. seine Erben müssen dann versuchen, die Praxis an einen Erwerber zu veräußern, der zur sofortigen Übernahme in der Lage ist.

Für den Fall, dass der **Erwerber** vorzeitig, also vor Übernahme der Praxis, **verstirbt** oder dauernd **berufsunfähig** wird, ist folgende Regelung denkbar:

Der Praxisübergabevertrag wird durch den Tod oder die Berufsunfähigkeit des Erwerbers nicht berührt. Der Erwerber bzw. seine Erben müssen dann versuchen, die Praxis möglichst rasch weiter zu verkaufen, wozu die Mitwirkung des Veräußerers im Vertrag vorzusehen ist. Liegt die Praxis im gesperrten Gebiet, ist allerdings nur die Vereinbarung eines Rücktrittsrechtes für Veräußerer und Erwerber sinnvoll, da der Erwerber keine Zulassung erhalten wird. Der Veräußerer kann dann versuchen, die Praxis an einen anderen Bewerber zu veräußern, wobei vereinbart werden kann, dass ein Mindererlös vom ursprünglichen Erwerber bzw. seinen Erben auszugleichen ist.

9.14 Salvatorische Klausel

Die Vereinbarung einer sogenannten **salvatorischen Klausel** ist deswegen angebracht, weil immer wieder einmal eine vertragliche Regelung im Praxisübergabevertrag nichtig oder unwirksam sein kann, sei es infolge geänderter Gesetze oder

Rechtsprechung, sei es deswegen, weil sich die Parteien über zwingende gesetzliche Regelungen hinwegsetzen oder etwas Sittenwidriges vereinbaren. Gemäß § 139 BGB führt die Nichtigkeit des Teils eines Rechtsgeschäftes im Zweifel zur Nichtigkeit des gesamten Rechtsgeschäftes. In Hinblick darauf ist es wichtig zu vereinbaren, dass eine einzelne **nichtige** oder unwirksame **Bestimmung** den **Bestand** des übrigen **Vertrages nicht berührt (Erhaltungsklausel)**. Einer solchen Regelung sind allerdings Grenzen gesetzt. Nichtige Vertragsbestimmungen führen trotz salvatorischer Klausel dann zur Nichtigkeit des gesamten Vertrages, wenn die nichtige einzelne Bestimmung von schwerwiegender, grundlegender Bedeutung und damit „wesentlicher Bestandteil" des Vertrags ist, BGH NJW 96, 773.

Im übrigen enthält eine salvatorische Klausel normalerweise auch eine Regelung über die „Heilung" der nichtigen oder unwirksamen Vertragsbestimmungen **(Ersetzungsklausel)**. Hier sollte nicht vorgesehen werden, dass die Parteien verpflichtet sind, nichtige Vertragsbestimmungen durch gültige zu ersetzen, da dies voraussetzt, dass beide Parteien sich über eine gültige Vertragsbestimmung einigen (BGH a.a.O.), wovon bei einer streitigen Auseinandersetzung zwischen den Parteien nicht ausgegangen werden kann (nur dann spielt die salvatorische Klausel in der Regel eine Rolle). Vielmehr sollte geregelt werden, dass an die Stelle einer nichtigen oder unwirksamen Bestimmung die Bestimmung tritt, die dem von den Parteien ursprünglich Gewollten am nächsten kommt. Diese Bestimmung ist dann im Streitfall durch richterliche Auslegung zu ermitteln.

9.15 Schlussbestimmungen

Aus Gründen der Klarheit sollte noch vereinbart werden, dass **mündliche Nebenabreden** nicht getroffen sind und dass Änderungen und Ergänzungen des Vertrages der **Schriftform** bedürfen. Auch die Aufhebung der Schriftformklausel kann nur schriftlich erfolgen.

9.16 Schiedsgericht und Schlichtung

Häufig sehen Praxisübergabeverträge **Schiedsvereinbarungen** vor. Unter Schiedsvereinbarung versteht man eine Vereinbarung der Parteien, alle oder einzelne Streitigkeiten, die zwischen ihnen in Bezug auf den Praxisübergabevertrag entstanden sind oder zukünftig entstehen, der Entscheidung durch ein privates Schiedsgericht zu unterwerfen, § 1029 Abs. 1 ZPO. Ob die Vereinbarung eines Schiedsgerichtes sinnvoll ist, lässt sich nur sehr schwer sagen. Letztlich ist es auch eine Mentalitätsfrage. Nachstehend sollen daher nur die Argumente für und gegen die Vereinbarung eines Schiedsgerichtes aufgeführt werden.

Der **Vorteil** des Schiedsgerichts besteht darin, dass es meistens rascher entscheidet als ein staatliches Gericht. Dies schon deswegen, weil das Schiedsgericht in der Regel nur in einer Instanz entscheidet. Schiedsgerichtsverfahren finden außerdem unter Ausschluss der Öffentlichkeit statt, was es den Beteiligten erspart, peinliche Streitereien vor einem größeren Publikum austragen zu müssen. Schließlich kann der Schiedsvertrag vorsehen, dass Schiedsrichter ausgewählt werden, die mit der zu entscheidenden Materie besonders vertraut sind, was bei Richtern der ordentlichen Gerichte nicht immer der Fall ist. Deshalb sollte auf jeden Fall im Schiedsgerichtsvertrag geregelt werden, dass Vorsitzender des Schiedsgerichtes ein im Vertragsrecht für Ärzte erfahrener Jurist ist. Die größere Sachkompetenz des Schiedsgerichtes wird eher dazu führen, dass sich die streitenden Parteien vergleichen.

Der **Nachteil** eines Schiedsgerichtes besteht darin, dass ein etwaiges Fehlurteil nicht oder nur sehr schwer korrigiert werden kann, da es eine Berufung gegen das Urteil eines Schiedsgerichtes nicht gibt. Häufig wird außerdem im Vorfeld schon monatelang über die Zusammensetzung des Schiedsgerichtes gestritten, so dass auch das Argument der rascheren Entscheidung nur bedingt gilt. Schließlich sind Schiedsgerichte auch teurer als ordentliche Gerichte, was jedoch nicht gilt, wenn das ordentliche Gerichtsverfahren durch mehrere Instanzen geführt wird.

Das **Schiedsgerichtsverfahren** muss **schriftlich** vereinbart werden, § 1031 Abs. 1 ZPO. Die Vereinbarung kann auch ad hoc erfolgen. Zur Vermeidung ausführlicher, oft seitenlanger Regelungen empfiehlt es sich, die **Anwendung der Schiedsgerichtsordnung der Deutschen Institution für Schiedsgerichtsbarkeit** e. V. (DIS) zu vereinbaren. Dort ist sowohl die Bestellung des Schiedsgerichtes als auch der Ablauf des Verfahrens detailliert geregelt. Zusätzlich kann der Ort des Schiedsgerichtsverfahrens vertraglich festgelegt werden. Aus Kostengründen sollte erwogen werden, die Anzahl der Schiedsrichter zumindest für niedrigere Streitwerte auf eins zu begrenzen (auch Verfahren vor den staatlichen Gerichten werden inzwischen meistens durch einen Einzelrichter entschieden).

Die Kammergesetze bieten häufig sog. **Schlichtungsverfahren** an. Die von den Kammern bestellten Schlichter können vermitteln, wenn es zwischen Ärzten zu Streitigkeiten kommt. Das Vermittlungsverfahren setzt jedoch voraus, dass beide Parteien auch dann noch, wenn sie schon im Streit miteinander liegen, mit einer Durchführung des Vermittlungsverfahrens einverstanden sind. Jede Partei kann also das schon laufende Schlichtungsverfahren jederzeit dadurch boykottieren, dass sie ihr Einverständnis zurückzieht. Ein weiterer Nachteil des Schlichtungsverfahrens besteht darin, dass der Schlichter – im Gegensatz zum Schiedsgericht – nicht verbindlich entscheiden kann. Er ist also darauf angewiesen, dass die streitenden Parteien sein Votum akzeptieren.

Sieht der Praxisübergabevertrag allerdings vor, dass vor Einleitung eines Gerichtsverfahrens ein Schlichtungsverfahren durchgeführt werden muss, so sind die Parteien hieran gebunden. Ein Gerichtsverfahren kann dann erst eingeleitet werden, wenn das Schlichtungsverfahren gescheitert ist. Vorher ist eine Klage unzulässig, BGH MedR 1985, 81.

In letzter Zeit wird von vielen Kammern, aber auch anderen Institutionen, eine **Mediation** angeboten. Dahinter verbirgt sich nichts anderes als ein mit einer gewissen Professionalität durchgeführtes Schlichtungsverfahren.

Eindeutig zu befürworten ist die Vereinbarung eines **Schiedsgutachtenvertrages**. In ihm regeln die Parteien, dass ein Schiedsgutachter Tatsachen verbindlich festzustellen hat, von denen die Entscheidung einer Streitigkeit abhängt oder dass der Schiedsgutachter eine geschuldete Leistung bestimmen soll. Solche Tatsachen können z. B. etwaige Mängel an Einrichtungsgegenständen oder die Höhe von Abfindungen sein. Die Feststellung des Bestehens oder Nichtbestehens von Rechtsverhältnissen kann hingegen nicht Gegenstand eines Schiedsgutachtenvertrages sein.

9.17 Rückabwicklung des Praxisveräußerungsvertrages

9.17.1 Gesetzliche Regelung

Ein Praxisveräußerungsvertrag kann aus mancherlei Gründen **nichtig** sein (z. B. Anfechtung, Sittenwidrigkeit, Verstoß gegen ein gesetzliches Verbot, Wegfall der Geschäftsgrundlage, Widerruf usw.). Die Nichtigkeit wirkt ex tunc, d. h. dass der Vertrag von Anfang an nicht zustande gekommen ist. Zum gleichen Ergebnis führt es, wenn eine vereinbarte aufschiebende Bedingung nicht eintritt. Eine auflösende Bedingung wirkt hingegen ex nunc, d. h., dass der Vertrag erst **unwirksam** wird, wenn die Bedingung eintritt. Dies gilt auch bei Ausübung eines Rücktrittsrechtes, sei es gesetzlich vorgesehen oder vertraglich vereinbart.

In all diesen Fällen stellt sich die Frage, wie der Praxisübergabevertrag rückabzuwickeln ist.

Im Falle der **Nichtigkeit** erfolgt die **Rückabwicklung** grundsätzlich nach den Vorschriften über die ungerechtfertigte Bereicherung, §§ 812 f BGB. Beide Parteien sind verpflichtet, das herauszugeben, was sie von der anderen Partei bereits empfangen haben, BGHZ 109, 139. Wird ein Vertrag infolge Ausübung eines Rücktrittsrechtes **unwirksam**, gelten für die Rückabwicklung die gesetzlichen Regelungen der §§ 346 f BGB. Der ursprüngliche Praxisübergabevertrag verwandelt sich um ein Rückabwicklungsverhältnis.

Die Rückabwicklung gestaltet sich relativ einfach, wenn die **Praxis noch nicht übergeben** worden ist. In der Regel wird hier nur der Erwerber Anspruch auf Rückgabe etwa geleisteter Sicherheiten oder Rückzahlung des Kaufpreises haben (zur Sicherung dieses Anspruchs siehe 9.6.3).

Komplizierter ist die Rückabwicklung, wenn die **Praxis an den Erwerber bereits übergeben** ist und er in ihr wohlmöglich schon längere Zeit tätig war.

Soweit ersichtlich, hat zu diesem Problem bisher lediglich das Kammergericht Berlin in einem Urteil vom 09.10.1995 Stellung genommen (MedR 96, 220). Das Kammergericht hat entschieden, dass der Erwerber die Praxis wieder rückübereignen muss, umgekehrt den gezahlten Kaufpreis vom Veräußerer herausverlangen kann. Er muss sich aber auf diesen Rückforderungsanspruch den objektiven Wert der Nutzung der Praxis anrechnen lassen. Dabei kommt es nach Ansicht des Kammergerichts nicht darauf an, ob und inwieweit die Tätigkeit des Erwerbers tatsächlich zur Erzielung von Gewinn geführt hat; vielmehr ist entscheidend, dass der Erwerber grundsätzlich in der Lage war, sich als praktizierender Arzt zu betätigen. Nach Auffassung des Kammergerichts hat die Bestimmung des objektiven Wertes der Nutzung der Praxis in der Weise zu erfolgen, dass der durchschnittliche Überschuss eines durchschnittlichen Arztes in der Praxis ermittelt wird und dieser Überschuss aufgeteilt wird in den auf der persönlichen Leistung des Erwerbers beruhenden Gewinn, der nicht herauszugeben ist und den Wert der Sachnutzung. Im konkreten Fall hat das Kammergericht den Wert der Sachnutzung der Praxis auf 25 % des durchschnittlich erzielten Überschusses geschätzt. Nur diesen Betrag musste sich der Erwerber anrechnen lassen.

Zu berücksichtigen ist jedoch, dass die Herausgabe des Patientenstammes in der Regel nicht allein vom Willen und der Rechtsmacht des Erwerbers abhängt sondern vornehmlich davon, dass die Patienten den erneuten Wechsel zum Veräußerer auch mitmachen. Sind sie hierzu nicht bereit, so ist der Erwerber zur Herausgabe außer Stande mit der Folge, dass er nach § 818 Abs. 2 BGB Wertersatz schuldet, BGH NJW 2002, 1340.

Solche gerichtlichen Vorgaben sind ebenso wie die gesetzlichen Regelungen unbefriedigend. Zur Rückabwicklung nach Durchführung eines Nachbesetzungsverfahrens fehlt bisher eine Rechtsprechung.

9.17.2 Vertragliche Regelung

Die Parteien des Praxisübergabevertrages tun daher gut daran, in ihm **Regelungen** für seine **Rückabwicklung** zu treffen.

Es sollte vereinbart werden, dass die beiderseitig empfangenen Leistungen in entsprechender Anwendung der Übertragungsregelungen des Praxisübergabevertrages zurückzuübertragen sind.

Außerdem sollte geregelt werden, dass der Erwerber für den Zeitraum seiner Tätigkeit in der Praxis Anspruch auf die übliche Vergütung eines Vertreters hat. Getätigte Anschaffungen können zu Lasten des Veräußerers gehen, wenn sie für diesen nützlich sind, anderenfalls zu Lasten des Erwerbers.

Besonders schwierig gestaltet sich die **Rückabwicklung,** wenn der **Erwerber in einem gesperrten Gebiet** bereits die **Zulassung** für den Vertragsarztsitz des Veräußerers erhalten hat. Da die Zulassung eine öffentlich rechtlich verliehene Rechtsposition ist, können die Parteien hierüber nicht direkt disponieren. Insbesondere kann der Veräußerer sie vom Erwerber nicht zurück verlangen. Ist die Zulassung des Erwerbers noch nicht bestandskräftig, kann der Veräußerer versuchen, gegen sie Rechtsmittel einzulegen (4.1.5.3.2). Dies wird jedoch häufig nicht zum gewünschten Erfolg führen.

Es wird daher **folgende Regelung** im Praxisübergabevertrag vorgeschlagen: Der Erwerber ist im Falle der Rückabwicklung verpflichtet, den Vertragsarztsitz seinerseits auszuschreiben bzw. einen entsprechenden Ausschreibungsantrag zu stellen. Dies geht allerdings nur, wenn er die vertragsärztliche Tätigkeit bereits aufgenommen hat, BSG MedR 2004, 701. Gleichzeitig wird er verpflichtet, in diesem Zusammenhang auf seine Zulassung zu verzichten und alles Erforderliche zu unternehmen, damit der Veräußerer (wieder, was aber nach Vollendung des 55. Lebensjahres nicht mehr möglich ist!) oder ein Dritter die Zulassung erhält. Allerdings muss mit dieser Regelung die Bereitschaft des Veräußerers korrespondieren, seine Praxis gegebenenfalls an den Dritten zu übereignen, da eine Zulassung ohne Praxis nicht übertragen werden kann, 4.1. Aus Sicht des Veräußerers ist es noch wirkungsvoller, wenn der Erwerber ihm bereits im Praxis-übergabevertrag das Recht zur Ausschreibung abtritt oder eine Vollmacht für den Ausschreibungsantrag und die Erklärung des Zulassungsverzichts erteilt.

Gegen diese Lösung spricht nicht, dass die Zulassung als Vertragsarzt ein höchstpersönliches Recht ist. Höchstpersönliche Rechte können zwar nicht übertragen werden, der Rechtsträger kann sich jedoch verpflichten, auf seine Zulassung zu verzichten (so auch BGH MedR 2002, 647 für eine Gemeinschafts-praxis), und andere Personen für diesen Verzicht bevollmächtigen. Gleichwohl muss offen bleiben, ob die hier vorgeschlagene vertragliche Regelung einer gerichtlichen Nachprüfung standhält. Sie stellt nämlich einen gravierenden Eingriff in das Berufsausübungsrecht des Erwerbers dar, Artikel 12 GG; andererseits ist aber zu berücksichtigen, dass der Erwerber die Zulassung eventuell erst kurz zuvor erhalten hat und unter Umständen sogar der Verlust der Zulassung gemäß § 19 Abs. 3 ZulassungsVO droht, weil er die Tätigkeit als Vertragsarzt infolge des Rücktritts vom Praxisübergabevertrag nicht aufnehmen oder fortführen kann und seine Zulassung damit nicht schützenswert ist. Bei der Interessenabwägung ist außerdem zu berücksichtigen, dass dem Veräußerer durch die Rückabwicklung des Vertrages ein irreparabler Schaden entsteht, wenn er nicht die Chance hat, wenigstens indirekt auf die Zulassung Einfluss zu nehmen, während der Erwerber sich jederzeit um eine erneute Zulassung bewerben kann.

Soweit eine **Rückabwicklung**, z. B. bei Übertragung des Kundenstammes (siehe 9.17.1), **nicht möglich** ist, ist vorzusehen, dass die Parteien zum **Wertersatz** verpflichtet sind.

Sofern eine Partei die Nichtigkeit oder Unwirksamkeit des Vertrages verschuldet hat, sollte vorgesehen werden, dass sie der anderen zum **Schadensersatz** verpflichtet ist. Da ein Schaden in einem gerichtlichen Verfahren nur außerordentlich schwer zu beweisen ist, ist er tunlichst bereits im Vertrag genau zu definieren (der vereinbarte Schaden des Veräußerers könnte z. B. in dem im Kaufvertrag ausgewiesenen Kaufpreisanteil für den Goodwill bestehen).

10   Abgabe und Übernahme eines Anteils an einer Arztpraxis

Während die bisherige Darstellung des Buches die Abgabe und Übernahme einer ärztlichen Einzelpraxis behandelte, soll im folgenden die Abgabe und Übernahme eines Anteils an einer Praxis behandelt werden. Dabei konzentriert sich die Darstellung, dem Thema des Buches folgend, auf echte Veräußerungsvorgänge. Liquidation einer Gesellschaft, Realteilung und Ausscheiden gegen Zahlung einer Abfindung werden daher nicht näher behandelt. Nicht näher behandelt wird auch, welche gesellschaftsvertraglichen Regelungen im Einzelfall zweckmäßig sind.

Jedoch ist darauf hinzuweisen, dass viele Gesellschaftsverträge, insbesondere älteren Datums, im Hinblick auf die neuere Rechtsprechung zum Nachbesetzungsverfahren und zur Ertragssteuer dringend einem **Vertragscontrolling** (2.1.2) unterzogen werden müssen. Wegen der sich ständig ändernden Gesetze und Rechtsprechung sollte in alle Verträge eine **Neuverhandlungsklausel** aufgenommen werden.

Zunächst ist zu differenzieren zwischen Übertragung des Teils einer Einzelpraxis und Übertragung des Anteils an einer Gemeinschaftspraxis.

10.1 Veräußerung eines Teils einer Einzelpraxis

Der Teil der Praxis kann ein realer Teil sein, z. B. das Labor oder das Inventar der Praxis. Hier gelten, soweit einschlägig, die Ausführungen zum Praxisübergabevertrag (9.). Zur Begründung einer Gemeinschaftspraxis wird häufig ein sog. ideeller Teil einer Einzelpraxis (beispielsweise 10 %) an einen „Einsteiger" veräußert (2.5.1.2). Die Veräußerung eines solchen Teils einer Einzelpraxis ist rechtlich wie die Veräußerung eines Anteils an einer Gemeinschaftspraxis (10.2.1) zu beurteilen. Allerdings ergeben sich in haftungsrechtlicher Hinsicht erhebliche Unterschiede, 10.2.1.4.

10.2 Veräußerung eines Anteils an einer Gemeinschaftspraxis

Die **Gründung** einer ärztlichen **Gemeinschaftspraxis** kann auf mehrfache Weise geschehen. Zum einen können sich zwei Ärzte, die bereits über eine Praxis verfügen, zu einer Gemeinschaftspraxis zusammenschließen. Häufiger ist allerdings die Variante, dass ein Arzt, der Inhaber einer Praxis ist, sich mit einem – häufig jüngeren – Arzt zusammenschließt, der noch nicht über eine Praxis verfügt. Hier besteht folgende Alternative: Entweder veräußert der Inhaber der Praxis einen Teil seiner Praxis direkt an den Erwerber (10.1) oder beide gründen eine Gesellschaft, in die der Veräußerer seine Praxis oder einen Teil seiner Praxis einbringt, der Erwerber einen entsprechenden Geldbetrag (zur steuerlichen Behandlung der letzteren Variante siehe BFH NJW 2001, 774). Auf die Vor- und Nachteile dieser beiden Gestaltungsmöglichkeiten soll hier nicht weiter eingegangen werden, da dies den Rahmen des Buches sprengen würde.

Haben sich Ärzte in einer **Gemeinschaftspraxis** zusammengeschlossen, liegt meistens eine **Gesellschaft bürgerlichen Rechtes** (§§ 705 ff BGB) vor. Die nachstehenden Ausführungen gelten sinngemäß aber auch für eine **Partnerschaftsgesellschaft**. Da die Ausübung des ärztlichen Berufes in Form einer **Gesellschaft mit beschränkter Haftung** in den meisten Kammergesetzen ausgeschlossen ist, soll auf diese Gesellschaftsform hier nicht eingegangen werden.

Kann oder will ein Gesellschafter die Gesellschaft nicht mehr fortsetzen (dauernde Berufsunfähigkeit, Differenzen mit den übrigen Gesellschaftern, Alter usw.), kündigt er die Gesellschaft oder die übrigen Gesellschafter kündigen ihm (zum Problem der Hinauskündigung siehe Gehrlein NJW 2005, 1969). Gesetzlich ist vorgesehen, dass die Gesellschaft in diesem Fall endet und zu liquidieren ist. Gleiches gilt beim Tod eines Gesellschafters.

Gesellschaftsverträge enthalten jedoch häufig hiervon abweichende Regelungen. Sie können vorsehen, dass ein **Gesellschafter** aus der Gesellschaft **ausscheidet** (insbesondere bei Tod und dauernder Berufsunfähigkeit), die Gesellschaft mit den übrigen Gesellschaftern festgesetzt wird und der **Anteil** des ausscheidenden Gesellschafters dem oder den verbleibenden Gesellschaftern gegen Zahlung einer Abfindung **anwächst**, wobei zu berücksichtigen ist, dass eine Zweipersonengesellschaft auch in diesem Falle automatisch endet. Ein Gesellschaftsvertrag kann aber auch vorsehen, dass ein aus der Gesellschaft strebender **Gesellschafter** seinen **Gesellschaftsanteil** an einen Dritten oder den oder die verbleibenden Gesellschafter **veräußern** kann. Will sich ein Gesellschafter sukzessive aus einer Gemeinschaftspraxis zurückziehen, eine Konstellation, die häufig anzutreffen ist, wenn eine Praxis an einen Juniorpartner übergehen soll, können auch **Teile eines Anteils** an einer Gemeinschaftspraxis veräußert werden.

10.2.1 Veräußerung des Anteils an einen Dritten

Sieht der Gesellschaftsvertrag vor, dass der Gesellschafter, der aus der Gesellschaft strebt, seinen Anteil oder einen Teil seines Anteils an einen Dritten veräußern kann oder muss, gilt folgendes:

Beim **Verkauf eines Anteils** an einer Gemeinschaftspraxis wird ein **Recht** verkauft (sogenannter share deal). Nach Inkrafttreten des Schuldrechtsmodernisierungsgesetzes am 01.01.2002 finden auf den Rechtskauf die Vorschriften über den Sachkauf entsprechende Anwendung, § 453 Abs. 1 BGB. Werden jedoch sämtliche oder nahezu sämtliche Anteile an einer Gemeinschaftspraxis verkauft, handelt es sich um einen Sachkauf, §§ 433 f BGB (sogenannter asset deal).

Der Übertragungsvertrag setzt sich aus zwei Bestandteilen zusammen, nämlich dem **Kaufvertrag** (Verpflichtungsgeschäft) sowie dem **Abtretungsvertrag** (Verfügungsgeschäft).

Mit Wirksamwerden des Abtretungsvertrages wird der Erwerber Gesellschafter der Gemeinschaftspraxis.

10.2.1.1 Form und Genehmigung

Der Vertrag, mit dem der Anteil an einer Gemeinschaftspraxis veräußert wird, ist, ebenso wie der Vertrag, mit dem eine ganze Praxis übertragen wird, formfrei. Dies gilt sogar dann, wenn zum Vermögen der Gesellschaft, deren Anteil übertragen wird, ein Grundstück gehört. Ein Beurkundungszwang kann sich jedoch gemäß § 311 b BGB oder bei schenkweiser Übertragung ergeben (8.6).

Besteht die Gemeinschaftspraxis zwischen Vertragsärzten, bedarf der mit der Anteilsveräußerung verbundene Eintritt des neuen Gesellschafters in die Gemeinschaftspraxis der **Genehmigung des Zulassungsausschusses** gemäß § 33 Abs. 2 S. 2 ZulassungsVO. Für die Genehmigung ist die Vorlage des Gesellschaftsvertrages an den Zulassungsausschuss erforderlich, BSG MedR 2004, 118. Zu weiteren Genehmigungserfordernissen siehe 8.5.

Falls im Gesellschaftsvertrag nichts anderes vorgesehen ist, ist zur Wirksamkeit des Abtretungsvertrages die **Zustimmung aller übrigen Gesellschafter** erforderlich.

10.2.1.2 Zustimmung der Patienten

Nach der Rechtsprechung des BGH muss für den mit der Veräußerung eines Anteils an einer Rechtsanwaltssozietät verbundenen Eintritt des Erwerbers in die Sozietät – anders als bei der Veräußerung einer Kanzlei im Ganzen (9.5) – nicht die ausdrückliche Zustimmung der Mandanten eingeholt werden, BGH NJW 2001, 2462. Der BGH unterstellt, dass sich der einer Anwaltssozietät erteilte Mandatsvertrag in der Regel auf alle Gesellschafter der Sozietät erstreckt, selbst wenn diese erst später in die Sozietät eintreten.

Ob diese Entscheidung auch voll auf die Veräußerung eines Anteils an einer Gemeinschaftspraxis angewendet werden kann, muss offen bleiben, da hier gewisse Unterschiede bestehen. Im Hinblick auf die gravierenden Konsequenzen – die Vorinstanz hatte im vorstehend geschilderten Fall den gesamten Kanzleikaufvertrag noch für nichtig erklärt, weil sie die Zustimmung der Mandanten für unentbehrlich hielt – sollte auch der Anteilskaufvertrag eine Regelung enthalten, dass der neu eintretende Gesellschafter die Krankenunterlagen von Altpatienten der Gemeinschaftspraxis nur einsehen darf, wenn die Patienten dem schriftlich zugestimmt haben. Damit ist zugleich auch den Anforderungen des **Bundesdatenschutzgesetzes** Genüge getan.

10.2.1.3 Gewährleistung

Eine Haftung für Sachmängel kommt vor allen Dingen in Frage, wenn sämtliche oder fast sämtliche Anteile übernommen werden und der Mangel einzelner Gegenstände die Funktionsfähigkeit der Praxis insgesamt beeinträchtigt (siehe auch 9.4.1.1).

Von dieser Konstellation abgesehen, fallen einzelne Gegenstände der Praxis nicht unter die Gewährleistungspflicht des Veräußerers. Gleiches gilt für den Wert des Anteils. Will der Erwerber hier eine Haftung begründen, muss er entsprechende **Beschaffenheitsvereinbarungen** treffen oder sich **Garantien** geben lassen (9.4.1.5).

Nachdem auf den Anteilskauf die Vorschriften über den Sachkauf entsprechende Anwendung finden, haftet der Veräußerer konsequenterweise aber für die Angaben über den Schuldenstand der Gesellschaft und die sogenannten Abschlussangaben (9.4.1.1).

Ein **Rechtsmangel** des Anteils liegt z. B. vor, wenn der Anteil nicht oder nicht im angegebenen Umfang besteht (der Gesellschaftsvertrag ist nichtig oder nicht genehmigt), wenn der Gesellschaftsanteil nicht übertragbar ist (z. B. fehlende Zustimmung der Gesellschafter), wenn der Gesellschaftsanteil nicht mit den vereinbarten Eigenschaften ausgestattet ist (z. B. Höhe der Gewinnbeteiligung, Umfang des Stimmrechts) oder wenn sich die Gesellschaft in Insolvenz oder Liquidation befindet (siehe auch 9.4.1.2).

Selbstverständlich besteht neben der Gewährleistungshaftung auch die Haftung des Veräußerers für **Verschulden bei Vertragsschluss**, siehe 9.4.2.

10.2.1.4 Haftung für Praxisverbindlichkeiten

Seit der Entscheidung des BGH vom 07.04.2003 (MedR 2003, 634) **haftet** der einer Gemeinschaftspraxis beitretende Gesellschafter, also der **Erwerber** eines Anteils, in analoger Anwendung von § 130 HGB auch für die vor seinem Eintritt begründeten Verbindlichkeiten der Gesellschaft (sogenannte **Altverbindlichkeiten**) Dritten gegenüber persönlich und gemeinsam mit dem Altgesellschaftern. Das bedeutet, dass er auch mit seinem Privatvermögen haftet.

Besonders tückisch ist die Rechtsprechung des BGH über die Haftung des Erwerbers für Altverbindlichkeiten deshalb, weil sie auch **gesamtschuldnerisch** ist, der Erwerber des Anteils also unter Umständen, z. B. bei Zahlungsunfähigkeit der übrigen Gesellschafter, nach außen für die gesamten Verbindlichkeiten alleine aufkommen muss. Er hat dann zwar einen Regressanspruch gegen die übrigen Gesellschafter, der bei deren Zahlungsunfähigkeit jedoch nichts wert ist.

Die Haftung bezieht sich auf alle durch **Rechtsgeschäfte** oder **Gesetz** entstandenen **Verbindlichkeiten** der Gesellschaft. Der BGH hat in seiner genannten Entscheidung jedoch offengelassen, ob die Haftung auch für Ansprüche gilt, die gegen die Gesellschaft aus in der Vergangenheit vorgekommenen **Behandlungsfehlern** geltend gemacht werden. Letztlich wird dies jedoch in Konsequenz der Rechtsprechung des BGH zu bejahen sein. Diese (neuere) Rechtsprechung gesteht der Gesellschaft bürgerlichen Rechts, also der Gemeinschaftspraxis, eigene

Rechtsfähigkeit zu, BGH NJW 2001, 1056. Das heißt, dass die Gemeinschaftspraxis als solche für Verbindlichkeiten haftet. Da wiederum die Einzelgesellschafter für die Verbindlichkeiten der Gesellschaft haften, haften sie auch für Verbindlichkeiten aus Behandlungsfehlern.

Eine Haftung für Forderungen aus in der Vergangenheit liegenden Behandlungsfehlern besteht nicht in einer Partnerschaftsgesellschaft, da sich hier die Haftung gemäß § 8 Abs. 2 PartGG auf den behandelnden Arzt konzentriert.

Die **Haftung** für Altverbindlichkeiten **gilt nicht,** wenn ein in einer Einzelpraxis tätiger Arzt einen Anteil an seiner Praxis an einen anderen Arzt veräußert, um mit ihm in Zukunft den Beruf gemeinsam in einer Gemeinschaftspraxis auszuüben, BGH NJW 2004, 836. Dementsprechend dürfte eine Haftung für Altverbindlichkeiten auch nicht greifen, wenn ein Gesellschafter aus einer zweigliedrigen Gemeinschaftspraxis ausscheidet (womit die Gesellschaft endet), sein Anteil dem anderen Gesellschafter anwächst und dieser dann einen neuen Gesellschafter aufnimmt.

In seinem oben genannten Urteil (MedR 2003, 634) hat der BGH entschieden, dass Erwägungen des Vertrauensschutzes es gebieten, den Grundsatz der persönlichen **Haftung** des in eine GbR eintretenden Gesellschafters für Altverbindlichkeiten der Gesellschaft erst auf **künftige Beitrittsfälle** anzuwenden, also auf Fälle nach der Veröffentlichung der vorgenannten Entscheidung. Im übrigen ist die Haftung für Altverbindlichkeiten, die **älter als fünf Jahre** sind, **ausgeschlossen,** § 736 Abs. 2 BGB i. V. m. § 160 HGB.

Auch vor der Entscheidung des BGH über die Haftung für Altverbindlichkeiten haftete der Erwerber schon für **Verbindlichkeiten,** die der Veräußerer **gegenüber der Gesellschaft** hatte. Der Anteil des Veräußerers ist sozusagen mit diesen Schulden „belastet". Dies gilt selbstverständlich weiter.

Siehe zu den vorstehenden Ausführungen auch Möller in MedR 2004, 69 f.

Im Hinblick auf die beschriebene Haftungssituation kommt den **Angaben des Veräußerers** eines Anteils an einer Gemeinschaftspraxis über die **bestehenden Verbindlichkeiten** besondere Bedeutung zu. Sind die Angaben unzutreffend oder unvollständig, setzt er sich Gewährleistungsansprüchen sowie Ansprüchen wegen Verschuldens bei Vertragsschluss aus (10.2.1.3). Dem **Erwerber** ist zu empfehlen, vor dem Erwerb eines Anteils an einer Gemeinschaftspraxis dem Thema „Verbindlichkeiten" besondere Aufmerksamkeit zuzuwenden und sich gegebenenfalls entsprechende **Garantien** geben zu lassen. Auf jeden Fall sollte sich der Erwerber durch den Veräußerer im Innenverhältnis von sämtlichen Praxisverbindlichkeiten, ob bekannt oder unbekannt, freistellen lassen.

10.2.1.5 Wettbewerbsverbot

Hier kann zunächst auf die Ausführungen unter 9.12 verwiesen werden.

In der Regel wird schon der **Gesellschaftsvertrag,** den der Veräußerer des Anteils abgeschlossen hat, ein **Wettbewerbsverbot** enthalten. Dabei ist zu beachten, dass sich das Wettbewerbsverbot, falls die Gemeinschaftspraxis in einem gesperrten Gebiet liegt, räumlich nicht auf nahezu das gesamte gesperrte Gebiet erstrecken darf, wenn das verbleibende Gebiet eine Praxis erkennbar nicht mehr tragen kann, OLG München MedR 1996, 567.

Auch wenn der Gesellschaftsvertrag ein Wettbewerbsverbot enthält, muss der **Erwerber** des Anteils ein eigenes **Wettbewerbsverbot** mit dem Veräußerer vereinbaren, da er nur dann sichergehen kann, eigene Ansprüche auf Einhaltung des Wettbewerbsverbots durchsetzen zu können.

10.2.2 Anteilsveräußerung und Zulassung

In **nicht gesperrten Gebieten** ergeben sich hier keine Probleme; problematisch ist das Zusammenspiel von Anteilsübertragung und Zulassung aber **in gesperrten Gebieten.**

10.2.2.1 Ausschreibungsberechtigung

Frage ist, wer beim Ausscheiden eines Gesellschafters aus einer Gemeinschaftspraxis in einem gesperrten Gebiet berechtigt ist, die Ausschreibung des Vertragsarztsitzes zu beantragen. Denkbar sind einerseits der ausscheidende bzw. ausgeschiedene Gesellschafter oder dessen Erben, andererseits der oder die verbleibenden Gesellschafter. Die Frage wurde in der Vergangenheit kontrovers diskutiert. Am 25.11.1998 hat das Bundessozialgericht entschieden, dass die **verbleibenden Gesellschafter** die **Ausschreibung** des frei gewordenen Vertragsarztsitzes **beantragen** können, wenn ein Arzt aus einer Gemeinschaftspraxis ausscheidet, MedR 1999, 382. **Voraussetzung** ist nach der genannten Entscheidung allerdings, dass die **Zulassung** des ausscheidenden Arztes **endet** (4.1.2). Offen gelassen hat das Bundessozialgericht in seiner Entscheidung aber ausdrücklich die Frage, ob auch dem ausscheidenden Gesellschafter (im Falle seines Todes seinen Erben) ein Ausschreibungsrecht zusteht. Hier wird man differenzieren müssen. Kann der ausscheidende Gesellschafter noch über seinen Gesellschaftsanteil disponieren, was anzunehmen ist, wenn er gesellschaftsvertraglich berechtigt ist, den Anteil zu veräußern, ist ihm das Recht zur Ausschreibung des Vertragsarztsitzes zuzugestehen (so wohl auch BSG a. a. O.); kann er auf Grund der gesellschaftsvertraglichen Regelungen nicht mehr über seinen Anteil disponieren (weil dieser z. B. den anderen Gesellschaftern gegen Zahlung einer Abfindung anwächst), entfällt auch die Ausschreibungsberechtigung des ausscheidenden Gesellschafters, weil er nicht mehr in der Lage ist, seine Praxis fortzuführen (4.1). In diese Richtung deutet auch die Entscheidung des BSG vom 29.09.1999, wenn es dort heißt, dass die Einleitung eines Nachbesetzungsverfahrens im Falle der Ausübung der vertragsärztlichen Tätigkeit in einer Gemeinschaftspraxis voraussetzt, dass der Vertragsarzt, dessen Zulassung endet, in diesem Zeitpunkt noch der Gemeinschaftspraxis angehört (BSG Arztrecht 2000, 167).

Eine möglicherweise doppelte Ausschreibungsberechtigung kann nicht zu einer Verdoppelung des Vertragsarztsitzes führen. Vielmehr wird der Vertragsarztsitz des ausscheidenden Gesellschafters nur einmal ausgeschrieben (BSG MedR 1999, 382). Deshalb ist es sinnvoll, wenn die Gesellschafter im Gesellschaftsvertrag regeln, wer in einem solchen Fall ausschreibungsberechtigt sein soll, wobei das Ausschreibungsrecht auf den jeweils anderen Vertragspartner übergeben sollte, wenn ein Partner von seinem Recht innerhalb einer bestimmten Frist keinen Gebrauch macht.

10.2.2.2 Zulassungsverzicht

In der Diskussion über die oben genannte Entscheidung des Bundessozialgerichtes wird häufig nicht ausreichend zwischen dem Recht, die Ausschreibung zu beantragen (4.1.3.2) und dem Ende der Zulassung (4.1.2) differenziert. Dieser Fehler unterläuft sogar dem BGH, wenn er im Leitsatz seines Urteils vom 22.07.2002 zwar von der Pflicht spricht, einen Antrag auf Ausschreibung zu stellen, in Wirklichkeit aber die Pflicht zum Verzicht auf die Zulassung meint, MedR 2002, 647. Wie gesagt, besteht das Ausschreibungsrecht der verbleibenden Gesellschafter dann, wenn die Zulassung des ausscheidenden Gesellschafters endet. Als völlig ungeklärt muss aber nach wie vor das Problem angesehen werden, dass ein **Gesellschafter** zwar aus der Gemeinschaftspraxis **ausscheidet**, seine **Zulassung** aber **nicht** zugleich **endet**. In diesem Falle droht die Gefahr, dass der ausscheidende Gesellschafter seinen Vertragsarztsitz verlegt und seine Zulassung mitnimmt. Ein Nachbesetzungsverfahren kann nicht stattfinden. Dies wird normalerweise nicht im Interesse des oder der verbleibenden Gesellschafter sein. Oft hängt die wirtschaftliche Tragfähigkeit einer Gemeinschaftspraxis nämlich von der Zahl der Vertragsarztzulassungen ab. Hinzu kommt, dass der ausscheidende Gesellschafter seine Zulassung als Vertragsarzt oftmals über einen anderen, zuvor aus der Gemeinschaftspraxis ausgeschiedenen Gesellschafter erhalten haben wird. Um dieses unerwünschte Ergebnis, nämlich Verlust einer Zulassung für die Gemeinschaftspraxis, zu verhindern, enthalten viele Gesellschaftsverträge die Verpflichtung, dass der aus der Gesellschaft ausscheidende Vertragsarzt auf seine Zulassung verzichtet. Der BGH hält eine solche Verpflichtung zumindest dann für zulässig, wenn der Vertragsarzt **freiwillig** aus der Gemeinschaftspraxis **ausscheidet** und wegen der relativ kurzen Zeit seiner Mitarbeit die Gemeinschaftspraxis noch nicht entscheidend mitgeprägt hat, BGH MedR 2002, 647. Wertenbruch in NJW 2003, 1904 ff hält sogar eine solche Verpflichtung unabhängig von der Zugehörigkeitsdauer des ausscheidenden Gesellschafters für zulässig, wenn sie für alle Gesellschafter gilt, unterscheidet aber nicht zwischen freiwilligem und unfreiwilligem Ausscheiden aus der Gesellschaft. Andere Gerichte halten eine schuldrechtliche Verpflichtung zum Verzicht auf die Zulassung beim Ausscheiden aus einer Gemeinschaftspraxis für unzulässig, OLG Stuttgart MedR 2001, 519.

Letztlich muss die Frage als noch offen angesehen werden. Sie spielt allerdings keine Rolle, wenn der Veräußerer seinen Anteil an einen Dritten veräußert, der keine Zulassung hat. Veräußert er den Anteil an einen solchen Dritten, wird er selbst ein Interesse daran haben, auf seine Zulassung zu verzichten, da ein Nachbesetzungsverfahren nur bei Beendigung der Zulassung durchgeführt werden kann und der Dritte Wert darauf legen wird, die Zulassung im Nachbesetzungsverfahren zu erhalten.

10.2.2.3 Auswahl durch den Zulassungsausschuss

Hier gelten die Ausführungen unter 4.1.5.1 entsprechend.

Zusätzlich bestimmt § 103 Abs. 6 SGB V, dass die **Interessen** des oder der in der Praxis **verbleibenden Vertragsärzte** bei der Bewerberauswahl angemessen zu berücksichtigen sind.

Über die Gewichtung dieses Auswahlkriteriums schweigt sich das Gesetz ebenso aus wie über die Gewichtung der übrigen Auswahlkriterien. Gleichwohl wird man sagen müssen, dass der angemessenen Berücksichtigung der Interessen des oder der verbleibenden Gesellschafter ein sehr **hoher Stellenwert** zukommt, da eine dauerhafte Bindung zwischen den Gesellschaftern eingegangen wird und einem Gesellschafter ein anderer Gesellschafter nicht aufgezwungen werden kann (sogenannte negative Koalitionsfreiheit). Ein befriedigender Interessenausgleich wird in der Regel nur möglich sein, wenn der ausscheidende Gesellschafter, die verbleibenden Gesellschafter, der ins Auge gefasste Bewerber und die Kassenärztliche Vereinigung bzw. der Zulassungsausschuss eng kooperieren. Dabei ist vor allem auf folgende Kriterien Wert zu legen:

–   Der ins Auge gefasste Bewerber muss bereit sein, einen Gesellschaftsvertrag abzuschließen bzw. einem bestehenden Gesellschaftsvertrag beizutreten. Dies wird am besten dadurch sichergestellt, dass bereits vor Durchführung des Ausschreibungsverfahrens ein entsprechender Vertrag mit Rücktrittsvorbehalt geschlossen wird (analog der Empfehlung zum Abschluss eines Praxisübergabevertrages bei der Einzelpraxis, 4.2.1).

–   Der Bewerber muss geeignet sein, in der Gemeinschaftspraxis mitzuarbeiten. Hier ist neben dem Fachgebiet auf Zusatzbezeichnungen und Tätigkeitsschwerpunkte abzuheben.

–   Zwischen dem Bewerber und den Gesellschaftern muss „die Chemie stimmen". Dieses Kriterium ist selbstredend besonders schwierig zu objektivieren und am besten dann in den Griff zu bekommen, wenn der Bewerber in der Gemeinschaftspraxis bereits mitgearbeitet hat. Zur Vereinbarung einer Art Probezeit siehe BGH ZMGR 2004, 129.

Das Nachbesetzungsverfahren in Bezug auf einen ausgeschiedenen Gesellschafter kann nicht gegen die Interessen des oder der verbleibenden Gesellschafter durchgeführt werden; insbesondere kann der Zulassungsausschuss keine „Zwangsehe" stiften. Das Bundessozialgericht geht sogar soweit, dass es die Zulassung eines Bewerbers, mit dem die verbleibenden Gesellschafter eine Zusammenarbeit ablehnen, für unzulässig hält (BSG Arztrecht 2000, 166). Auf jeden Fall wird der Zulassungsausschuss § 102 Abs. 1 S. 4 SGB V (Anhang 4) zu berücksichtigen haben, wonach bei der Entscheidung über Zulassungen die Bildung von ärztlichen Zusammenschlüssen gefördert werden kann.

10.2.3 Veräußerung des Anteils an einen oder mehrere Gesellschafter

Hier gelten die vorstehenden Ausführungen über die Veräußerung des Anteils an einen Dritten entsprechend.

Fraglich ist, ob die Veräußerung eines Anteils an einen oder mehrere Gesellschafter vom **Zulassungsausschuss zu genehmigen** ist (10.2.1.1). Die Beendigung einer Gemeinschaftspraxis unter Vertragsärzten bedarf an sich keiner Genehmigung durch den Zulassungsausschuss. Der Zulassungsausschuss ist jedoch berechtigt, die Beendigung der Gemeinschaftspraxis durch Verwaltungsakt festzustellen, BSG MedR 1993, 279. Zwar führt die Veräußerung eines Anteils an einen anderen Gesellschafter nur bei einer zweigliedrigen Gesellschaft zur Beendigung der Gesellschaft, aber auch bei einer mehrgliedrigen Gesellschaft findet durch das mit der Veräußerung verbundene Ausscheiden eines Gesellschafters eine Neuformierung der Gesellschaft im vertragsärztlichen Sinne statt. Dementsprechend wird von vielen Zulassungsausschüssen auch eine Genehmigung der Gemeinschaftspraxis in der neuen Gesellschafterkonstellation festgestellt. Diese Genehmigung hat dann allerdings nur deklaratorischen Charakter.

11 Praxisverpachtung, -verwesung

Soweit ersichtlich, gibt es bisher keine höchstrichterliche Rechtsprechung über die Zulässigkeit der **Verpachtung** einer **Arztpraxis**, insbesondere des Patientenstammes. Nachdem der Verkauf einer Arztpraxis inzwischen als zivilrechtlich und berufsrechtlich unproblematisch angesehen wird, bestehen nach hier vertretener Auffassung keine durchgreifenden Bedenken gegen die Zulässigkeit der Verpachtung einer Arztpraxis (a. A. noch die 2. Auflage). Entsprechend hat auch der BFH (Bundessteuerblatt II 1993, 39) eine vorübergehende Verpachtung durch Praxiserben für eine Übergangsfrist anerkannt, wenn ein qualifizierter Übernehmer demnächst zur Verfügung steht. Allerdings hat sich der BFH in seiner Entscheidung nicht mit den berufsrechtlichen Aspekten der Verpachtung einer Arztpraxis auseinandergesetzt.

Auf jeden Fall **zulässig** ist die Verpachtung einer eingerichteten Praxis ohne Patientenstamm an einen Arzt.

Bei der Gestaltung der Pachtzahlung ist allerdings strikt darauf zu achten, dass der Arzt in seinen diagnostischen und therapeutischen Entscheidungen nicht von berufsfremden Dritten beeinflusst und nicht veranlasst wird, sein Gewinnstreben in den Vordergrund zu stellen, BayObLG MedR 2001, 206. Pachtverträge, die darauf hinauslaufen, dass ein berufsfremder Verpächter (in der vorgenannten Entscheidung ein „Hotel-Sanatorium")unmittelbar oder mittelbar an einer Arztpraxis bzw. deren Gewinn beteiligt wird, sind danach nichtig.

Eine Zwitterstellung nimmt die sogenannte **„Praxisverwesung"** ein, § 20 Abs. 3 MBO. Dort ist vorgesehen, dass die Praxis eines verstorbenen Arztes zugunsten seiner Witwe (gilt im Zeitalter der Gleichberechtigung auch für den Witwer) oder eines unterhaltsberechtigten Angehörigen in der Regel bis zur Dauer von drei Monaten nach dem Ende des Kalenderjahres durch einen anderen Arzt fortgeführt werden kann. Die Fortführung geschieht auf Rechnung der Witwe oder der Angehörigen. Zur zulassungsrechtlichen Gestaltung siehe Kamps in NJW 1995, 2384.

12   Praxistausch

Der **Tausch** von Arztpraxen ist grundsätzlich **zulässig**, BGH NJW 1959, 1584. Für den Tausch gelten die Ausführungen über den Praxiskauf entsprechend, § 480 BGB.

13 Berufshaftpflicht

Selbstverständlich ist der **Erwerber** verpflichtet, eine ausreichende Berufshaftpflichtversicherung abzuschließen. Diese Verpflichtung findet sich in den Berufsordnungen, sie liegt jedoch auch im wohlverstandenen eigenen Interesse des Erwerbers. In diesem Zusammenhang ist darauf hinzuweisen, dass die für die Tätigkeit als angestellter Arzt im Krankenhaus abgeschlossene Versicherung nicht das Haftpflichtrisiko der selbständigen Tätigkeit in der übernommenen Praxis abdeckt.

Der **Veräußerer** sollte auch nach Abgabe seiner Praxis prüfen, ob und gegebenenfalls welchen Versicherungsschutz er aufrechterhält.

Abdecken sollte er mit einer sogenannten Ruhestandsversicherung auf jeden Fall **gelegentliche ärztliche Tätigkeiten** wie Vertretung, Behandlung von Angehörigen, Behandlung in Notfällen und anlässlich Erster-Hilfe-Leistungen bei Unglücksfällen (hier besteht sogar eine Pflicht zum Tätigwerden).

In Frage kommt aber auch der Abschluss einer sogenannten **Nachhaftungsversicherung.** Der Abschluss dieser Versicherung wird von der Versicherungswirtschaft propagiert, weil sie auf dem Standpunkt steht, entscheidend für die Eintrittspflicht sei nicht der Zeitpunkt, in dem die Ursache für einen Schaden gesetzt worden sei (also z. B. der Zeitpunkt einer Operation) sondern der Zeitpunkt, in dem der Schaden sich verwirklicht und einen gegenüber der Versicherung anzeigepflichtigen Umstand darstellt (Schadensereignis). Dieser Zeitpunkt kann nach Abgabe der Arztpraxis und damit nach Beendigung des Versicherungsverhältnisses liegen, weshalb der Abschluss einer Nachhaftungsversicherung erforderlich sei. Das OLG Nürnberg ist dieser Auffassung in einem Urteil aus dem Jahr 2000 entgegengetreten (MedR 2001, 463 mit Anmerkung von Dahm). Um hier jedes Risiko, insbesondere aber Ärger und langwierige Prozesse auszuschließen, sollte der Veräußerer die Frage der Nachhaftung mit seiner Berufshaftpflichtversicherung ausdrücklich klären und sich etwaige Zusagen schriftlich geben lassen.

14 Steuerliche Fragen

Die Steuer spielt bei der Veräußerung einer Einzelpraxis oder eines Anteils an einer Gemeinschaftspraxis oder Praxisgemeinschaft eine erhebliche Rolle.

14.1 Steuerliche Fragen bei Veräußerung einer Einzelpraxis

14.1.1 Umsatzsteuer

Aus § 1 Abs. 1 a des UStG (gültig seit 01.01.1994) ergibt sich, dass die Umsätze im Rahmen einer **Geschäftsveräußerung im Ganzen** an einen anderen Unternehmer für dessen Unternehmen nicht mehr der Umsatzsteuer unterliegen. Das bedeutet für den Veräußerer, der seine Praxis im Ganzen verkauft, dass **Umsatzsteuer** auch dann **nicht anfällt**, wenn er in der Praxis ein bisher umsatzsteuerpflichtiges Labor betrieben hat.

Anders kann die Umsatzsteuerpflicht zu beurteilen sein, wenn ein **Teil der Praxis veräußert** wird. Hier scheidet eine Steuerbefreiung nach § 1 Abs. 1 a UStG aus, da die Praxis nicht im Ganzen veräußert wird. Eine Umsatzsteuerbefreiung kommt dann nur in Betracht, wenn der übertragene Praxisanteil ausschließlich den umsatzsteuerfreien Bereich des Unternehmens betrifft. Dies ist z. B. gegeben, wenn der Veräußerer einen Anteil an der Gemeinschaftspraxis oder einen prozentualen Teil seiner Einzelpraxis (10.1) zur Begründung einer Gemeinschaftspraxis veräußert. Veräußert der Zahnarzt sein Eigenlabor, so ist dies umsatzsteuerfrei, wurden in dem Zahnarztlabor aber Leistungen auch für fremde Zahnärzte erbracht, ist die Veräußerung umsatzsteuerpflichtig.

Weist der Veräußerer in seiner **Rechnung** über den Kaufpreis **Umsatzsteuer aus**, obwohl keine Umsatzsteuerpflicht besteht, und akzeptiert der Erwerber dies, erhöht das den Kaufpreis unnötig. Die unberechtigt ausgewiesene Umsatzsteuer ist dann vom Veräußerer an das Finanzamt abzuführen, der Erwerber kann sie nicht als Vorsteuer absetzen.

14.1.2 Ertragssteuer

14.1.2.1 Beim Veräußerer

Nach § 18 Abs. 3 i. V. m. § 16 EStG muss der Veräußerer den **Gewinn**, der bei der Veräußerung der Praxis entsteht, **versteuern**. Veräußerungsgewinn ist „der

Betrag, um den der **Veräußerungspreis** nach Abzug der Veräußerungskosten den steuerlichen Wert des **Betriebsvermögens** oder den steuerlichen Wert des Anteils am Betriebsvermögen übersteigt", § 16 Abs. 2 Satz 1 EStG.

Der **Veräußerungspreis** umfasst die Gesamtheit aller Vorteile, die dem Veräußerer aus Anlass der Veräußerung der Praxis zufließen. Dies ist primär der Kaufpreis, dazu rechnen aber auch z. B. Abstandszahlungen, Entgelte für Aufgabe der Praxisräume usw.. Bei Aufgabe der Praxis wird anstelle des Veräußerungspreises der Verkehrswert (ohne Goodwill) als steuerliche Berechnungsbasis angesetzt.

Zu den **Veräußerungskosten** zählen alle Aufwendungen, die in unmittelbarer sachlicher Beziehung zum Veräußerungsgeschäft stehen und vom Veräußerer getragen werden. Hierzu zählen insbesondere die unter 8.7 aufgeführten Kosten.

Der Wert des **Betriebsvermögens** ist anhand einer Schlussbilanz zum Besteuerungszeitpunkt zu ermitteln. Er ist identisch mit dem Buchwert des Kapitalkontos, sofern sämtliche Wirtschaftsgüter des Betriebsvermögens veräußert oder in das Privatvermögen überführt werden. Der damit verbundene Übergang von der Einnahmen-Überschuss-Rechnung zur Bilanzierung kann dazu führen, dass laufende Betriebseinnahmen vorzeitig zu versteuern sind.

Maßgeblicher Zeitpunkt für die Besteuerung (**Besteuerungszeitpunkt**) ist der Tag, an dem der Praxisübergabevertrag vom Veräußerer „wirtschaftlich erfüllt" wird (BFH, Bundessteuerblatt II 1992, 525). Der Besteuerungszeitpunkt fällt also mit der Übergabe der Praxis zusammen. Unbeachtlich für den Besteuerungszeitpunkt ist das Datum des Vertragsabschlusses oder der Zufluss des Kaufpreises.

Hat der Veräußerer im Besteuerungszeitpunkt das 55. Lebensjahr vollendet oder veräußert er die Praxis, weil er im sozialversicherungsrechtlichen Sinne (§ 43 Abs. 2 SGB VI) dauernd berufsunfähig ist, wird ihm auf Antrag ein **Freibetrag** gewährt, der ab 01.01.2004 € 45.000,00 beträgt. Er verringert sich allerdings um den Betrag, um den der Veräußerungsgewinn € 136.000,00 übersteigt, d. h., dass bei einem Veräußerungsgewinn von € 181.000,00 oder mehr der Freibetrag nicht mehr zum Tragen kommt, § 16 Abs. 4 EStG. Er kann nur einmal im Leben allein oder zusammen mit der Tarifbegünstigung (s.u.) in Anspruch genommen und nicht gesplittet werden. Hat der Veräußerer den Freibetrag vor dem Jahr 1996 schon einmal in Anspruch genommen, so ist dies unschädlich, § 52 Abs. 34 EStG. Wird der Freibetrag bei einer Veräußerung nicht voll ausgeschöpft, so geht der nicht ausgenutzte Betrag verloren und steht für weitere Veräußerungen nicht mehr zur Verfügung.

Bei Vorliegen der vorgenannten Voraussetzungen gewährt das Gesetz außerdem eine **Tarifbegünstigung**. Der Veräußerer kann beantragen, dass der nach Abzug des Freibetrages verbleibende Gewinn nur einem **ermäßigten Steuersatz** besteuert wird. Er beträgt 56 Prozent des durchschnittlichen Steuersatzes, der sich ergäbe, wenn die tarifliche Einkommenssteuer nach dem gesamten zu versteuernden Einkommen zuzüglich der dem Progressionsvorbehalt unterliegenden Einkünfte zu bemessen wäre, mindestens jedoch 16 Prozent, § 34 Abs. 3 EStG. Auch diese Vergünstigung wird nur einmal im Leben und bis zu einem

Veräußerungsgewinn von € 5 Mio. gewährt. Die Regelung gilt ab Inkrafttreten des Steuersenkungsgesetzes am 01.01.2001. Eine vor 2001 liegende Inanspruchnahme der Tarifbegünstigung ist auch hier unschädlich, § 52 Abs. 47 EStG.

Statt der Besteuerung zum ermäßigten Steuersatz kann der Veräußerer auch die sog. **Fünftel-Regelung** wählen. Sie besagt, dass bei der Ermittlung des Steuersatzes für den Veräußerungsgewinn so getan wird, als betrage der Veräußerungsgewinn lediglich ein Fünftel (sogenannte Progressionsglättung). Diese Besteuerung, die öfter gewählt werden kann, wird der Veräußerer immer dann beantragen, wenn die Voraussetzungen für den Freibetrag oder den ermäßigten Steuersatz nicht (mehr) gegeben sind, da sie unabhängig von diesen Voraussetzungen gewährt wird. Liegen auch die Voraussetzungen für die Gewährung von Freibetrag und ermäßigtem Steuersatz vor, muss im Einzelfall der Steuerberater prüfen, welche Besteuerung günstiger ist (siehe 14.3).

Voraussetzung für alle vorgenannten Steuerbegünstigungen ist die **Veräußerung aller wesentlichen vermögensmäßigen Grundlagen** der freiberuflichen Tätigkeit einschließlich des Patientenstammes.

Das bedeutet zunächst, dass bei der **Veräußerung eines Teils** einer freiberuflichen Einzelpraxis (10.1) die Steuerbegünstigung nicht gewährt wird, weil der Veräußerer nicht alle wesentlichen vermögensmäßigen Grundlagen seiner freiberuflichen Tätigkeit überträgt. Dies gilt insbesondere auch für den Fall, dass der Veräußerer einen Teil seiner Einzelpraxis veräußert, um mit dem Erwerber eine Gemeinschaftspraxis zu begründen (BFH NJW 2000, 900). Nur wenn es sich bei dem Teil um einen **selbständigen Teilbetrieb** handelt, gewährt die Rechtsprechung eine Ausnahme. Allerdings werden an die Annahme eines Teilbetriebes strenge Voraussetzungen gestellt. So hat der Bundesfinanzhof eine selbständige Betätigung angenommen, wenn ein Arzt eine Kassenpraxis als praktischer Arzt führt, außerdem Betriebsarzt ist und die Tätigkeit als Betriebsarzt (wohl auch Schularzt) eine besondere selbständige Betätigung darstellt, BFH Bundessteuerblatt II 1992, 457. Hingegen kann von einem selbständigen Teilbetrieb nicht gesprochen werden, wenn der Veräußerer seine Kassenpraxis veräußert, seine Privatpraxis jedoch weiterführt. In diesem Falle sind die Voraussetzungen für eine Steuerbegünstigung nicht gegeben (BFH Urteil vom 06.03.1997, Az IV R 28/96). Auch die Veräußerung einer allgemeinmedizinischen Kassenpraxis stellt keine steuerbegünstigte Teilbetriebsveräußerung dar, wenn vom Veräußerer im gleichen Gebäude eine Naturheilpraxis fortgeführt wird, Finanzgericht Rheinland-Pfalz, 2 K 1840/94. Letztlich entscheidend ist das Gesamtbild der Verhältnisse beim Veräußerer, BFH GesR 2005, 217.

Die Rechtsprechung verlangt weiter, dass der Veräußerer seine **ärztliche Tätigkeit** in seinem bisherigen örtlich begrenzten Wirkungskreis für eine gewisse Zeit **einstellt**, BFH Bundessteuerblatt II 1997, 498. Ungeklärt ist allerdings, was unter dem örtlich begrenzten Wirkungskreis zu verstehen ist und wie lange die gewisse Zeit dauern soll. Zutreffenderweise deckt sich der örtliche Wirkungskreis wohl mit dem Einzugsgebiet der Praxis und in Rechtsprechung und Literatur wird die „gewisse Zeit" mit zwei bis drei Jahren angenommen. In Zweifelsfällen sollte der Veräußerer das Rechtsinstitut der verbindlichen Auskunft des zuständigen Finanzamts in Anspruch nehmen, um zu verhindern, dass der steuerbegünstigte Veräußerungsgewinn nicht noch nachträglich gefährdet wird.

Für die Erhaltung der Steuerbegünstigung ist es also **unschädlich**, wenn der Veräußerer nach Veräußerung seiner Praxis seine freiberufliche Tätigkeit

- außerhalb des örtlich begrenzten Wirkungskreises, insbesondere also in einer anderen Stadt, fortsetzt

oder

- innerhalb des örtlich begrenzten Wirkungskreises nach etwa zwei bis drei Jahren wieder aufnimmt.

Für unschädlich hält es die Rechtsprechung auch,

- wenn der Veräußerer seine Haupttätigkeit am gleichen Ort ohne Einhaltung der Wartfrist in geringem Umfang fortsetzt. Eine Tätigkeit von geringem Umfang liegt vor, wenn die darauf entfallenden Umsätze in den letzten drei Jahren weniger als 10 % der gesamten Einnahmen ausmachten, BFH Bundessteuerblatt II 1993, 184. Nach einer Verfügung der Oberfinanzdirektion Berlin vom 15.08.2003 (St 122-S2249-3/03) ist die Hinzugewinnung neuer Patienten auch ohne Überschreiten der 10 %-Grenze aber in jedem Fall schädlich.

- wenn der Veräußerer nach der Veräußerung in seiner alten Praxis als Arbeitnehmer oder freier Mitarbeiter tätig ist, weil die Berufstätigkeit des Veräußerers nunmehr für Rechnung des Erwerbers ausgeübt wird und dieser somit über Praxiswert und Patientenstamm allein verfügt und diese für sich nutzt (BFHE 175, 249).

- wenn der Veräußerer nach der Veräußerung seiner Praxis eine seiner bisherigen Tätigkeit wesensverschiedene Tätigkeit aufnimmt. Wird der Veräußerer nach Abgabe der Praxis z. B. als Gutachter tätig, liegt eine wesensverschiedene Tätigkeit dann vor, wenn er vorher eine Gutachtertätigkeit nicht oder nur in geringem Umfang ausgeübt hat.

Haben sich Veräußerer und Erwerber bei der Gestaltung des Kaufpreises auf **wiederkehrende Leistungen** geeinigt, kann der Veräußerer zwischen **Sofortbesteuerung** und **Zuflussbesteuerung** wählen.

Wählt er die Sofortbesteuerung, ist der Differenzbetrag zwischen dem steuerlichen Kapitalkonto und dem Barwert der Rente zu versteuern. Der Barwert ist der gegenwärtige Wert der künftigen Rentenbeträge; er wird nach versicherungsmathematischen Grundsätzen ermittelt (nach anderer Auffassung gemäß § 12 ff. BewG).

Bei der Zuflussbesteuerung ist ein steuerpflichtiger Gewinn zu versteuern, sobald die zugeflossenen Jahresbeträge den Stand des Kapitalkontos und die Veräußerungskosten übersteigen. Solange die Summe der wiederkehrenden Bezüge das Kapitalkonto im Zeitpunkt der Veräußerung nicht übersteigt, muss der Veräußerer auch nichts versteuern. Durch die Wahl der Zuflussbesteuerung kann der Veräußerer die Steuerlast auf mehrere Veranlagungszeiträume verteilen, er sollte aber wissen, dass bei der Zuflussbesteuerung weder ein Freibetrag noch eine Tarifermäßigung gewährt wird.

Das vorgenannte **Wahlrecht** zwischen Sofortbesteuerung und Zuflussbesteuerung **besteht nicht**, wenn sich Veräußerer und Erwerber auf **Ratenzahlungen** (9.6.2) geeinigt haben. In diesem Falle ist der Veräußerungsgewinn zwingend sofort zu versteuern.

14.1.2.2 Beim Erwerber

Der Erwerber kann die Anschaffungskosten für den Erwerb einer Praxis (Sachwert und Goodwill) **abschreiben**, allerdings nicht auf einmal, sondern verteilt auf mehrere Jahre. Die Abschreibungsbeträge mindern dann die entsprechenden Jahresgewinne. Nach einem neueren Urteil des Niedersächsischen Finanzgerichts (AZ 13 K 412/01) gilt dies jedoch **nicht** für die **Zulassung,** da sie sich nicht verflüchtigt, sondern nur bei Tod, Erreichen der Altersgrenze usw. wegfällt. Eine Rolle dürfte dies vor allem bei einem Zulassungserwerb durch ein Medizinisches Versorgungszentrum spielen.

Die jährlichen Abschreibungsbeträge für das übernommene **Inventar** bemessen sich nach seiner Restnutzungsdauer. Sie wird in der Regel zwischen drei und fünf Jahren liegen. Für viele Anlagegüter gelten ab 2001 verlängerte Abschreibungsfristen. Auch der **Goodwill** kann abgeschrieben werden, hier wird die Restnutzungsdauer regelmäßig nicht über fünf Jahren liegen. Bleibt der bisherige Praxisinhaber weiterhin in der Praxis tätig und übt er entscheidenden persönlichen Einfluss aus, was insbesondere bei Übertragung eines Teils einer Einzelpraxis zur Begründung einer Gemeinschaftspraxis der Fall sein wird (10.1), so beträgt die Abschreibungsdauer mindestens sechs und höchstens zehn Jahre (BFH Bundessteuerblatt II 1994, 590).

Hat sich der Erwerber mit dem Veräußerer auf **wiederkehrende Leistungen** geeinigt, hat er in Höhe des Barwertes Anschaffungskosten. Die wiederkehrenden Leistungen werden in voller Höhe mit dem Barwert der Rentenverpflichtung verrechnet. Sobald die Summe der Rentenzahlungen diesen Wert übersteigt, sind die übersteigenden Rentenzahlungen als Betriebsausgabe abzuziehen, wenn der Erwerber den Gewinn gem. § 4 Abs. 3 EStG ermittelt. Wegen näherer Einzelheiten sollte der Erwerber auch hier unbedingt den Rat eines Steuerfachmanns einholen.

14.2 Steuerliche Fragen bei Veräußerung eines Anteils an einer Gemeinschaftspraxis

14.2.1 Umsatzsteuer

Die Veräußerung eines Anteils an einer Gemeinschaftspraxis ist nicht umsatzsteuerpflichtig, § 4 Nr. 8 f UStG.

14.2.2 Ertragssteuer

Veräußert ein Gesellschafter seinen gesamten Anteil an einer Gemeinschaftspraxis, wird dies ertragssteuerlich ebenso behandelt wie die Veräußerung einer Einzelpraxis, BFH Bundessteuerblatt II 1997, 448 (14.1.2.1). Die Anwachsung eines Anteils gegen Zahlung einer Abfindung (10.2) wird der Veräußerung steuerlich gleichgestellt.

Die Veräußerung eines Teils eines Anteils ist ab 01.01.2002 entgegen der früher geltenden Rechtsprechung des Bundesfinanzhofs nicht mehr steuerlich begünstigt, es sei denn, es handelt sich um den letzten Anteil des Veräußerers an der Gemeinschaftspraxis, und es liegen im übrigen die sonstigen Voraussetzungen für eine Steuerbegünstigung (14.1.2.1) vor.

Beim **Erwerber** beträgt die Abschreibungsdauer für den Goodwill nicht wie beim Erwerb einer Einzelpraxis drei bis fünf Jahre, sondern sechs bis zehn Jahre (BFH Bundessteuerblatt II 1994, 590).

14.3 Steuerliche Gestaltungsmöglichkeiten

Bei geschickter Ausnutzung der gegebenen steuerlichen Möglichkeiten kann der **Veräußerer** viel Geld sparen.

Zunächst sollte er prüfen, ob er die Veräußerung seiner Praxis nicht in ein **„Niedrigsteuerjahr"** oder an den **Beginn eines Kalenderjahres** verlagern kann. Auf diese Weise können sich Vorteile in Bezug auf die Steuerprogression ergeben. Die Veräußerung der Praxis am Beginn eines Kalenderjahres macht deswegen Sinn, weil so der vom Veräußerer vor der Übertragung der Praxis noch erzielte laufende Gewinn und der Veräußerungsgewinn auf verschiedene Veranlagungszeiträume verteilt werden.

Im Zusammenhang mit dieser Überlegung kann es sinnvoll sein, dass der Veräußerer im Jahr vor der Praxisveräußerung oder noch früher zur **Bilanzierung** übergeht. Er kann damit erreichen, dass ihm Honorare steuerlich in dem Jahr zugerechnet werden, in dem er die entsprechende Leistung erbracht hat und nicht in dem Jahr, in dem sie bei ihm eingehen, was bei der Einnahmen-Überschuss-Rechnung gemäß § 4 Abs. 3 EStG der Fall ist.

Des weiteren kann der Veräußerer den Steuersatz dadurch senken, dass er im Verkaufsjahr **Reparaturen** und Verschönerungsarbeiten in und an der Praxis vornimmt. Natürlich macht das nur Sinn, wenn sich dies auch in einem höheren Veräußerungsgewinn niederschlägt (siehe 2.1.1).

Der Veräußerer bzw. sein Steuerberater wird auch überlegen, ob er für den Veräußerungsvorgang den **Freibetrag** und den **ermäßigten Steuersatz**, die ja nur einmal im Leben gewährt werden, in Anspruch nimmt, oder ob die sogenannte **Fünftelregelung** nicht vorteilhafter ist. Dabei spielen auch die sonstigen Einkünfte eine Rolle, die der Veräußerer im Jahr der Veräußerung erzielt. In der Regel wird die Wahl des ermäßigten Steuersatzes günstiger sein.

Bei der Veräußerung ist es günstig, wenn sich möglichst viele Gegenstände, z. B. der Pkw, im **Sonderbetriebsvermögen** befinden. Der Veräußerer kann dies bei langfristiger Planung entsprechend steuern.

Häufig möchte der Inhaber einer Einzelpraxis seine **Praxis** oder der Gesellschafter einer Gemeinschaftspraxis seinen Anteil nicht auf einmal sondern aus den verschiedensten Gründen sukzessive an einen Nachfolger übergeben (2.5.1.2). Hier bietet sich aus steuerlicher Sicht folgende Möglichkeit an:

- Der Veräußerer veräußert einen relativ geringen Anteil seiner Praxis oder seines Anteils an der Gemeinschaftspraxis an den Erwerber. Den Veräußerungsgewinn hieraus muss er voll versteuern.

- Später veräußert er den gesamten restlichen Anteil an der (inzwischen entstandenen) Gemeinschaftspraxis. Der Veräußerungsgewinn hieraus ist dann steuerlich begünstigt, wenn im übrigen die unter 14.1.2.1 genannten Voraussetzungen vorliegen. Zur Gefahr einer nachteiligen vertraglichen Gestaltung siehe 14.4.

Vorteilhaft ist es auch, wenn der Veräußerer **Veräußerungskosten** (14.1.2.1) zeitlich möglichst **vorzieht**, da sie dann die laufenden Einnahmen, nicht jedoch den ohnehin privilegierten Veräußerungsgewinn schmälern. Dies gilt z. B. für Rechtsanwalts- und Steuerberatungskosten.

Der Veräußerer sollte auch daran denken, dass er an seinen in der Praxis mitarbeitenden **Ehegatten**, sofern dieser seine Tätigkeit mit der Veräußerung (wie meist) beendet, unter Umständen eine steuerlich begünstigte **Abfindung** für den Verlust des Arbeitsplatzes zahlen kann.

Der **Erwerber** kann **Verluste**, die gerade in der Anfangsphase anfallen können, zeitlich unbegrenzt und betragsmäßig begrenzt **vortragen**, also mit später anfallenden Gewinnen verrechnen. Wahlweise kann er einen Verlustvortrag auch für 1 Jahr **zurücktragen** und damit Einkünfte mindern, die er vor der Praxisübernahme, z. B. als Vertreter, gemacht hat.

14.4 Steuerliche Nachteile vermeiden

Das Steuerrecht hält eine Reihe von Gefahren parat, in die Veräußerer und Erwerber regelrecht hineintappen können. Besonders „beliebt" sind folgende Gestaltungen:

Auf den **steuerschädlichen Ausweis** der **Umsatzsteuer** im Kaufvertrag wurde unter 14.1.1 bereits hingewiesen.

Steuerlich ungünstig ist auch die **unentgeltliche Abgabe** einer Praxis unter Angehörigen (z. B. vom Vater auf die Tochter oder den Sohn): Der Veräußerer hat keinen Veräußerungsgewinn, der steuerlich privilegiert ist (Freibetrag, ermäßigter Steuersatz, Fünftel-Regelung). Der beschenkte Erwerber hat nur die Möglichkeit, die übernommenen Buchwerte abzuschreiben. Außerdem droht der Anfall von Schenkungssteuer.

Als Gestaltungsfehler mit erheblichen nachteiligen steuerlichen Konsequenzen ist es anzusehen, wenn die vorstehend unter 14.3 geschilderte **sukzessive Übertragung** der Praxis oder der **Anteile** an einer Gemeinschaftspraxis von vorneherein **vertraglich festgelegt** und schriftlich fixiert wird, da dann aus Sicht des Finanzamts ein einheitlicher Veräußerungsvorgang vorliegen kann mit der Konsequenz, dass der Veräußerer, weil er ja noch weiter tätig ist, sämtliche steuerlichen Privilegien verliert.

Eine besondere Steuerbelastung kann dadurch entstehen, dass der Veräußerer die **Praxis im eigenen Haus** (oder eigenem Teileigentum) betrieben hat. Bei Abgabe der Praxis werden die Praxisräume automatisch von Betriebsvermögen in Privatvermögen überführt. Der Veräußerer muss dann die in der Immobilie steckenden stillen Reserven (Differenz zwischen Buchwert und Veräußerungspreis bzw. Verkehrswert) aufdecken und als Veräußerungsgewinn versteuern. In Anbetracht der in den vergangenen Jahrzehnten gestiegenen Immobilienpreise kann es sich dabei um erhebliche Beträge handeln.

Die gleiche Problematik stellt sich übrigens dann, wenn der Veräußerer seinen betrieblich genutzten Pkw in der **eigenen Garage** untergestellt hat, da diese dann notwendig zum Betriebsvermögen gehört.

Der Arzt sollte daher von vornherein vermeiden, seine Praxis in einer eigenen Immobilie zu betreiben. Als alternative Gestaltungsmöglichkeit bietet sich an, dass die Immobilie z. B. von dem Ehepartner erworben und dann an den Arzt vermietet wird. Die dann bestehenden anderen Risiken (z. B. Scheidung) müssen durch entsprechende vertragliche Reglungen aufgefangen werden.

Auch der Erwerber muss diese Konsequenzen bedenken, wenn er die Praxisräume vom Veräußerer kauft.

Hat der Veräußerer so genannte **Ansparabschreibungen** angesammelt, werden die so gebildeten Rücklagen mit der Veräußerung der Praxis aufgelöst. Der dabei entstehende Gewinn rechnet zum Veräußerungsgewinn, sofern die Rücklagen im Zeitpunkt der Veräußerung nicht nach § 7 g Abs. 4 S. 2 EStG gewinnerhöhend aufzulösen gewesen wären. Letzteres kann bei entsprechender Gestaltung vermieden werden.

Lassen die **Erben** eines verstorbenen Arztes die Praxis durch einen Praxisverweser fortführen (11.), so handelt es sich bei den vom Verweser erzielten Einkünften um solche aus Gewerbebetrieb, d. h. sie unterliegen der Gewerbesteuer und Mehrwertsteuer. Dies unerfreuliche Ergebnis lässt sich vermeiden, wenn die Erben sich innerhalb von sechs Monaten auseinandersetzen und die Praxis veräußern. Die Einkünfte werden dann rückwirkend als Einkünfte aus freiberuflicher Tätigkeit gewertet.

Auch wenn es dem **Erwerber** einer Praxis vor allem um den Erwerb einer **Zulassung** geht, sollte dies im Kaufvertrag nicht herausgestellt, insbesondere ein Kaufpreisanteil für die Zulassung nicht ausgewiesen werden, da der Erwerber sonst riskiert, dass der Kaufpreis steuerlich nicht abgeschrieben werden kann (14.1.2.2). Auch eine schnelle Sitzverlegung der Praxis könnte die Finanzbehörden hellhörig machen.

15 Checkliste

15.1 Für Veräußerer

- Lebensplanung rechtzeitig auf Praxisabgabe abstellen
- Gesetzgebung im Hinblick auf Neuregelungen verfolgen
- Vollmacht erteilen (2.1.3)
- einschlägige Informationsveranstaltungen besuchen
- Erscheinungsbild der Praxis überprüfen, gegebenenfalls verbessern (2.1)
- Geräte warten (2.1.1)
- betriebs- und apparatebezogene Genehmigungen überprüfen, gegebenenfalls erneuern (2.1.1)
- eventuelle belegärztliche Tätigkeit für Erwerber sicherstellen (9.9.1)
- Vertragscontrolling durchführen (2.1.2)
- sämtliche Praxisverträge einschließlich Arbeitsverträge zusammenstellen
- sämtliche Praxisforderungen und –schulden zusammenstellen
- gegebenenfalls Ärzteversorgung regeln
- Bewertung der Praxis durchführen (5), in Zusammenhang damit
  - Erstellung eines Inventarverzeichnisses
  - betriebswirtschaftliche Auswertung erstellen lassen
  - Einnahmen-Überschussrechnungen bzw. Steuerbilanzen möglichst der letzten fünf Jahre zusammenstellen
  - KV/KZV-Abrechnungen der letzten drei Jahre
  - Angaben zu Laborumsätzen
- Rechtsberatung und Steuerberatung sicherstellen
- Mietvertrag eventuell verlängern und sicherstellen, dass Erwerber eintreten kann (2.1.2)
- Suche eines Erwerbers (2.4)
- Praxisübergabevertrag aushandeln und professionell entwerfen lassen (8.1)
- Abklärung der Personalübernahme mit Erwerber, gegebenenfalls Kündigung, aber nicht „wegen des Praxisüberganges" (9.8.1)

- Abklärung aller sonstigen Praxisverträge mit Erwerber, gegebenenfalls Kündigung (9.9.1)
- Klärung der Vermögensverhältnisse des Erwerbers
- Abschluss des Praxisübergabevertrages (9)
- Unterrichtung der Arbeitnehmer (9.8)
- Vorlage des Praxisübergabevertrages bei Ärztekammer (nicht obligatorisch)
- Behandlungsplan mit Patienten auf Übergabezeitpunkt abstimmen
- in gesperrten Gebieten

  - Ausschreibungsantrag stellen (4.1.3.1)
  - Sicherstellen, dass sich der Wunschbewerber rechtzeitig bewirbt (4.1.3.6)
  - 4.2.2 beachten

- Überwachung der Vertragserfüllung
- Einholung der Zustimmung der Patienten zur Übergabe der Patientenkartei (9.5.1)
- Berufshaftpflichtversicherung regeln, insbesondere Nachhaftungsversicherung (13)
- Geschäftsversicherungen kündigen, falls sie nicht vom Erwerber übernommen werden
- Meldung der Praxisabgabe beim zuständigen ärztlichen Berufsverband
- Meldung der Praxisabgabe beim zuständigen Gesundheitsamt
- Anzeige der Praxisabgabe beim zuständigen Gewerbeaufsichtsamt
- Anzeige der Praxisabgabe bei der Sachversicherung (9.9.1)
- Abmeldung der Mitgliedschaft bei der Berufsgenossenschaft für Gesundheitsdienst und Wohlfahrtspflege.

15.2 Für Erwerber

- Lebensplanung rechtzeitig auf die Praxisübernahme abstellen
- Gesetzgebung im Hinblick auf Neuregelungen verfolgen
- einschlägige Informationsveranstaltungen besuchen
- Klärung der Standortfrage
- Klärung der persönlichen Verhältnisse, insbesondere Wohnung, Schule für die Kinder, Arbeitsmöglichkeiten des Ehepartners (2.2)
- Klärung der finanziellen Möglichkeiten (7)
- in gesperrten Gebieten Eintragung in die Warteliste (4.2.2)
- Rechtsberatung und Steuerberatung sicherstellen
- geeignete Praxis für die Übernahme suchen bzw. auswählen (2.4)

- Praxisübernahmevertrag aushandeln und professionell entwerfen lassen (8.1)
- Abklärung der Praxisverträge, die übernommen werden sollen (9.9.1)
- Prüfung der Praxisunterlagen (2.3)
- Abklärung, welches Personal übernommen werden soll (9.8)
- mietvertragliche Situation klären (6)
- Abschluss des Praxisübernahmevertrages
- Unterrichtung der Arbeitnehmer (9.8)
- Vorlage des Praxisübernahmevertrages bei der Ärztekammer (8.5)
- in gesperrten Gebieten
  - sicherstellen, dass der Veräußerer die Ausschreibung der Praxis beantragt (4.1.3.1)
  - Bewerbung innerhalb der Bewerbungsfrist (4.1.3.6)
  - 4.2.2 beachten
- Regelung des Telefon- und Faxanschlusses für die Praxis möglichst unter Beibehaltung der Nummern des Veräußerers (9.9.1)
- Meldung beim zuständigen ärztlichen Berufsverband
- Meldung beim zuständigen Gesundheitsamt
- Meldung bei der zuständigen Altersversorgung
- Berufshaftpflichtversicherung abschließen (13)
- Geschäftsversicherungen regeln
- Anzeige der Praxisübernahme bei der Sachversicherung (9.9.1)
- Anmeldung beim zuständigen Finanzamt
- Anmeldung der Mitgliedschaft bei der Berufsgenossenschaft für Gesundheitsdienst und Wohlfahrtspflege
- Anmeldung beim Arbeitsamt
- Beantragung der personengebundenen Genehmigungen, insbesondere § 3 RÖV (2.3)
- Überprüfung der betriebs- und apparatebezogenen Genehmigungen, gegebenenfalls Neubeantragung (2.3)
- Anzeige der Röntgeneinrichtung beim zuständigen Gewerbeaufsichtsamt
- Bekanntgabe der Bankverbindung bei der KV/KZV
- Anzeige der Niederlassung in der örtlichen Presse in standesrechtlich zulässiger Weise
- Regelung der Sondermüllbeseitigung
- Abonnement von Fachzeitschriften
- Verständigung von Kollegen.

Anhang 1

Richtlinien über die Beschäftigung von angestellten Praxisärzten in der Vertragsarztpraxis („Angestellte-Ärzte-Richtlinien")

in der Fassung vom 1. Oktober 1997
(BAnz. Nr. 9, S. 372 vom 15. Januar 1998)

zuletzt geändert am 22. Oktober 2001
veröffentlicht im Bundesanzeiger Nr. 20 vom 30. Januar 2002
in Kraft getreten am 31. Januar 2002

Der Bundesausschuss der Ärzte und Krankenkassen hat in seiner Sitzung am 01. Oktober 1997 aufgrund von § 95 Abs. 9 i.V.m. § 101 Abs. 1 S.1 Nr. 5 die nachstehenden Richtlinien über die Beschäftigung von angestellten Praxisärzten in der Vertragsarztpraxis („Angestellte-Ärzte-Richtlinien") beschlossen.

1. Der Vertragsarzt kann in seiner Praxis mit Genehmigung des Zulassungsausschusses einen ganztags beschäftigten Arzt oder bis zu zwei halbtags beschäftigte Ärzte als angestellte Ärzte gemäß § 32 b Ärzte-ZV aufnehmen, wenn folgende Voraussetzungen erfüllt sind:

   1.1 Antrag des Vertragsarztes an den Zulassungsausschuss nach Maßgabe der Voraussetzungen des § 32 b Ärzte-ZV;

   1.2 Übereinstimmende Fachgebiete des anstellenden und des noch zu beschäftigenden Vertragsarztes;

   1.3 eine Verpflichtungserklärung des anstellenden Vertragsarztes, durch die er eine Leistungsbeschränkung, welche der Zulassungsausschuss bei der Genehmigung im Verfahren nach Nr. 3 festzusetzen hat, anerkennt;

   1.4 Vorlage des schriftlichen Arbeitsvertrages.

2. Übereinstimmende Fachgebiete im Sinne der Nr. 1.2 liegen vor, wenn der anzustellende Arzt dieselbe Arztbezeichnung (Gebietsbezeichnung) nach der Weiterbildungsordnung wie der Vertragsarzt führt. Dabei genügt eine übereinstimmende Arztbezeichnung, wenn der Vertragsarzt mehrere Arztbezeichnungen führt. Soll ein angestellter Arzt durch Vertragsärzte beschäftigt werden, die sich gemäß § 33 Ärzte-ZV zu gemeinsamer Berufsausübung zusammengeschlossen haben, genügt die Übereinstimmung mit dem Fachgebiet eines der Vertragsärzte. Auf das Führen einer Schwerpunktbezeichnung hat der anzustellende Arzt für die Dauer der Anstellung zu verzichten.

2.1* Die Übereinstimmung im Fachgebiet ist bei Hausärzten im Sinne des § 101 Abs. 5 SGB V (außer bei Kinderärzten) auch gegeben, wenn Ärzte für Allgemeinmedizin oder Ärzte ohne Gebietsbezeichnung Internisten (ohne Führen einer Schwerpunktbezeichnung) und umgekehrt beschäftigen wollen; dies gilt für Internisten als Hausärzte im Hinblick auf Allgemeinärzte oder Ärzte ohne Gebietsbezeichnung als anzustellende Ärzte nur für die Dauer der Teilnahme an der hausärztlichen Versorgung.

3. Der Zulassungsausschuss legt die Leistungsbeschränkung für die Arztpraxis in nachstehendem Verfahren gemäß den nachstehenden Voraussetzungen fest:

3.1 Vor der Genehmigung der Anstellung legt der Zulassungsausschuss in einer verbindlichen Feststellung zur Beschränkung des Praxisumfangs auf der Grundlage der gegenüber dem Vertragsarzt (den Vertragsärzten) in den vorausgegangenen mindestens vier Quartalen ergangenen Abrechnungsbescheiden quartalsbezogene Gesamtpunktzahlvolumina*) fest, welche bei der Abrechnung im Rahmen der Arztpraxis von dem Vertragsarzt nach Beschäftigung des angestellten Praxisarztes als Leistungsbeschränkung (Obergrenze) maßgeblich sind. Diese Gesamtpunktzahlvolumina sind so festzulegen, dass die in einem entsprechenden Vorjahresquartal gegenüber dem Vertragsarzt anerkannten Punktzahlanforderungen um nicht mehr als 3 v.H. überschritten werden. Das Überschreitungsvolumen von 3 v.H. wird jeweils auf den Fachgruppendurchschnitt des Vorjahresquartals bezogen. Das quartalsbezogene Gesamtpunktzahlvolumen (Punktzahlvolumen zuzüglich Überschreitungsvolumen) wird nach Nr. 3.4 durch die Kassenärztliche Vereinigung angepasst. Im übrigen gilt für Anpassungen Nr. 3.3. Außergewöhnliche Entwicklungen im Vorjahr, wie z.B. Krankheit eines Arztes, bleiben außer Betracht; eine Saldierung von Punktzahlen innerhalb des Jahresbezugs der Gesamtpunktzahlen im Vergleich zum Vorjahresvolumen ist zulässig. Der Zulassungsausschuss trifft seine Festlegungen ausschließlich auf der Grundlage der ihm durch die Kassenärztliche Vereinigung übermittelten Angaben.

*) *Fußnote:*

Anstelle der Gesamtpunktzahlvolumina kann die Obergrenze auch auf der Basis von EURO und Punktzahlen gebildet werden.

3.2 Kann wegen der Kürze der bisherigen Tätigkeit des Vertragsarztes ein Vergleich über einen längeren Zeitraum nicht vorgenommen werden, so legt der Zulassungsausschuss das Punktzahlvolumen für die einzelnen Quartale nach Maßgabe des Durchschnitts der Fachgruppe des Vertragsarztes als Obergrenze fest. Hat eine Vertragsärztin oder ein

---

* Nr. 2.1, eingefügt durch Beschluss des Bundesausschusses der Ärzte und Krankenkassen vom 10. April 2000 (Bekanntmachung im Bundesanzeiger Nr. 161 vom 26. August 2000), tritt am 1. Januar 2001 in Kraft.

Vertragsarzt wegen der Betreuung und Erziehung von Kindern im Ausgangsberechnungszeitraum im Vergleich zur Fachgruppe geringere Punktzahlvolumina erreicht, gilt Satz 1 entsprechend. Soll der anzustellende Arzt in eine bereits bestehende Gemeinschaftspraxis aufgenommen werden, so hat der Zulassungsausschuss die Berechnungen nach Nr. 3.1 entsprechend der Zahl der bereits tätigen Vertragsärzte in der Gemeinschaftspraxis zu mindern; handelt es sich um eine fachverschiedene Gemeinschaftspraxis, so ist für die Leistungsbeschränkung Bezugsgröße das Leistungsvolumen des fachidentischen Vertragsarztes. Im übrigen ist der Umfang der Leistungsbeschränkung unabhängig vom Beschäftigungsumfang des (der) angestellten Arztes (Ärzte) zu bestimmen.

3.3 Sowohl für die Berechnung des Ausgangspunktzahlvolumens als auch des Vergleichspunktzahlvolumens nach Nr. 3.1 ist das im Zeitpunkt der Abrechnung jeweils geltende Berechnungssystem für die vertragsärztlichen Leistungen maßgeblich. Auf Antrag des Vertragsarztes sind die Gesamtpunktzahlvolumina neu zu bestimmen, wenn Änderungen des EBM oder vertragliche Vereinbarungen, die für das Fachgebiet der Arztgruppe maßgeblich sind, spürbare Auswirkungen auf die Berechnungsgrundlagen haben. Die Kassenärztlichen Vereinigungen oder die Landesverbände der Krankenkassen und die Verbände der Ersatzkassen können eine Neuberechnung beantragen, wenn Änderungen der Berechnung der für die Obergrenzen maßgeblichen Faktoren eine spürbare Veränderung bewirken und die Beibehaltung der durch den Zulassungsausschuss festgestellten Gesamtpunktzahlvolumina im Verhältnis zu den Ärzten der Fachgruppe eine nicht gerechtfertigte Bevorzugung/Benachteiligung darstellen würde.

3.4 Die Gesamtpunktzahlvolumina zur Beschränkung des Praxisumfangs folgen der Entwicklung des Fachgruppendurchschnitts durch Festlegung eines quartalsbezogenen Prozentwertes (Anpassungsfaktor).

Die Anpassungsfaktoren werden im ersten Leistungsjahr von der Kassenärztlichen Vereinigung errechnet. Die dafür maßgebliche Rechenformel*) lautet:

$$\frac{PzVol}{PzFg} = Fakt$$

Sie stellen die Grundlage zur Ermittlung der Gesamtpunktzahlvolumina für die Folgejahre dar. Der jeweilige Anpassungsfaktor wird ab dem zweiten Leistungsjahr mit dem Punktzahlvolumendurchschnitt der Fachgruppe multipliziert und ergibt die quartalsbezogene Obergrenze für die Praxis (die Saldierungsregelung nach Nr. 3.1 Satz 6 bleibt hiervon unberührt). Die Kassenärztliche Vereinigung teilt dem Vertragsarzt die für ihn verbindlichen Anpassungsfaktoren**) mit.

*) **Legende zur Rechenformel:**

PzVol = Quartalsbezogenes Gesamtpunktzahlvolumen der Praxis
PzFg = Quartalsbezogener Punktzahlvolumendurchschnitt der jew.
        Fachgruppe
Fakt = Quartalsbezogener Anpassungsfaktor

) **Fiktives Rechenbeispiel zu 3.4:

(1) Festlegung des Gesamtpunktzahlvolumens für jedes Quartal nach
Nr. 3.1 durch den Zulassungsausschuss für das erste Leistungsjahr.

Berechnung:
Die im Bezugszeitraum (jew. Vorjahresquartale) anerkannten Punktzahlen der Vertragsarztpraxis zuzüglich 3 % vom Punktzahlvolumendurchschnitt der jew. Fachgruppe ergeben das Gesamtpunktzahlvolumen für
das Berechnungsquartal im ersten Leistungsjahr.

Annahme (Punkte in 1.000):
Anerkannte Punktzahlen = 1.250 Punkte,
Fachgruppendurchschnitt = 1.314 Punkte
Rechengang:
1.250 Punkte + 0,03 x 1.314 Punkte = **1.289** Punkte

(2) Im ersten Leistungsjahr werden quartalsbezogen die vom Zulassungsausschuss aus dem Bezugszeitraum festgelegten Gesamtpunktzahlvolumina dem Punktzahlvolumen des jew. Fachgruppendurchschnitts gegenübergestellt und in Prozent vom Fachgruppendurchschnitt ausgedrückt.

Berechnung:
Das festgelegte Gesamtpunktzahlvolumen wird in Prozent vom Punktzahlvolumendurchschnitt der jew. Fachgruppe ausgedrückt, welches
den Anpassungsfaktor ergibt.

Annahme (Punkte in 1.000):
Gesamtpunktzahlvolumen = 1.289 Punkte
Fachgruppendurchschnitt = 1.321 Punkte
Rechengang:
1.289 Punkte : 1.321 Punkte = **Faktor 0,976** bzw. 97,6 %

(3) Ab dem zweiten Leistungsjahr wird das individuelle quartalsbezogene Gesamtpunktzahlvolumen der Praxis durch den Anteil des im ersten
Leistungsjahr ermittelten Anpassungsfaktors am Fachgruppendurchschnitt ermittelt.

Berechnung:
Der Anpassungsfaktor wird mit dem Punktzahlvolumendurchschnitt
der jew. Fachgruppe multipliziert und ergibt das quartalsbezogene Gesamtpunktzahlvolumen.

Annahme (Punkte in 1.000):
Anpassungsfaktor: = 0,976 ,
Fachgruppendurchschnitt = 1.330 Punkte
Rechengang:
0,976 x 1.330 Punkte = **1.298 Punkte**

4. Eine vom Zulassungsausschuss festgestellte Leistungsbeschränkung bleibt wirksam, wenn der Arzt nach Ablauf der Beschäftigung eines angestellten Arztes erneut einen Arzt anstellt. Ist für den Vertragsarzt aufgrund von § 101 Abs. 1 S. 1 Nr. 4 SGB V nach Aufnahme eines weiteren Vertragsarztes im Rahmen einer ausnahmsweisen Gemeinschaftsbildung bereits eine Leistungsbeschränkung durch den Zulassungsausschuss festgelegt worden, so darf diese im Falle der Anstellung von Ärzten – auch hinsichtlich entsprechender Anteile bei Anstellung eines Arztes – nicht erweitert werden.

5. Die Bestimmungen der Nummern 1 bis 4 dieser Richtlinien gelten entsprechend für Anträge von zugelassenen Psychologischen Psychotherapeuten oder Kinder- und Jugendlichenpsychotherapeuten zur Anstellung eines ganztags beschäftigten oder bis zu zwei halbtags beschäftigten Psychotherapeuten mit folgender Maßgabe:

   (1) Ein Beschäftigungsverhältnis im Sinne der Nr. 1 ist nur unter Psychologischen Psychotherapeuten einerseits oder Kinder- und Jugendlichenpsychotherapeuten andererseits zulässig.

   (2) Übereinstimmendes Fachgebiet im Sinne der Nrn. 1.2 und 2 ist bei Psychologischen Psychotherapeuten und Kinder- und Jugendlichenpsychotherapeuten der jeweilige Status als approbierter Psychologischer Psychotherapeut oder Kinder- und Jugendlichenpsychotherapeut.

6. Inkrafttreten

   Diese Richtlinien treten am Tage nach ihrer Bekanntmachung im Bundesanzeiger in Kraft.

Köln, den 1. Oktober 1997

> Bundesausschuss der Ärzte und Krankenkassen
> Der Vorsitzende
> Jung

Anhang 2

Richtlinien des Bundesausschusses der Ärzte und Krankenkassen über die Bedarfsplanung sowie die Maßstäbe zur Feststellung von Überversorgung und Unterversorgung in der vertragsärztlichen Versorgung (Bedarfsplanungs-Richtlinien – Ärzte) (Auszug)

in der Fassung vom 9. März 1993
(BAnz. Nr. 100a vom 18. Juni 1993)

zuletzt geändert am 11. Dezember 2004
veröffentlicht im Bundesanzeiger 2005, Nr. 90: S. 7 485
in Kraft getreten am 15. Mai 2005

4 a. Abschnitt

Zulassung zur gemeinschaftlichen Berufsausübung bei Zulassungsbeschränkungen

23 a. Auf Antrag hat der Zulassungsausschuss einen Arzt in einem Planungsbereich, für dessen Arztgruppe Zulassungsbeschränkungen angeordnet sind, zur gemeinsamen Berufsausübung mit einem bereits zugelassenen Arzt (Vertragsarzt) derselben Arztgruppe mit den Rechtswirkungen des § 101 Abs. 3 SGB V zuzulassen, wenn folgende Voraussetzungen erfüllt sind:

1. Der antragstellende Arzt erfüllt in seiner Person die Voraussetzungen der Zulassung.

2. Der Vertrag über die gemeinsame Berufsausübung stellt einen Vertrag zur Bildung einer Gemeinschaftspraxis dar, der die Voraussetzungen der Genehmigungsfähigkeit gemäß § 33 Abs. 2 Satz 2 Ärzte-ZV erfüllt.

3. Der antragstellende Arzt gehört derselben Arztgruppe wie der Vertragsarzt an, wobei im einzelnen die Regelungen nach Nr. 23b zu beachten sind.

4. Der Vertragsarzt und der Antragsteller erklären sich gegenüber dem Zulassungsausschuss schriftlich bereit, während des Bestands der Gemeinschaftspraxis mit dem Antragsteller den zum Zeit-

punkt der Antragstellung bestehenden Praxisumfang nicht wesentlich zu überschreiten, und erkennen die dazu nach Maßgabe der nachfolgenden Bestimmungen vom Zulassungsausschuss festgelegte Leistungsbeschränkung an; soll der Antragsteller in eine bereits gebildete Gemeinschaftspraxis aufgenommen werden, so sind die Erklärungen von allen Vertragsärzten abzugeben.

23 b. Bei der gemeinschaftlichen Berufsausübung ist eine Fachidentität im Sinne des § 101 Abs. 1 Nr. 4 SGB V erforderlich. Fachidentität liegt vor, wenn die Facharztkompetenz und, sofern eine entsprechende Bezeichnung geführt wird, die Schwerpunktkompetenz übereinstimmen. Einer Übereinstimmung steht nicht entgegen, wenn nur einer der Ärzte über eine Schwerpunktbezeichnung oder Schwerpunktkompetenz verfügt. Sind mehrere Vertragsärzte bereits in gemeinschaftlicher Berufsausübung (Gemeinschaftspraxis) zugelassen, genügt die Übereinstimmung des Gebiets oder der Facharztkompetenz des antragstellenden Arztes mit einem der in gemeinsamer Berufsausübung verbundenen Vertragsärzte; im übrigen gelten die Sätze 1 bis 3 entsprechend. Nimmt der Vertragsarzt an der hausärztlichen oder an der fachärztlichen Versorgung gemäß § 73 SGB V teil, ist die Zulassung eines antragstellenden Arztes, welcher gemäß § 73 Abs. 1 a Satz 2 SGB V wahlberechtigt ist, nur mit der Maßgabe zulässig, dass der antragstellende Arzt sich für dieselbe Versorgungsfunktion entscheidet, welche der Vertragsarzt wahrnimmt, und beide Ärzte die Verpflichtung eingehen, Wahlentscheidungen für die hausärztliche oder fachärztliche Versorgung nur gemeinschaftlich zu treffen. Der Zulassungsausschuss hat die Verpflichtung mit der Zulassung des antragstellenden Arztes als Auflage zu verbinden.

Übereinstimmung in den Arztgruppen im Sinne des Satzes 1 besteht auch, solange der Vertragsarzt an der hausärztlichen Versorgung nach § 101 Abs. 5 SGB V teilnimmt und sich als Allgemein-/ Praktischer Arzt oder als Facharzt für "Innere und Allgemeinmedizin (Hausarzt)" mit einem Internisten mit Hausarztentscheidung oder als Internist mit Hausarztentscheidung mit einem Allgemein-/Praktischen Arzt oder einem Facharzt für „Innere und Allgemeinmedizin (Hausarzt)" zur gemeinsamen hausärztlichen Berufsausübung zusammenschließt.

Übereinstimmung in den Arztgruppen im Sinne der Sätze 1 und 2 besteht auch,

– wenn sich ein Facharzt für "Anästhesiologie" mit einem Facharzt für "Anästhesiologie und Intensivtherapie" zusammenschließt oder

– wenn sich ein Facharzt für "Chirurgie" mit einem Facharzt für "Allgemeine Chirurgie" zusammenschließt oder

- wenn sich ein Facharzt für "Orthopädie" mit einem Facharzt für "Orthopädie und Unfallchirurgie" zusammenschließt oder
- wenn sich ein Facharzt für "Phoniatrie u. Pädaudiologie" mit einem Facharzt für "Sprach-, Stimm- und kindliche Hörstörungen" zusammenschließt oder
- wenn sich ein Facharzt für "Lungen- und Bronchialheilkunde" (Lungenarzt) mit einem Facharzt für "Innere Medizin mit Schwerpunkt Pneumologie" oder einem Facharzt für "Innere Medizin mit Schwerpunktbezeichnung Pneumologie" bzw. mit Teilgebietsbezeichnung "Lungen- und Bronchialheilkunde" zusammenschließt oder
- wenn sich ein Facharzt für "Kinderheilkunde" mit einem Facharzt für "Kinder- und Jugendmedizin" zusammenschließt oder
- wenn sich ein Facharzt für "Psychotherapeutische Medizin" mit einem Facharzt für "Psychosomatische Medizin und Psychotherapie" zusammenschließt oder
- wenn sich ein Facharzt für "Kinder- und Jugendpsychiatrie" mit einem Facharzt für "Kinder- und Jugendpsychiatrie und – psychotherapie" zusammenschießt oder
- wenn sich ein Facharzt für "Psychiatrie" mit einem Facharzt für "Psychiatrie und Psychotherapie" zusammenschließt.

Übereinstimmung in den Arztgruppen im Sinne der Sätze 1 und 2 besteht auch, wenn sich Ärzte aus dem Gebiet der "Radiologie" zusammenschließen.

Übereinstimmung in den Arztgruppen im Sinne der Sätze 1 und 2 besteht auch, wenn sich Ärzte aus dem Gebiet der "Inneren Medizin und Allgemeinmedizin", deren Schwerpunkt Bestandteil der Gebietsbezeichnung ist, mit Internisten mit identischer Schwerpunktbezeichnung (nach altem WBO-Recht) zusammenschließen.

Übereinstimmung in den Arztgruppen im Sinne der Sätze 1 und 2 besteht auch, wenn sich Ärzte aus dem Gebiet der "Chirurgie", deren Gebietsbezeichnung aus einer Schwerpunktbezeichnung hervorgegangen ist, mit Chirurgen mit identischer Schwerpunktbezeichnung (nach altem WBO-Recht) zusammenschließen; dies gilt nicht für die "Fachärzte für Orthopädie und Unfallchirurgie".

Übereinstimmung in den Arztgruppen im Sinne der Sätze 1 und 2 besteht auch, wenn sich ein Facharzt für Nervenheilkunde (Nervenarzt) mit einem Arzt zusammenschließt, der gleichzeitig die Gebietsbezeichnungen "Neurologie" und "Psychiatrie" oder gleichzeitig die Gebietsbezeichnungen "Neurologie" und "Psychiatrie und Psychotherapie" führt.

Übereinstimmung in den Arztgruppen im Sinne der Sätze 1 und 2 besteht auch, wenn sich ein Laborarzt mit einem Arzt aus dem Gebiet der Mikrobiologie zusammenschließt, sofern die Tätigkeit des Mikrobiologen auf die Labortätigkeit beschränkt wird.

23 c.   Vor der Zulassung des Antragstellers legt der Zulassungsausschuss in einer verbindlichen Feststellung zur Beschränkung des Praxisumfangs auf der Grundlage der gegenüber dem Vertragsarzt (den Vertragsärzten) in den vorausgegangenen mindestens vier Quartalen ergangenen Abrechnungsbescheiden quartalsbezogene Gesamtpunktzahlvolumina* fest, welche bei der Abrechnung der ärztlichen Leistungen im Rahmen der Gemeinschaftspraxis von dem Vertragsarzt und dem Antragsteller nach seiner Zulassung gemeinsam als Leistungsbeschränkung maßgeblich sind (Obergrenze). Diese Gesamtpunktzahlvolumina sind so festzulegen, dass die in einem entsprechenden Vorjahresquartal gegenüber dem erstzugelassenen Vertragsarzt anerkannten Punktzahlanforderungen um nicht mehr als 3 v.H. überschritten werden. Das Überschreitungsvolumen von 3 v.H. wird jeweils auf den Fachgruppendurchschnitt des Vorjahresquartal bezogen. Bei Internisten ist zur Ermittlung des Fachgruppendurchschnittes auf die Entscheidung des bereits zugelassenen Vertragsarztes zur hausärztlichen oder fachärztlichen Versorgung abzustellen. Das quartals-bezogene Gesamtpunktzahlvolumen (Punktzahlvolumen zuzüglich Überschreitungsvolumen) wird nach Nr. 23 f durch die Kassenärztliche Vereinigung angepasst. Im übrigen gilt für Anpassungen Nr. 23 e. Außergewöhnliche Entwicklungen im Vorjahr, wie z. B. Krankheit eines Arztes, bleiben außer Betracht; eine Saldierung von Punktzahlen innerhalb des Jahresbezugs der Gesamtpunktzahlen im Vergleich zum Vorjahresvolumen ist zulässig. Der Zulassungsausschuss trifft seine Festlegungen auf der Grundlage der ihm durch die Kassenärztliche Vereinigung übermittelten Angaben.

23 d.   Kann wegen der Kürze der bisherigen Tätigkeit des Vertragsarztes ein Vergleich über einen längeren Zeitraum nicht vorgenommen werden, so legt der Zulassungsausschuss das Punktzahlvolumen für die einzelnen Quartale nach Maßgabe des Durchschnitts der Fachgruppe des bereits zugelassenen Vertragsarztes als Obergrenze fest. Hat eine Vertragsärztin oder ein Vertragsarzt wegen der Betreuung und Erziehung von Kindern im Ausgangsberechnungszeitraum im Vergleich zur Fachgruppe geringere Punktzahlvolumina erreicht, gilt Satz 1 entsprechend. Soll der antrag-stellende Arzt in eine bereits bestehende Gemeinschaftspraxis aufgenommen werden, so hat der Zulassungsausschuss die Berechnungen

---

* Anstelle der Gesamtpunktzahlvolumina kann die Obergrenze auch auf der Basis von EURO und Punktzahlen gebildet werden.

nach Nr. 23 c entsprechend der Zahl der bereits tätigen Vertragsärzte in der Gemeinschaftspraxis zu mindern; handelt es sich um eine fachverschiedene Gemeinschaftspraxis, so ist für die Leistungsbeschränkung Bezugsgröße das Leistungsvolumen des fachidentischen Vertragsarztes.

23 e. Sowohl für die Berechnung des Ausgangspunktzahlvolumens als auch des Vergleichspunktzahlvolumens nach Nr. 23 c ist das im Zeitpunkt der Abrechnung jeweils geltende Berechnungssystem für die vertragsärztlichen Leistungen maßgeblich. Auf Antrag des Vertragsarztes sind die Gesamtpunktzahlvolumina neu zu bestimmen, wenn Änderungen des EBM oder vertragliche Vereinbarungen, die für das Gebiet der Arztgruppe maßgeblich sind, spürbare Auswirkungen auf die Berechnungsgrundlagen haben. Die Kassenärztlichen Vereinigungen oder die Landesverbände der Krankenkassen und die Verbände der Ersatzkassen können eine Neuberechnung beantragen, wenn Änderungen der Berechnung der für die Obergrenzen maßgeblichen Faktoren eine spürbare Veränderung bewirken und die Beibehaltung der durch den Zulassungsausschuss festgestellten Gesamtpunktzahlvolumina im Verhältnis zu den Ärzten der Fachgruppe eine nicht gerechtfertigte Bevorzugung/Benachteiligung darstellen würde.

23 f. Die Gesamtpunktzahlvolumina zur Beschränkung des Praxisumfangs folgen der Entwicklung des Fachgruppendurchschnitts durch Festlegung eines quartalsbezogenen Prozentwertes (Anpassungsfaktor).

Die Anpassungsfaktoren werden im ersten Leistungsjahr von der Kassenärztlichen Vereinigung errechnet. Die dafür maßgebliche Rechenformel *) lautet:

$$\frac{PzVol}{PzFg} = Fakt$$

Sie stellen die Grundlage zur Ermittlung der Gesamtpunktzahlvolumina für die Folgejahre dar. Der jeweilige Anpassungsfaktor wird ab dem zweiten Leistungsjahr mit dem Punktzahlvolumendurchschnitt der Fachgruppe multipliziert und ergibt die quartalsbezogene Obergrenze für die Praxis (die Saldierungsregelung nach Nr. 23 c Satz 6 bleibt hiervon unberührt). Die Kassenärztliche Vereinigung teilt dem Vertragsarzt die für ihn verbindlichen Anpassungsfaktoren **) mit.

*) **Legende zur Rechenformel:**

PzVol = Quartalsbezogenes Gesamtpunktzahlvolumen der Praxis
PzFg = Quartalsbezogener Punktzahlvolumendurchschnitt der
        jew. Fachgruppe
Fakt = Quartalsbezogener Anpassungsfaktor

**) Fiktives Rechenbeispiel zu Nr. 23 f:

(1) Festlegung des Gesamtpunktzahlvolumens für jedes Quartal nach Nr. 23 c durch den Zulassungsausschuss für das erste Leistungsjahr.

Berechnung:
Die im Bezugszeitraum (jew. Vorjahresquartale) anerkannte Punktzahlen der Vertragsarztpraxis zuzüglich 3 % vom Punktzahlvolumendurchschnitt der jew. Fachgruppe ergeben das Gesamtpunktzahlvolumen für das Berechnungsquartal im ersten Leistungsjahr.

Annahme (Punkte in 1.000):
Anerkannte Punktzahlen = 1.250 Punkte,
Fachgruppendurchschnitt = 1.314 Punkte
Rechengang:
1.250 Punkte + 0,03 x 1.314 Punkte = **1.289** Punkte

(2) Im ersten Leistungsjahr werden quartalsbezogen die vom Zulassungsausschuss aus dem Bezugszeitraum festgelegten Gesamtpunktzahlvolumina dem Punktzahlvolumen des jew. Fachgruppendurchschnitts gegenübergestellt und in Prozent vom Fachgruppendurchschnitt ausgedrückt.

Berechnung:
Das festgelegte Gesamtpunktzahlvolumen wird in Prozent vom Punktzahlvolumendurchschnitt der jew. Fachgruppe ausgedrückt, welches den Anpassungsfaktor ergibt.

Annahme (Punkte in 1.000):
Gesamtpunktzahlvolumen = 1.289 Punkte,
Fachgruppendurchschnitt = 1.321 Punkte
Rechengang:
1.289 Punkte : 1.321 Punkte = **Faktor 0,976** bzw. 97,6%

(3) Ab dem zweiten Leistungsjahr wird das individuelle quartalsbezogene Gesamtpunktzahlvolumen der Praxis durch den Anteil des im ersten Leistungsjahr ermittelten Anpassungsfaktors am Fachgruppendurchschnitt ermittelt.

Berechnung:
Der Anpassungsfaktor wird mit dem Punktzahlvolumendurchschnitt der jew. Fachgruppe multipliziert und ergibt das quartalsbezogene Gesamtpunktzahlvolumen.

Annahme (Punkte in 1.000):
Anpassungsfaktor: = 0,976,
Fachgruppendurchschnitt = 1.330 Punkte
Rechengang:
0,976 x 1.330 Punkte = **1.298** Punkte

23 g. Der neu hinzutretende Partner der Gemeinschaftspraxis wird für die Dauer der Regelung nach Nr. 23 a und Nr. 23 b nicht auf den Versorgungsgrad angerechnet.

23 h. Die Bestimmungen der Nummern 23 a bis 23 g dieser Richtlinien gelten entsprechend für Anträge von Psychologischen Psychotherapeuten oder Kinder- und Jugendlichenpsychotherapeuten zur gemeinsamen Berufsausübung mit folgenden Maßgaben:

(1) Gemeinsame Berufsausübung im Sinne der Nr. 23 a ist nur unter zugelassenen und zulassungsfähigen Psychologischen Psychotherapeuten einerseits oder Kinder- und Jugendlichenpsychotherapeuten andererseits zulässig.

(2) Arztgruppe im Sinne der Nr. 23 b ist bei Psychologischen Psychotherapeuten und Kinder- und Jugendlichenpsychotherapeuten der Status als Psychotherapeut unabhängig von der Abrechnungsgenehmigung für die vom Gemeinsamen Bundesausschuss nach den maßgeblichen Psychotherapie-Richtlinien anerkannten Therapieverfahren.

Anhang 3

Richtlinien über die Bedarfsplanung in der vertragszahnärztlichen Versorgung (Bedarfsplanungs-Richtlinien – Zahnärzte) (Auszug)

vom 12. März 1993 in der am 21. September 1999 geänderten und ab 09. Dezember 1999 gültigen Fassung

G. Gemeinsame Berufsausübung in einer Gemeinschaftspraxis und Beschäftigung von angestellten Zahnärzten

1. Auf Antrag hat der Zulassungsausschuss einen Zahnarzt in einem Planungsbereich, für dessen Fachgebiet Zulassungsbeschränkungen angeordnet sind, zur gemeinsamen Berufsausübung mit einem bereits zugelassenen Zahnarzt (Vertragszahnarzt) in einer Gemeinschaftspraxis mit den Rechtswirkungen des § 101 Abs. 3 SGB V zuzulassen, wenn folgende Voraussetzungen erfüllt sind:

   1.1 Der antragstellende Zahnarzt erfüllt in seiner Person die Voraussetzungen der Zulassung.

   1.2 Der schriftliche Vertrag über die gemeinsame Berufsausübung in einer Gemeinschaftspraxis gemäß § 33 Abs. 2 ZV-Z ist vorzulegen.

   1.3 Der antragstellende Zahnarzt sowie bei Gemeinschaftspraxen auch die übrigen zugelassenen Praxisinhaber geben gegenüber dem Zulassungsausschuss eine schriftliche Erklärung zur Leistungsmengenbegrenzung gemäß § 101 Abs. 1 Nr. 4 SGB V nach näherer Maßgabe von Nummer 4 ab.

   1.4 Ist der Vertragszahnarzt allgemein zahnärztlich tätig, so kann der antragstellende Zahnarzt nur zur allgemein zahnärztlichen Tätigkeit zugelassen werden. Zur allgemein zahnärztlichen Tätigkeit gehört auch die Tätigkeit auf dem Weiterbildungsgebiet der zahnärztlichen Chirurgie (Oralchirurgie) und gegebenenfalls der Parodontologie. Ist der Vertragszahnarzt zur kieferorthopädischen Versorgung zugelassen, so kann der antragstellende Zahnarzt nur zur kieferorthopädischen Versorgung zugelassen werden.

2. Auf Antrag hat der Zulassungsausschuss einem Vertragszahnarzt die Genehmigung zur Beschäftigung eines ganztags beschäftigten Zahnarztes oder bis zu zwei halbtags beschäftigten Zahnärzten als angestellte Zahnärzte im Sinne von § 32 b ZV-Z zu erteilen, wenn folgende Voraussetzungen erfüllt sind:

2.1 Der Antrag des Vertragszahnarztes sowie der Anstellungsvertrag erfüllen die Voraussetzungen des § 32 b ZV-Z.

2.2 Der schriftliche Arbeitsvertrag über die Beschäftigung als angestellter Zahnarzt ist vorzulegen.

2.3 Der anstellende Vertragszahnarzt gibt gegenüber dem Zulassungsausschuss eine schriftliche Erklärung zur Leistungsmengenbegrenzung gemäß § 101 Abs. 1 Nr. 5 SGB V nach näherer Maßgabe von Nummer 4 ab.

2.4 Ist der Vertragszahnarzt allgemein zahnärztlich tätig, so kann der ganz- oder halbtags beschäftigte Zahnarzt nur allgemein zahnärztlich angestellt werden.

2.5 Ist der Vertragszahnarzt zur kieferorthopädischen Versorgung zugelassen, so kann der ganz oder halbtags beschäftigte Zahnarzt nur kieferorthopädisch angestellt werden.

3. Nummern 1.4 und 2.4 finden nur Anwendung, wenn alle Vertragszahnärzte einer Gemeinschaftspraxis entweder zur allgemein zahnärztlichen Tätigkeit oder zur kieferorthopädischen Tätigkeit zugelassen sind.

4. Vor der Zulassung zur gemeinsamen Berufsausübung bzw. der Genehmigung der Anstellung haben die in der Praxis bereits tätigen Vertragszahnärzte bzw. der anstellende Vertragszahnarzt gegenüber dem Zulassungsausschuss eine schriftliche Verpflichtungserklärung abzugeben, dass sie während des Bestandes der Gemeinschaftspraxis mit dem Antragsteller bzw. während der Anstellung des Zahnarztes den bisherigen Leistungsumfang nicht wesentlich überschreiten werden und die dazu nach Maßgabe der nachfolgenden Bestimmungen vom Zulassungsausschuss festgelegten Leistungsbeschränkungen anerkennen. Der Zulassungsausschuss hat die Verpflichtung mit der Zulassung des antragstellenden Zahnarztes bzw. der Genehmigung der Anstellung des Zahnarztes als Auflage zu verbinden.

5. Vor der Zulassung bzw. der Genehmigung der Anstellung legt der Zulassungsausschuss in einer verbindlichen Feststellung zur Beschränkung des Praxisumfangs das Gesamtpunktzahlvolumen fest, das bei der Abrechnung vertragszahnärztlicher Leistungen durch den Vertragszahnarzt nach der Bildung bzw. Erweiterung der Gemeinschaftspraxis bzw. der Anstellung des Zahnarztes als Leistungsbegrenzung maßgeblich ist und nicht wesentlich überschritten werden darf (Obergrenze). Der Festsetzung des Gesamtpunktzahlvolumens sind die Abrechnungen zugrunde zu legen, die in den letzten vier abgerechneten Quartalen über die KZV vorgenommen worden sind. Der Zulassungsausschuss legt fest, welche Quartale herangezogen werden. Bei der Versorgung mit Zahnersatz und bei kieferorthopädischer Behandlung sind jeweils die vollen Punktzahlen der abgerechneten Leistungen zugrunde zu legen. Die im entsprechenden Vergleichszeitraum vom Vertragszahnarzt abgerechneten Punkte dürfen das festgesetzte Gesamtpunktzahlvolumen um nicht mehr als 3 % v. H. überschreiten. Außergewöhnliche Entwicklungen im

Vergleichszeitraum werden gemäß Nummer 6 berücksichtigt. Der Zulassungsausschuss trifft seine Feststellungen auf der Grundlage der ihm durch die KZV übermittelten Angaben. Das Gesamtpunktzahlvolumen wird durch die KZV nach näherer Maßgabe der Nummer 7 angepasst.

6. Kann wegen der Kürze der bisherigen Tätigkeit des Vertragszahnarztes ein Vergleich über vier Quartale nicht vorgenommen werden, so legt der Zulassungsausschuss das Gesamtpunktzahlvolumen nach Maßgabe des Durchschnitts der von den allgemein tätigen Zahnärzten bzw. der Kieferorthopäden im KZV-Bereich abgerechneten Gesamtpunktzahlvolumina als Obergrenze fest. Bei längeren Unterbrechungen (wie z. B. Krankheit, Schwangerschaft, Betreuung und Erziehung von Kindern) kann der Zulassungsausschuss das Gesamtpunktzahlvolumen nach Maßgabe der von dem Vertragszahnarzt in den zuletzt abgerechneten vier Quartalen vor der Unterbrechung abgerechneten Gesamtpunkte als Obergrenze festlegen.

Soll der antragstellende bzw. der zu beschäftigende Zahnarzt in eine bereits bestehende Gemeinschaftspraxis aufgenommen werden, so erfolgt die Berechnung des Gesamtpunktzahlvolumens auf der Grundlage des Punktzahlvolumens, das im Vergleichszeitraum durchschnittlich auf jeden der schon bisher tätigen Partner der Gemeinschaftspraxis entfallen ist. Im übrigen ist der Umfang der Leistungsbeschränkung unabhängig vom Beschäftigungsumfang des antragstellenden bzw. zu beschäftigenden Zahnarztes zu bestimmen.

7. Auf Antrag des Vertragszahnarztes ist das Gesamtpunktzahlvolumen neu zu bestimmen, wenn Änderungen des Bewertungsmaßstabes für zahnärztliche Leistungen oder vertragliche Vereinbarungen bzw. gesetzliche Bestimmungen Auswirkungen auf die Berechnungsgrundlagen haben. Die KZVen oder die Landesverbände der Krankenkassen und die Verbände der Ersatzkassen können eine Neufestsetzung beantragen, wenn Änderungen der Berechnung der für die Obergrenzen maßgeblichen Faktoren eine Veränderung bewirken und die Beibehaltung des durch den Zulassungsausschuss festgestellten Gesamtpunktzahlvolumens eine nicht gerechtfertigte Bevorzugung oder Benachteiligung darstellen würde.

8. Die zugelassenen bzw. genehmigten Zahnärzte werden für die Dauer ihrer Beschäftigung sowie nach Maßgabe von § 101 Abs. 3 SGB V nicht auf den Versorgungsgrad angerechnet.

9. Eine vom Zulassungsausschuss festgelegte Leistungsbeschränkung bleibt wirksam, wenn der Zahnarzt nach Ablauf der Beschäftigung eines angestellten Zahnarztes im unmittelbaren zeitlichen Zusammenhang erneut einen Zahnarzt anstellt. Ist für den Vertragszahnarzt aufgrund von § 101 Abs. 1 Satz 1 Nr. 4 SGB V nach Aufnahme eines weiteren Vertragszahnarztes im Rahmen einer ausnahmsweisen Gemeinschaftspraxisbildung bereits eine Leistungsbeschränkung durch den Zulassungsausschuss festgelegt worden, so darf diese im Falle der Anstellung von Zahnärzten – auch hinsichtlich entsprechender Anteile bei Anstellung eines Zahnarztes – nicht erweitert werden.

10. Übergangsregelung

Die erstmaligen Festlegungen der Obergrenzen gemäß Nummer 5, die bis zum 30.06.2000 erfolgen, sind vorläufig. Bei ihnen werden die durchschnittlichen Gesamtpunktzahlvolumina aller Zahnärzte zugrunde gelegt.

Bei der erstmaligen Festlegung der Obergrenzen, die bis zum 31.12.1999 erfolgen, werden die Abrechnungen für das 1. Halbjahr 1999 verdoppelt.

Bei der erstmaligen Festlegung der Obergrenzen, die bis zum 31.03.2000 erfolgen, werden die Abrechnungen für das 1. bis 3. Quartal 1999 um ein Drittel erhöht.

Bei der erstmaligen Festlegung der Obergrenzen, die bis zum 30.06.2000 erfolgen, werden die Abrechnungen des Jahres 1999 herangezogen.

Die vorläufigen Festlegungen der Obergrenzen werden nach Vorliegen der Abrechnungen für die Quartale III/1999 bis II/2000 durch endgültige verbindliche Festsetzungen der Gesamtpunktzahlvolumina auf der Grundlage von Nummer 5 ersetzt.

Anhang 4

Auszug aus dem SGB V

§ 102 Bedarfszulassung

(1) Ab 1. Januar 2003 erfolgt die Zulassung auf Grund von Verhältniszahlen, die gesetzlich festgelegt werden. Die Festlegung der Verhältniszahlen erfolgt arztgruppenbezogen und regelt das Verhältnis von Hausärzten und Fachärzten. Die Bundesausschüsse haben in Richtlinien Kriterien für die Anwendung der Verhältniszahlen auf ärztliche Zusammenschlüsse zu erarbeiten. Auf der Grundlage dieser Kriterien kann die Bildung von ärztlichen Zusammenschlüssen bei der Entscheidung über Zulassungen gefördert werden. Zulassungsanträge von Ärzten, die zu einer Überschreitung der Verhältniszahl nach Satz 1 führen würden, sind vom Zulassungsausschuss abzulehnen, es sei denn, der Bedarfsplan für das jeweilige Versorgungsgebiet sieht ausnahmsweise die Besetzung zusätzlicher Vertragsarztsitze vor, soweit diese zur Wahrung der Qualität der vertragsärztlichen Versorgung in einem Versorgungsbereich unerlässlich sind.

(2) Das Bundesministerium für Gesundheit hat bis zum 31. Dezember 2001 durch Beauftragung eines geeigneten wissenschaftlichen Instituts die erforderliche Datengrundlage für die Bedarfszulassung nach gesetzlich festzulegenden Verhältniszahlen nach Absatz 1 erstellen zu lassen.

§ 103 Zulassungsbeschränkungen

(1) Die Landesausschüsse der Ärzte und Krankenkassen stellen fest, ob eine Überversorgung vorliegt. Wenn dies der Fall ist, hat der Landesausschuss nach den Vorschriften der Zulassungsverordnungen und unter Berücksichtigung der Richtlinien der Bundesausschüsse Zulassungsbeschränkungen anzuordnen.

(2) Die Zulassungsbeschränkungen sind räumlich zu begrenzen. Sie können einen oder mehrere Planungsbereiche einer Kassenärztlichen Vereinigung umfassen. Sie sind arztgruppenbezogen unter angemessener Berücksichtigung der Besonderheiten bei den Kassenarten anzuordnen.

(3) Die Zulassungsbeschränkungen sind aufzuheben, wenn die Voraussetzungen für eine Überversorgung entfallen sind.

(4) Wenn die Zulassung eines Vertragsarztes in einem Planungsbereich, für den Zulassungsbeschränkungen angeordnet sind, durch Erreichen der Altersgrenze, Tod, Verzicht oder Entziehung endet und die Praxis von einem Nachfolger fortgeführt werden soll, hat die Kassenärztliche Vereinigung auf Antrag des Vertragsarztes oder seiner zur Verfügung über die Praxis berechtigten Erben diesen Vertragsarztsitz in den für ihre amtlichen Bekanntmachungen vorgesehenen Blättern unverzüglich auszuschreiben und eine Liste der eingehenden Bewerbungen zu erstellen. Dem Zulassungsausschuss sowie dem Vertragsarzt oder seinen Erben ist eine Liste der eingehenden Bewerbungen zur Verfügung zu stellen. Unter mehreren Bewerbern, die die ausgeschriebene Praxis als Nachfolger des bisherigen Vertragsarztes fortführen wollen, hat der Zulassungsausschuss den Nachfolger nach pflichtgemäßem Ermessen auszuwählen. Bei der Auswahl der Bewerber sind die berufliche Eignung, das Approbationsalter und die Dauer der ärztlichen Tätigkeit zu berücksichtigen, ferner, ob der Bewerber der Ehegatte, ein Kind, ein angestellter Arzt des bisherigen Vertragsarztes oder ein Vertragsarzt ist, mit dem die Praxis bisher gemeinschaftlich ausgeübt wurde. Ab dem 1. Januar 2006 sind für ausgeschriebene Hausarztsitze grundsätzlich nur Allgemeinärzte zu berücksichtigen. Die wirtschaftlichen Interessen des ausscheidenden Vertragsarztes oder seiner Erben sind nur insoweit zu berücksichtigen, als der Kaufpreis die Höhe des Verkehrswertes der Praxis nicht übersteigt.

(4 a) Verzichtet ein Vertragsarzt in einem Planungsbereich, für den Zulassungsbeschränkungen angeordnet sind, auf seine Zulassung, um in einem Medizinischen Versorgungszentrum tätig zu werden, so hat der Zulassungsausschuss die Anstellung zu genehmigen; eine Fortführung der Praxis nach Absatz 4 ist nicht möglich. Soll die vertragsärztliche Tätigkeit in den Fällen der Beendigung der Zulassung nach Absatz 4 Satz 1 von einem Praxisnachfolger weitergeführt werden, kann die Praxis auch in der Form weitergeführt werden, dass ein Medizinisches Versorgungszentrum den Vertragsarztsitz übernimmt und die vertragsärztliche Tätigkeit durch einen angestellten Arzt in der Einrichtung weiterführt. Die Absätze 4 und 5 gelten entsprechend. Nach einer Tätigkeit von mindestens fünf Jahren in einem Medizinischen Versorgungszentrum, dessen Sitz in einem Planungsbereich liegt, für den Zulassungsbeschränkungen angeordnet sind, erhält ein Arzt unbeschadet der Zulassungsbeschränkungen auf Antrag eine Zulassung in diesem Planungsbereich; dies gilt nicht für Ärzte, die auf Grund einer Nachbesetzung nach Satz 5 in einem Medizinischen Versorgungszentrum tätig sind. Medizinischen Versorgungszentren ist die Nachbesetzung einer Arztstelle möglich, auch wenn Zulassungsbeschränkungen angeordnet sind.

(5) Die Kassenärztlichen Vereinigungen (Registerstelle) führen für jeden Planungsbereich eine Warteliste. In die Warteliste werden auf Antrag die Ärzte, die sich um einen Vertragsarztsitz bewerben und in das Arztregister eingetragen sind, aufgenommen. Bei der Auswahl der Bewerber für die Übernahme einer Vertragsarztpraxis nach Absatz 4 ist die Dauer der Eintragung in die Warteliste zu berücksichtigen.

(6) Endet die Zulassung eines Vertragsarztes, der die Praxis bisher mit einem oder mehreren Vertragsärzten gemeinschaftlich ausgeübt hat, gelten die Absätze 4 und 5 entsprechend. Die Interessen des oder der in der Praxis verbleibenden Vertragsärzte sind bei der Bewerberauswahl angemessen zu berücksichtigen.

(7) In einem Planungsbereich, für den Zulassungsbeschränkungen angeordnet sind, haben Krankenhausträger das Angebot zum Abschluss von Belegarztverträgen auszuschreiben. Kommt ein Belegarztvertrag mit einem im Planungsbereich niedergelassenen Vertragsarzt nicht zustande, kann der Krankenhausträger mit einem bisher im Planungsbereich nicht niedergelassenen geeigneten Arzt einen Belegarztvertrag schließen. Dieser erhält eine auf die Dauer der belegärztlichen Tätigkeit beschränkte Zulassung; die Beschränkung entfällt bei Aufhebung der Zulassungsbeschränkungen nach Absatz 3, spätestens nach Ablauf von zehn Jahren.

Anhang 5

Richtlinie zur Bewertung von Arztpraxen

(Quelle: Deutsches Ärzteblatt 84, Heft 14, 2. April 1987)

A. Einführung

Es gehört zu den Aufgaben der Ärztekammern, sich im Bedarfsfall gutachterlich zur Bewertung von Arztpraxen zu äußern. Die Begutachtung erfolgt seit jeher unter Anwendung bundeseinheitlicher Richtlinien.

Seit den von der Ständigen Konferenz der Rechtsberater der Ärztekammern im Jahre 1959 und von der Ständigen Konferenz zur Beratung der Ärztlichen Berufsordnung, am 24. Februar 1965, in Hamburg beschlossenen Richtlinien zur Bewertung von Arztpraxen, die von der Ständigen Konferenz der Rechtsberater am 12./13. Mai 1975 nochmals in ihrer Geltung bestätigt worden waren, haben sich Rechtsprechung und Praxis weiterentwickelt. Die Ständige Konferenz der Rechtsberater hält daher eine Überarbeitung dieser Richtlinien für erforderlich. Dabei hat die Ständige Konferenz der Rechtsberater die von der Bundesrechtsanwaltskammer beschlossenen Grundsätze zur Bewertung von Anwaltspraxen wegen der Vergleichbarkeit der Probleme bei der Bewertung freiberuflicher Praxen weitgehend berücksichtigt.

Diese Richtlinien sind dazu bestimmt, Entscheidungsmerkmale für die Bewertung einer Arztpraxis aufzustellen. Außerdem soll den Ärzten Hilfe für Verkauf oder Erwerb einer Praxis gegeben werden; das gleiche gilt für den Eintritt in eine, das Ausscheiden aus einer oder die Auflösung einer Gemeinschaftspraxis sowie für den Zugewinnausgleich oder den Erbfall. Andererseits sollen die Ärztekammern Entscheidungshilfen für eine gleichmäßige Beurteilung der Angemessenheit bei der Prüfung eines Praxisübernahmevertrages gemäß § 10 Abs. 3 der Musterberufsordnung und für ihre gutachterliche Tätigkeit erhalten.

Die Prüfung der Angemessenheit sowie der berufsrechtlichen Unbedenklichkeit eines Praxisübernahmevertrages setzt die Bestimmung des Wertes einer Praxis voraus. Dabei muss gewährleistet sein, dass der Erwerber bei Ausübung seiner ärztlichen Tätigkeit das Gebot der Notwendigkeit und Wirtschaftlichkeit seiner Behandlungsweise einhalten kann. Es sind einerseits der Praxiswert nach den Verhältnissen des Übergebers und andererseits, bei Prüfung der Zumutbarkeit, die Verhältnisse und die Aussichten des Übernehmers zu beachten.

Die Entscheidungsmerkmale können auf den Einzelfall nicht schematisch angewandt werden, da die Verhältnisse jeder Arztpraxis unterschiedlich und individuell zu beurteilen sind. Die folgenden Ausführungen geben daher nur Anhaltspunkte.

B. Begriffsbestimmung

Die entgeltliche Übernahme einer Arztpraxis ist zulässig. Sie verstößt grundsätzlich weder gegen die guten Sitten (BGH-Urteil in NJW 1965, 580; in NJW 1973, 98 sowie spezifisch für Arztpraxen BGH-Urteil vom 19. Februar 1969 – VIII ZR 193/67 – und BGH-Beschluss vom 28. November 1985 – III ZR 158/84 –) noch gegen das Berufsrecht.

Der Wert einer Praxis setzt sich aus dem *„Substanzwert"* (materieller Praxiswert) und dem *„ideellen Wert"* (immaterieller Praxiswert) zusammen.

Der *Substanzwert* einer Praxis ist nach allgemeinen Grundsätzen gesondert festzustellen:

Der Substanzwert setzt sich aus Praxiseinrichtung einschl. der Geräte, nicht verbrauchten Materialien u.a. zusammen. Maßgebend für seine Festsetzung ist der Verkehrswert, welcher seinerseits dem Zeitwert der jeweiligen Wirtschaftsgüter entspricht. Dieser Zeitwert ist für jedes einzelne Wirtschaftsgut festzustellen, wobei insbesondere für medizinisch-technische Geräte Aufschlüsse aus dem Gebrauchtgerätemarkt gezogen werden können. Die Grundsätze für die Ermittlung des Teilwertes i. S. v. § 10 des Bewertungsgesetzes oder der steuerrechtlichen Richtlinien (Abschn. 51 ff. Vermögenssteuer-Richtlinien) können ebenfalls Anhaltspunkte für die Bewertung der materiellen Wirtschaftsgüter sein.

Ausstehende Forderungen sind, wenn nicht anders vereinbart, bei einer Praxisübernahme dem Praxisveräußerer zuzuordnen und wirken sich daher auf die Höhe des Substanzwertes nicht aus.

Der *ideelle Wert* einer Praxis entspricht nicht dem Geschäftswert (Firmenwert) im kaufmännischen (gewerblichen) Sprachgebrauch (BFH, BStBl. III 1958, S. 330; BStBl. II 1975, S. 381; BStBl. II 1982, S. 620).

In Rechtsprechung und Literatur ist anerkannt (vgl. im Überblick Schwab, Familienrechtszeitung 1984, S. 29, S. 433; Arens und Spieker, Familienrechtszeitung 1985, S. 121, S. 131), dass die Praxis eines freiberuflich Tätigen, insbesondere auch eine Arztpraxis, einen ideellen Wert (insoweit auch oft „Goodwill" genannt) haben kann (z. B. BGH-Urteil in NJW 1973, 98 – Anwaltspraxis; BGH FamRZ 1977, S. 38 – Praxis eines Vermessungsingenieurs; BGH-Urteil vom 19. Februar 1969 a. a. O. – Arztpraxis –).

Der ideelle Wert ist für drei *Anwendungsbereiche* zu ermitteln:

- als *Fortführungswert* einer Arztpraxis für die Berechung des Zugewinns oder aus anderen Gründen bei Fortführung der Praxis durch den bisherigen Inhaber,

- als *Übergabewert* einer Arztpraxis bei Übergabe oder Verkauf durch den bisherigen Inhaber oder durch dessen Erben und für die Ermittlung von Erb- und Pflichtteilsansprüchen,

- als *Beteiligungswert* eines Praxis*anteils* bei bestehender Gemeinschaftspraxis, bei Gründung einer Gemeinschaftspraxis oder Eintritt in eine Gemeinschaftspraxis, beim Ausscheiden aus einer Gemeinschaftspraxis oder deren Auflösung.

C.   Bewertungsgrundlagen

Die Arztpraxis ist kein Gewerbebetrieb. Sie unterscheidet sich von diesem in wesentlichen Punkten und Funktionen.

Der ideelle Wert ist aufgrund der ausgeprägten und geschützten Vertrauensbeziehung besonders nachhaltig personengebunden. Er ist daher seinem Wesen nach etwas anderes als der Geschäftswert (Firmenwert) des gewerblichen Unternehmens, der auf einer durch sachliche Maßnahmen und Aufwendungen besonders geförderten Leistungsfähigkeit des Betriebes beruht. Demgegenüber endet das persönliche Vertrauensverhältnis zum Praxisinhaber mit dessen Ausscheiden, wodurch sich der ideelle Wert rasch verflüchtigt (BFH, BStBl. III 1958, S. 330; BStBl. II 1975, S. 381; BStBl. II 1982, S. 620).

Besonderheiten sind bei der Feststellung des ideellen Wertes für solche Einsende- und Überweisungspraxen zu berücksichtigen, die auf die Erbringung ärztlicher Sachleistungen konzentriert sind (z. B. Labor).

Soweit für die Bewertung freiberuflicher Praxen besondere Grundsätze empfohlen werden (vgl. für Wirtschaftsprüfer- und/oder Steuerberaterpraxen Knief DStR 1978, S. 21; sowie AnwBl. 1978, S. 246), sind diese Grundsätze auf die Bewertung von Arztpraxen nicht anwendbar. Eine solche Bewertung setzt die Feststellung von Daten voraus, die in der Arztpraxis in der Regel nicht erfasst werden, Ausnahmen gelten für solche Arztpraxen, die durch die Finanzverwaltung zur Gewerbesteuer veranlagt werden.

D.   Bewertungsfaktoren

Der geeignete Wertbestimmungsfaktor ist der *Umsatz*; er ist am sichersten festzustellen.

Aus dem Umsatz lässt sich die Entwicklungschance für den Übernehmer oder Fortführer einer Praxis am ehesten beurteilen. Dagegen hängt der Gewinn (Ertrag) aufgrund der individuellen Gestaltung der Kostenseite weitgehend vom einzelnen Arzt ab.

Die Berechnung nach dem Umsatz entspricht auch der Praxis (vgl.: Bösche, „Zeitschrift für Allgemeinmedizin" 1969, S. 677 ff.; Narr, „Zur Beurteilung des ideellen Wertes beim Verkauf einer Arztpraxis", MedR 1984, S. 121 ff.) und der Übung anderer freier Berufe (Borowsky, „Entwicklung auf dem Stellenmarkt für Juristen", AnwBl. 1985, S. 292).

Die Bewertung erfordert eine Beurteilung der Entwicklung der Praxis in den letzten drei Kalenderjahren vor dem Kalenderjahr des Bewertungsfalles. Dabei ist ein signifikanter Anstieg oder ein signifikantes Abfallen des Jahresumsatzes zu berücksichtigen. Die Umsatzentwicklung des laufenden Jahres kann für die Beurteilung der Entwicklung der Praxis im Vergleich mit den Umsätzen der drei vergangenen Jahre von Bedeutung sein.

Der ideelle Wert einer Arztpraxis kann mit einem Drittel des ermittelten durchschnittlichen Jahresumsatzes dieser Praxis angenommen werden.

Von dem für diese Praxis ermittelten durchschnittlichen Jahresumsatz ist ein *kalkulatorischer Arztlohn* für den Praxisinhaber (Jahresgehalt eines Oberarztes nach 1 b BAT, brutto, verheiratet, zwei Kinder, Endstufe, ohne Mehrarbeitsvergütung) in variabler Höhe, gemessen an nachfolgenden Umsatzgrößen, abzusetzen.

Bei einer Umsatzgröße ab DM 50 000,00/100 000,00/200 000,00/300 000.00 sind jeweils 25/50/75/100 % des zugrundegelegten Gehalts abzusetzen. Ein Ansatz entfällt bei einer Umsatzgröße unter DM 50 000,00. Daraus ergibt sich der ideelle Wert für den Einzelfall.

Die Berücksichtigung eines kalkulatorischen Arztlohnes weicht von den bisher praktizierten Grundsätzen ab. Sie rechtfertigt sich daraus, dass der Arzt, der seine Praxis fortführt, seine Arbeitskraft nicht anderweitig verwerten kann, oder dadurch, dass der Erwerber oder der in die Praxis eintretende Arzt seine Arbeitskraft einbringt. Im letzteren Fall kann eine Minderung des kalkulatorischen Arztlohnes erforderlich sein, weil der Übergeber seine Praxisleistung oder sein Lebenswerk dem Erwerber überlässt und ihm damit eine Chance der beruflichen Entwicklung ohne Anlaufzeit ermöglicht, die der Erwerber aus eigener Kraft nicht hätte. Der Erwerber hätte zu diesem Zeitpunkt ohne Übernahme einer Arztpraxis als niedergelassener Arzt nicht die Chance, in freier Praxis einen Arztlohn in der Höhe zu verdienen, wie er bei der Berechnung des Praxiswertes als kalkulatorischer Arztlohn fiktiv zugrundegelegt wird. Der Erwerber wird in der Mehrzahl der Fälle ein jüngerer Arzt sein, der erst am Beginn seines Berufslebens in freier Praxis steht. Er kann daher nicht erwarten, sofort den fiktiven Arztlohn zu erreichen.

Es kann erforderlich sein, von diesem Ausgangswert, je nach den Gegebenheiten des Einzelfalles, Zuschläge oder Abschläge vorzunehmen (vgl. Abschnitt E).

E. Anwendungsbereiche im einzelnen

1. Fortführung einer Arztpraxis (Fortführungswert)

Die Bemessungsgrundlage ist gemäß Abschnitt D zu ermitteln. Dabei ist zu berücksichtigen, dass bei der Bestimmung des Fortführungswertes auf einen bestimmten Stichtag abzustellen ist und künftige Entwicklungen der Praxis außer Ansatz bleiben. Dies gilt jedoch nicht, soweit Entwicklungen sich bereits zum Bewertungszeitpunkt auf den Praxiswert auswirken (z. B. Bestehen der Praxis seit weniger als fünf Jahren, vorgerücktes Alter, schlechte Gesundheit sowie Eignungsmängel des Praxisinhabers).

2. Übergabe/Verkauf einer Arztpraxis (Übergabewert)

Auch für den Übergabewert gilt der Grundsatz, dass der Erwerber bei Ausübung seiner ärztlichen Tätigkeit das Gebot der Notwendigkeit und Wirtschaftlichkeit seiner Behandlungsweise einhalten kann. Die Bemessungsgrundlage für den Übergabewert ist gemäß Abschnitt D zu ermitteln.

Der alleinige Verkauf einer Patientenkartei bei Praxisaufgabe ist ausnahmsweise dann unter Ansatz eines verminderten Kaufpreises möglich, wenn die Chance der Fortführung einer Praxis in vergleichbarer Weise, wie bei einer Übernahme, nach diesen Richtlinien gewährleistet ist.

Für die Bestimmung des ideellen Wertes im Einzelfall können beispielsweise als wertsenkende oder werterhöhende Merkmale in Betracht kommen:

- **Objektive Merkmale:**
  - Ortslage der Praxis (Großstadt-, Kleinstadt- oder Landpraxis);
  - Praxisstruktur von der Zusammensetzung des Patientenkreises her (z. B. Überweisungspraxis, Konsiliarpraxis, Einzelpraxis, Anteil der Privatpatienten);
  - Arztdichte im Praxisbereich;
  - derzeitige und zu erwartende Konkurrenz durch Neuniederlassungen;
  - Möglichkeit, die Praxisräume zu übernehmen;
  - Organisations- und Rationalisierungsgrad der Praxis;
  - Besonderheiten bei der Ausübung kassenärztlicher Tätigkeit;

- **Subjektive Merkmale:**
  - Lebensalter des abgebenden Arztes;
  - Spezialisierungsgrad des abgebenden Arztes;
  - Dauer der Berufsausübung des abgebenden Arztes;
  - Alter und Ruf der Praxis;
  - Gesundheitszustand des abgebenden Arztes;

- Fachgebiet des abgebenden Arztes;
- Beziehungen des Praxisinhabers aufgrund von gesonderten Verträgen (z. B. Belegarzttätigkeit, Tätigkeit als Durchgangsarzt oder als nebenamtlicher Werksarzt; Betreuungsverträge);
- besondere wissenschaftliche Qualifikationen des Praxisinhabers;
- besondere, an die Person des Praxisinhabers gebundene Fachkundenachweise und Apparategenehmigungen;
- Zahl der Behandlungsfälle;
- erkennbar starke Bindung der Patienten an die Person des Praxisinhabers;
- zu erwartende Auswirkungen auf den Patientenumsatz durch Maßnahmen der Kassenärztlichen Vereinigung;
- Monopolstellung der Praxis;
- der Praxisübernahme vorhergehende Vertreter- oder Assistententätigkeit des Praxisübernehmers in dieser Praxis;
- zu erwartende Kündigung qualifizierten Praxispersonals;
- Möglichkeit der Durchführung ambulanter Operationen;
- Übernahmemöglichkeit standortgebundener Großgeräte.

3. Beteiligung an einer Arztpraxis (Beteiligungswert)

Es sind drei Fälle des Beteiligungswertes zu unterscheiden:

3.1 Beteiligungswert bei bestehender Gemeinschaftspraxis

Dabei ist der Wert der Gemeinschaftspraxis zu bestimmen. Es sind die o. g. Grundsätze zum Fortführungswert anzuwenden. Der Beteiligungswert des Anteiles an der Gemeinschaftspraxis ergibt sich dann aus dem entsprechenden Prozentsatz, mit dem der Partner an der Gemeinschaftspraxis beteiligt ist. Dabei sind Pflichten, die der Partner im Gemeinschaftspraxisvertrag übernommen hat (z. B. ungleiche Arbeitsbelastungen), entsprechend zu bewerten und vom Beteiligungswert abzusetzen. Soweit den Pflichten Rechte entsprechen, ist dies zu berücksichtigen. Bei gegenseitigen, gleichwertigen Pflichten und Rechten wird der Beteiligungswert nicht beeinflusst.

3.2 Eintritt in eine oder Gründung einer Gemeinschaftspraxis

Es sind zwei Fallgruppen zu unterscheiden:

– Eintritt in eine bestehende Praxis oder in eine Gemeinschaftspraxis.

Zunächst ist der Umsatz der Praxis oder der Gemeinschaftspraxis gemäß den Grundsätzen zum Übergabewert festzustellen und danach der Wert der Praxis zu bestimmen. Daraus ergibt sich je nach dem Prozentsatz des Anteils eines neuen Partners dessen Beteiligungswert.

Bei der Bewertung innerhalb des maßgeblichen Rahmens (s. Übergabewert) ist zu berücksichtigen, dass die Chance zur Beibehaltung des bisherigen Umsatzes bei der Übernahme einer Beteiligung (Anteil an einer Gemeinschaftspraxis) groß ist. Der Partner tritt in eine Praxis ein, die er zusammen mit dem/den bisherigen Inhaber(n) fortführt. Zusätzlich bringt er seine Arbeitskraft ein.

Bei Nachfolgepraxen, die nach dem Vertragsinhalt nur vorübergehend als Gemeinschaftspraxen beider Partner geführt werden, soll nur einmal der Wert der Praxis, und zwar bei Gründung, berechnet werden. Bei dem endgültigen Ausscheiden des Senior-Partners kann dann nicht zusätzlich eine weitere Berechnung des Praxiswertes erfolgen. Prozentual abgesenkte Beteiligungsquoten müssen auf die Berechnung des Praxiswertes angerechnet werden.

– Zusammenlegung von Praxen zur Gründung einer Gemeinschaftspraxis und Einbringung einer Praxis in eine Gemeinschaftspraxis.

Bringt der Eintretende seine Praxis ein, so ist ihr Wert nach den Grundsätzen zum Übergabewert (s. o.) zu bestimmen und dem Wert der aufnehmenden Einzel- oder Gemeinschaftspraxis hinzuzurechnen. Der sich so ergebende Gesamtwert ist auf die Partner der Gemeinschaftspraxis entsprechend ihren Anteilen zu verteilen. Von dem sich so ergebenden Anteil des neuen Partners am Gesamtwert ist der Praxiswert, den der neue Partner einbringt, abzusetzen. Die Differenz ergibt den Ausgleichsbetrag, den der neue Partner zu erbringen hat oder der ihm zusteht.

Für beide Fallgruppen gilt:

Pflichten, die im Gemeinschaftspraxisvertrag übernommen werden, sind entsprechend dem zum Beteiligungswert bei bestehender Gemeinschaftspraxis Ausgeführten zu berücksichtigen.

3.3 Auflösen einer Gemeinschaftspraxis oder Ausscheiden aus einer Gemeinschaftspraxis

Es sind drei Fallgruppen zu unterscheiden:

– Auflösung einer Gemeinschaftspraxis unter Fortführung mehrerer Einzelpraxen. Es gelten die gleichen Grundsätze wie bei der Zusammenlegung von Praxen (s. o.).

– Ausscheiden aus einer Gemeinschaftspraxis unter Fortführung einer Praxis durch den Ausscheidenden. Es gelten die gleichen Grundsätze wie bei Eintritt in eine bestehende Praxis oder in eine bestehende Gemeinschaftspraxis (s. o.).

– Ausscheiden aus einer Gemeinschaftspraxis ohne Fortführung einer Praxis durch den Ausgeschiedenen (Nachfolgepraxis). Beim Ausscheiden eines Partners aus der Gemeinschaftspraxis wegen Praxisaufgabe, Alters oder Todes finden die vorstehenden Merkmale zum Übergabewert (s. o.) entsprechende Anwendung, sofern nicht die Ansprüche des Ausgeschiedenen durch den Gemeinschaftspraxisvertrag geregelt sind. Auf die Ausführungen zu den Nachfolgepraxen (s. o.) wird hingewiesen.

F. Hinweise für den Einzelfall

– Bei der Feststellung des Wertes der Praxis sind, unter Beachtung vorstehender *Grundsätze*, die Verhältnisse des *Einzelfalles* zu berücksichtigen. Dabei ist es zweckmäßig, die Kassenärztliche Vereinigung hinzuzuziehen, da sie über die Praxis und die örtlichen Verhältnisse Auskunft erteilen kann.

– Die *Zahlung der Vergütung* für den Praxiswert durch den Erwerber kann als *Barzahlung* oder *Ratenzahlung* erfolgen. Barzahlung bringt dem Übergeber den Vorteil der Sicherheit. Bei Vereinbarung von Kaufpreisraten wird der Abschluss einer Lebensversicherung auf das Leben des Erwerbers oder eine anderweitige Sicherung empfohlen.

– Bei Vereinbarung einer *Rentenzahlung* wird besondere Beratung empfohlen, insbesondere auch im Hinblick auf die Zulässigkeit eines Leibrentenversprechens mit Gleitklausel (vgl. BGH-Beschluss vom 28.11.1985; III ZR 158/84).

– Soweit der in eine Gemeinschaftspraxis eintretende Partner den Beteiligungswert nicht in bar einbringt, wird dieser dadurch abgegolten, dass der Eintretende zunächst in geringerem Umfang als nach dem Prozentsatz seines Anteils am Ertrag beteiligt wird. Durch die Verrechnung der Differenz erbringt er seinen Ausgleich.

– Bei Erwerb oder Veräußerung einer Praxis, bei Begründung oder Auflösung einer Gemeinschaftspraxis sowie bei Eintritt in eine bestehende Gemeinschaftspraxis und bei Ausscheiden aus einer Gemeinschaftspraxis treten *steuerrechtliche Fragen* auf, welche die Hinzuziehung eines Fachanwalts für Steuerrecht oder eines Steuerberaters angeraten erscheinen lassen.

Anhang 6

Schritte zur Ermittlung eines Ertragswertes

(Quelle: Bayerisches Zahnärzteblatt 2/1994 S. 20)

1. Bereinigung der Vergangenheitserfolge

1.1 Ableitung der Basisgröße

Als Basisgröße dient der Jahreserfolg der Praxis, der grundsätzlich aus der Einnahmen-Ausgaben-Rechnung abgeleitet wird. Zusätzlich ist die Anzahl der Vergangenheitserfolge festzulegen, für die eine Bereinigung vorgenommen werden soll (abgelaufene drei bis fünf Jahre).

1.2 Bereinigung

Die wesentlichen Kosten- und Erlöskomponenten der Vergangenheitserfolge sind insbesondere auf folgende Aspekte zu überprüfen und zur Ermittlung des bereinigten Vergangenheitserfolgs gegebenenfalls zu korrigieren:

- Eliminierung von Erfolgskomponenten, die der Privatsphäre des Übergebers zugehörig sind (z. B. Darlehensfinanzierung, Anschaffung von Privatgegenständen über die Praxis).

- Unübliche Schwankungen der Erfolge durch außerordentliche Erfolgskomponenten (Versicherungsentschädigungen usw.) sind herauszurechnen.

- Erlöse und Kosten, die durch nichtbetriebsnotwendige Vermögensteile verursacht wurden, sind zu eliminieren. Zum nichtbetriebsnotwendigen Vermögen gehören alle Vermögensteile, die zur zahnärztlichen Leistungserbringung nicht erforderlich sind. Dazu zählen auch Apparaturen der Zahnarztpraxis, die wegen seltener Nutzung betriebswirtschaftlich nicht rentabel sind.

- Es ist das notwendige Investitionsvolumen zu ermitteln, um die Praxis an den technischen Standard anzupassen. Die daraus resultierenden Abschreibungen sowie anfallende Finanzierungskosten sind zu schätzen und ergebnismindernd zu berücksichtigen.

- Korrektur der Gebäudeabschreibung durch ortsübliche Miete, soweit die Praxis bisher im eigenen Haus betrieben wurde.

- Überprüfung, ob alle Mitarbeiter angemessene Vergütungen erhalten. Bei nicht marktgerechter Vergütung von Mitarbeitern sind die Personalkosten anzupassen.
- Ansatz eines kalkulatorischen Arztlohnes für die Arbeitsleistung des Zahnarztes.

1.3 Gewichtung

Das einfache oder gewogene arithmetische Mittel der Vergangenheitserfolge bildet die Ausgangsbasis zur Schätzung der Zukunftserfolge.

2. Prognose der Zukunftserfolge

Auf der Grundlage des durchschnittlichen Vergangenheitserfolgs sind die im Ergebniszeitraum zu erwartenden Zukunftserfolge unter Einbeziehung der individuellen Besonderheiten der Zahnarztpraxis zu prognostizieren. Dabei sind zu erwartende Veränderungen einzelner Kosten- und Erlöskomponenten zu erfassen und künftige Entwicklungen des Praxisumfelds zu berücksichtigen.

3. Schätzung des Ergebniszeitraums

Der Ergebniszeitraum bestimmt sich nach der Anzahl der Jahre, in denen der Praxisnachfolger von der Übernahme der eingeführten Praxis profitiert. Die Länge des Ergebniszeitraums kann bei Zahnarztpraxen auf zwei bis fünf Jahre veranschlagt werden.

4. Festlegung des Kalkulationszinssatzes

Der Kalkulationszinssatz setzt sich aus dem Basiszinssatz und einem Risikozuschlag zusammen. Der Basiszinssatz ergibt sich aus der Rendite einer Kapitalanlage „erster Adresse" (z. B. Bundesschatzbriefe) über eine Zeitspanne, die dem festgelegten Ergebniszeitraum entspricht. Der Risikozuschlag soll der Unsicherheit der zukünftigen Praxiserfolge im Vergleich zur sicheren Kapitalanlage Rechnung tragen, jedoch 25 v. H. des Basiszinssatzes nicht überschreiten.

5. Abzinsung der Zukunftserfolge zum Kalkulationszinssatz

Die Abzinsung der Zukunftserfolge auf den Übergabezeitpunkt erfolgt durch Anwendung des Abzinsungsfaktors, der wie folgt ermittelt wird:

$$\text{Abzinsungsfaktor} = \frac{1}{(1+i/100)n}$$

n = Jahr nach dem Übergabezeitpunkt
i = Kalkulationszinssatz

Da der Zukunftserfolg für mehrere Jahre prognostiziert wird, ändert sich die Höhe des Abzinsungsfaktors bei der Ermittlung des Barwerts der einzelnen Zukunftserfolge in Abhängigkeit vom jeweiligen Jahr nach Praxisübergabe (n = 1, 2, ..., 5).

6. Praxisvermögen

Für den Übernehmer stellt das zum Übergabezeitpunkt vorhandene Praxisvermögen nach dem Ende des Ergebniszeitraums eine Ausgabenersparnis dar, die er dem Übergeber zu vergüten hat. Die Gegenstände des Praxisvermögens sind in betriebsnotwendiges und nichtbetriebsnotwendiges Vermögen zu unterteilen.

6.1 Nichtbetriebsnotwendiges Vermögen

Nichtbetriebsnotwendiges Vermögen wird zu geschätzten Veräußerungserlösen bewertet. Gegenstände, die aus privaten Gründen angeschafft wurden (z. B. Kunstgegenstände), sind auszusondern und finden bei der Bewertung keine Berücksichtigung.

6.2 Beriebsnotwendiges Vermögen

Betriebsnotwendige Vermögensgegenstände werden zu Wiederbeschaffungszeitwerten nach Ablauf des Ergebniszeitraums angesetzt. Vereinfachend kann auch auf die Wiederbeschaffungswerte zum Übergabezeitpunkt zurückgegriffen werden.

7. Praxisgesamtwert

Der Praxisgesamtwert bestimmt sich aus der Summe der abgezinsten Zukunftserfolge zuzüglich des Werts des Praxisvermögens.

Abgezinste Zukunftserfolge
+   Wert des nichtbetriebsnotwendigen Vermögens
+   Wert des betriebsnotwendigen Praxisvermögens
= Praxisgesamtwert

Stichwortverzeichnis